プリント形式のリアル過去問で本番の臨場感！

大阪府

大谷中学校

2025年春受験用

解答集

本書は，実物をなるべくそのままに，プリント形式で年度ごとに収録しています。
問題用紙を教科別に分けて使うことができるので，本番さながらの演習ができます。

■ 収録内容

・解答集(この冊子です)

書籍ＩＤ番号，この問題集の使い方，最新年度実物データ，リアル過去問の活用，
解答例と解説，ご使用にあたってのお願い・ご注意，お問い合わせ

・2024(令和６)年度 ～ 2021(令和３)年度　学力検査問題

〇は収録あり

年度	'24	'23	'22	'21		
■ 問題(一次A・B)※	〇	〇	〇	〇		
■ 解答用紙	〇	〇	〇	〇		
■ 配点						

全教科に解説
があります

※未来力テストは収録していません
注)国語問題文非掲載:2024年度一次Aの一と二, 2023年度一次Aの一, 2022年度一次Bの二, 2021年度一次Bの二と三

問題文の非掲載につきまして

著作権上の都合により，本書に収録している過去入試問題の本文の一部を掲載しておりません。ご不便をおかけし，誠に申し訳ございません。

本文の一部を掲載できなかったことによる国語の演習不足を補うため，論説文および小説文の演習問題のダウンロード付録があります。弊社ウェブサイトから書籍ＩＤ番号を入力してご利用ください。

なお，問題の量，形式，難易度などの傾向が，実際の入試問題と一致しない場合があります。

教英出版

■ 書籍ＩＤ番号

入試に役立つダウンロード付録や学校情報などを随時更新して掲載しています。
教英出版ウェブサイトの「ご購入者様のページ」画面で，書籍ＩＤ番号を入力してご利用ください。

書籍ＩＤ番号　112429

（有効期限：2025年9月30日まで）

【入試に役立つダウンロード付録】
「要点のまとめ(国語／算数)」
「課題作文演習」ほか

■ この問題集の使い方

年度ごとにプリント形式で収録しています。針を外して教科ごとに分けて使用します。①片側，②中央のどちらかでとじてありますので，下図を参考に，問題用紙と解答用紙に分けて準備をしましょう（解答用紙がない場合もあります）。

針を外すときは，けがをしないように十分注意してください。また，針を外すと紛失しやすくなりますので気をつけましょう。

① 片側でとじてあるもの

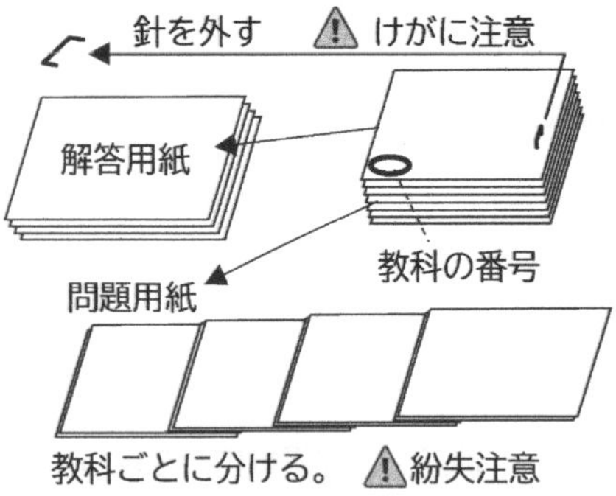

② 中央でとじてあるもの

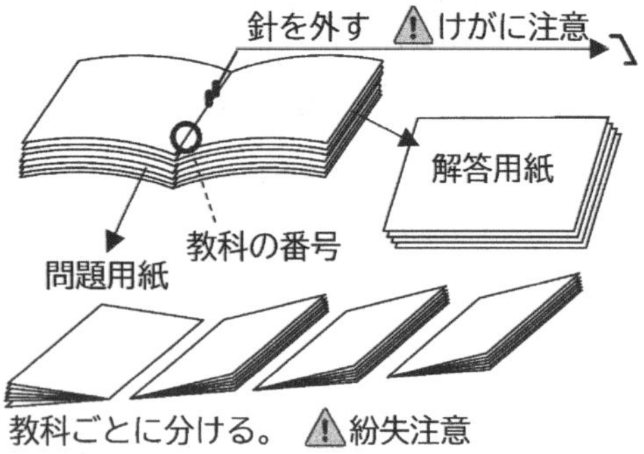

※教科数が上図と異なる場合があります。
解答用紙がない場合や，問題と一体になっている場合があります。
教科の番号は，教科ごとに分けるときの参考にしてください。

■ 最新年度 実物データ

実物をなるべくそのままに編集していますが，収録の都合上，実際の試験問題とは異なる場合があります。実物のサイズ，様式は右表で確認してください。

問題用紙	Ａ４冊子(二つ折り)
解答用紙	Ｂ４片面プリント

リアル過去問の活用

～リアル過去問なら入試本番で力を発揮することができる～

本番を体験しよう！

問題用紙の形式（縦向き / 横向き），問題の配置や余白など，実物に近い紙面構成なので本番の臨場感が味わえます。まずはパラパラとめくって眺めてみてください。「これが志望校の入試問題なんだ！」と思えば入試に向けて気持ちが高まることでしょう。

入試を知ろう！

同じ教科の過去数年分の問題紙面を並べて，見比べてみましょう。

①　問題の量

毎年同じ大問数か，年によって違うのか，また全体の問題量はどのくらいか知っておきましょう。どのくらいのスピードで解けば時間内に終わるのか，大問ひとつにかけられる時間を計算してみましょう。

②　出題分野

よく出題されている分野とそうでない分野を見つけましょう。同じような問題が過去にも出題されていることに気がつくはずです。

③　出題順序

得意な分野が毎年同じ大問番号で出題されていると分かれば，本番で取りこぼさないように先回りして解答することができるでしょう。

④　解答方法

記述式か選択式か（マークシートか），見ておきましょう。記述式なら，単位まで書く必要があるかどうか，文字数はどのくらいかなど，細かいところまでチェックしておきましょう。計算過程を書く必要があるかどうかも重要です。

⑤　問題の難易度

必ず正解したい基本問題，条件や指示の読み間違いといったケアレスミスに気をつけたい問題，後回しにしたほうがいい問題などをチェックしておきましょう。

問題を解こう！

志望校の入試傾向をつかんだら，問題を何度も解いていきましょう。ほかにも問題文の独特な言いまわしや，その学校独自の答え方を発見できることもあるでしょう。オリンピックや環境問題など，話題になった出来事を毎年出題する学校だと分かれば，日頃のニュースの見かたも変わってきます。

こうして志望校の入試傾向を知り対策を立てることこそが，過去問を解く最大の理由なのです。

実力を知ろう！

過去問を解くにあたって，得点はそれほど重要ではありません。大切なのは，志望校の過去問演習を通して，苦手な教科，苦手な分野を知ることです。苦手な教科，分野が分かったら，教科書や参考書に戻って重点的に学習する時間をつくりましょう。今の自分の実力を知れば，入試本番までの勉強の道すじが見えてきます。

試験に慣れよう！

入試では時間配分も重要です。本番で時間が足りなくなってあわてないように，リアル過去問で実戦演習をして，時間配分や出題パターンに慣れておきましょう。教科ごとに気持ちを切り替える練習もしておきましょう。

心を整えよう！

入試は誰でも緊張するものです。入試前日になったら，演習をやり尽くしたリアル過去問の表紙を眺めてみましょう。問題の内容を見る必要はもうありません。どんな形式だったかな？受験番号や氏名はどこに書くのかな？…ほんの少し見ておくだけでも，志望校の入試に向けて心の準備が整うことでしょう。

そして入試本番では，見慣れた問題紙面が緊張した心を落ち着かせてくれるはずです。

※まれに入試形式を変更する学校もありますが，条件はほかの受験生も同じです。心を整えてあせらずに問題に取りかかりましょう。

大谷中学校【1次A】【1次B】

《1次A　国語》

一 問一．A．エ　B．ア　C．オ　問二．X．イ　Y．エ　問三．マックス　問四．イ　問五．ア　問六．瑠衣の身に何か起こったと考え、慌ててマックスのあとを追い、瑠衣を探しに行った。　問七．マックスは宗徳さんに預け、助けた子犬を自分が育てるということ。　問八．この小さな命を守るのがおまえの役目だ。　問九．大丈夫、大丈夫、瑠衣は大丈夫。　問十．ウ

二 問一．A．ウ　B．ア　C．エ　問二．X．エ　Y．イ　問三．ウ　問四．エ　問五．1．えさの藻類　2．産卵できる　3．雄の蛙　問六．イ　問七．自然なまま　問八．稲の葉先から多量の水分が蒸散し、風を冷やしているから。　問九．エ　問十．①ア　②ア　③イ　④イ

三 A．①修　②治　③高価　④降下　⑤大作　⑥対策　⑦現金　⑧厳禁　⑨開店　⑩回転　B．①イ　②ア　③ア　④ウ　⑤エ　C．①ウ　②イ　③ア　④エ　⑤オ　D．ウ

《1次A　算数》

1 (1)22　(2)$\frac{1}{2}$　(3)133　(4)$3\frac{3}{5}$　(5)800　(6)1638

2 (1)600　(2)51　(3)24　(4)15　(5)5.5

3 (1)45　(2)39.25

4 (1)120　(2)72　(3)36

5 (1)20　(2)6

6 (1)2　(2)60　(3)10

7 (1)225　(2)300　(3)14，29

《1次A　理科》

1 (1)①北　②S　③磁力　(2)イ　(3)ア　(4)D

2 (1)反射　(2)ウ　(3)70，145　(4)右図

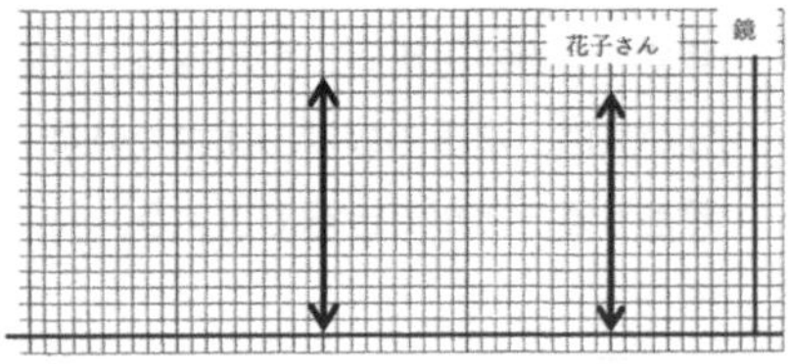

3 (1)ウ　(2)①大き　②軽く　(3)イ　(4)二酸化炭素　(5)ア，ウ

4 (1)なし　(2)オ　(3)図…イ　方法…下方置かん法　(4)ウ

5 相利共生…ウ，エ　片利共生…ア，イ　寄生…オ，カ

6 (1)c，f　(2)h　(3)オ　(4)クローン　(5)ア，ウ　(6)②子房　③胚珠

7 (1)6.4　(2)70.6　(3)18　(4)9　(5)100

8 (1)プレート　(2)①炭酸カルシウム　②ア　③ウ　(3)①ウ　②示準化石　③ア，オ

《１次Ａ　社会》

1　(1)P．飛驒〔別解〕飛騨　Q．木曽　R．越後　S．佐渡　(2)ウ　(3)記号…Ｂ　県名…群馬　(4)オ　(5)ク　(6)白川　(7)ウ

2　(1)イ　(2)冬　(3)高床倉庫　(4)ウ　(5)ア　(6)大宝律令　(7)エ　(8)ウ　(9)応仁の乱　(10)ア

3　(1)イ　(2)エ　(3)シャクシャイン　(4)Ｚ　(5)エ　(6)自由民権運動　(7)ウ　(8)ウ　(9)ア　(10)ア

4　(1)ア　(2)ウ　(3)ア　(4)イ　(5)エ

5　(1)エ　(2)ア　(3)主権　(4)イ　(5)ウ

《１次Ｂ　国語》

一　問一．それにして　問二．１．エ　２．したのだ。　問三．Ａ．イ　Ｂ．エ　Ｃ．ア　Ｄ．ウ　問四．晴れ着姿の人々が病室に駆け付けたのではなやかになったから。　問五．事故にあった兄の無事を飛行機の中で祈った小学生のときから、飛行機に乗ると願い事をすることが習慣化してしまったということ。

問六．Ⅰ．ウ　Ⅱ．ア　Ⅲ．オ　Ⅳ．カ　問七．イ　問八．エ　問九．ア　問十．ウ

二　問一．文化　問二．ウ　問三．それぞれが別の種である　問四．１．海をおおう氷の間　２．ロス海　３．ウ　４．ア　５．イ　６．ク　７．ケ　８．コ　９．キ　問五．イ　問六．エ　問七．雨水にとけ／大気中にま　問八．ア　問九．シャチの体に高い濃度でためこまれている汚染化学物質は、より高い濃度で母親から子どもへと伝えられながら、非常に長い期間にわたって彼らの健康を害しつづけるから。　問十．ア

問十一．①イ　②ア　③イ　④イ　⑤ア

三　Ａ．①合　②案　③復　④育　⑤録　Ｂ．１．利　２．虫　３．台　４．有　Ｃ．①イ　②ア　③イ　④ア　⑤イ　Ｄ．イ

《１次Ｂ　算数》

1　(1) 0.56　(2) $5\frac{11}{12}$　(3) $\frac{53}{90}$　(4)61.5　(5)11　(6)33

2　(1)79　(2)60　(3)86　(4)100　(5) 4

3　(1)70　(2)5.14

4　(1)17　(2) 7　(3)63，84

5　(1)14　(2)476

6　(1) 6　(2) 9　(3)15

7　(1)12　(2)30　(3)210

大谷中学校【１次Ａ】

《2024　１次Ａ　国語　解説》

一　著作権上の都合により文章を掲載《けいさい》しておりませんので、解説も掲載しておりません。ご不便をおかけし、誠に申し訳ございません。

二　**問三**　同じ段落に、放棄《ほうき》された田畑の横を通るときは「いやだな」と思い、無意識に目を背けてしまうと書かれている。つまり、放棄された田畑が藪《やぶ》になったところは、たとえその藪の中に花が咲《さ》いていても、無意識のうちに「いやだな」という感情が働くので、そこに咲く花を見ようとしないのである。よって、ウが適する。

問四　直後に「とはちがう自然が身の回りには、あたりまえにあふれています」とある。つまり、傍線部《ぼうせんぶ》２で「大切だ」「破壊《はかい》してはいけない」と書かれている「自然」の中に、身の回りの自然はふくまれていないのである。よって、身の回りの自然であるエが正解。

問五　同じ段落に書かれた内容から読み取る。

問六　直前の「代掻《しろか》きと田植えが」行われたことと、「蛙《かえる》が鳴き始めた」ことは、原因と結果の関係になっている。つまり、両者の間には因果関係がある。

問七　最後の段落で、「自然は、自然なままに感じて身を任せて、離《はな》れるとすぐに忘れていくものです」と、筆者の自然のとらえかたが述べられている。

問八　最後から２段落目に、「この水滴《すいてき》が昼間は蒸発して、風を冷やしている」という、「科学的な説明」が書かれている。

問九　直前に「その出現の原因を問い詰《つ》めたりはしません」とある。「そんな意識」が指すものは、「四季折々の様々な自然」について、そこで起こる現象の原因を追究しようとする意識である。よって、エが適する。イは「自然なまま感じながら」が誤り。

問十③　東日本で赤とんぼが少なくなったことは書かれているが、その原因は述べられていない。よって、イが適する。　④　赤とんぼが少なくなったことや、「田んぼでの仕事は涼《すず》しい」ことについて、その原因を考える百姓《ひゃくしょう》は(あまり)いないと書かれている。よって、イが適する。

三　Ｄ　ユキさんとノゾミさんがいっしょに暮らし始めたのは、ユキさんがおばあさんの家に預けられた６か月後である。その６か月後にヒカリさんが引っ越《こ》し、さらにその１年後にノゾミさんも引っ越すことになったので、２人がいっしょに暮していた期間は、１年６か月である。よって、ウが適する。

《2024　１次Ａ　算数　解説》

1　(1)　与式$=20+24\div(22-10)=20+24\div12=20+2=$**22**

(2)　与式$=\frac{16}{15}\times\frac{5}{4}-\frac{5}{6}=\frac{4}{3}-\frac{5}{6}=\frac{8}{6}-\frac{5}{6}=\frac{3}{6}=$**$\frac{1}{2}$**

(3)　与式$=\{(20+3)-4\}\times7=(23-4)\times7=19\times7=$**133**

(4)　与式より，$(\frac{26}{5}-\square)\div\frac{3}{10}=7-\frac{5}{3}$　　$(\frac{26}{5}-\square)\div\frac{3}{10}=\frac{21}{3}-\frac{5}{3}$　　$\frac{26}{5}-\square=\frac{16}{3}\times\frac{3}{10}$　　$\square=\frac{26}{5}-\frac{8}{5}=\frac{18}{5}=$**$3\frac{3}{5}$**

(5)　定価の２割引きは$1920\div3=640$(円)だから，定価は$640\div(1-0.2)=$**800**(円)である。

(6)　２つの数の最小公倍数を求めるときは，右の筆算のように割り切れる数で次々に割っていき，割った数と割られた結果残った数をすべてかけあわせればよい。よって，求める最小公倍数は，$3\times3\times13\times14=$**1638**

```
3 ) 117  126
3 )  39   42
     13   14
```

2 ⑴　**【解き方】食塩水の問題は，うでの長さを濃度《のうど》，おもりを食塩水の重さとしたてんびん図で考えて，うでの長さの比とおもりの重さの比がたがいに逆比になることを利用する。**

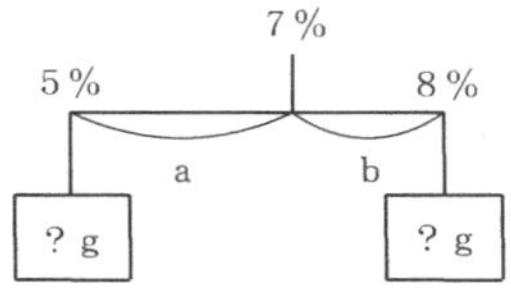

右のようなてんびん図がかける。ａ：ｂ＝(７－５)：(８－７)＝２：１であり，５％の食塩水の量と８％の食塩水の量の比はａ：ｂの逆比の１：２となるから，混ぜ合わせた８％の食塩水は $900\times\dfrac{2}{2+1}=$ **600**(ｇ)である。

⑵　**【解き方】(平均点)×(人数)＝(合計点)となることを利用する。**

５人の合計点は60×５＝300(点)だから，ＢとＤの合計点は300×0.4＝120(点)である。よって，Ｅの点数は300－(82＋47＋120)＝**51**(点)

⑶　**【解き方】和差算を利用する。**

Ａの正解数を12問少なくし，Ｃの正解数を４問多くすれば３人の正解数は同じになり，合計は80－12＋４＝72(問)となる。よって，Ｂの正解数は72÷３＝**24**(問)

⑷　**【解き方】お母さんと子どもの年れいの差は何年たっても変わらず41－13＝28(才)である。**

お母さんの年れいが子どもの年れいの２倍になったとき，お母さんの年れいを②，子どもの年れいを①とすると，②－①＝28　　①＝28だから，今から28－13＝**15**(年後)である。

⑸　**【解き方】２本の電車が出会ってからはなれるまでに２本の電車の最後尾《さいこうび》が進んだ道のりの和は，２本の電車の長さの和に等しく，70＋150＝220(ｍ)である。**

２本の電車の速さの和は，秒速(23＋17)ｍ＝秒速40ｍだから，求める時間は，220÷40＝**5.5**(秒)

3 ⑴　**【解き方】右図で，角*x*＝角ＡＦＥ－角ＡＦＣで求める。**

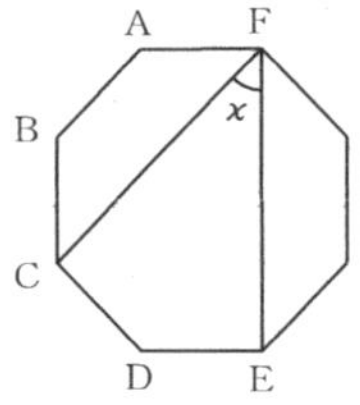

ＡＦとＤＥは平行だから，四角形ＡＤＥＦは長方形になるので，角ＡＦＥ＝90°

正八角形の１つの内角の大きさは，$\dfrac{180^\circ\times(8=2)}{8}=135^\circ$ であり，四角形ＡＢＣＦにおいて，図の対称性より，角ＡＦＣ＝(360°－135°×２)÷２＝45°

したがって，角*x*＝90°－45°＝**45°**

⑵　**【解き方】右図のように色つき部分を移動する。**

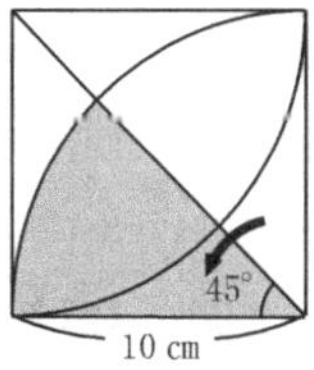

求める面積は半径10㎝，中心角45°のおうぎ形の面積だから，$10\times10\times3.14\times\dfrac{45^\circ}{360^\circ}=$ **39.25**(㎠)である。

4 **【解き方】仕事量の合計を24と30の最小公倍数の120とする。**

⑴　ＡとＢとＣの３人が１分で行う仕事量は120÷24＝５，ＡとＢの２人が１分で行う仕事量は120÷30＝４だから，Ｃが１分で行う仕事量は５－４＝１である。よって，Ｃが１人で行うと120÷１＝**120**(分)かかる。

⑵　**【解き方】Ａが８分で行う仕事量と，ＢとＣの２人で行う仕事量の比は，同じ仕事をするのにかかる時間の比の逆比となることを利用する。**

Ａと，ＢとＣの２人が同じ時間で行う仕事量の比は８：７の逆比の７：８である。よって，Ａが１分で行う仕事量を⑦，ＢとＣの２人が１分で行う仕事量を⑧とすると，３人が１分で行う仕事量について，⑦＋⑧＝５　　⑮＝５となるので，ＢとＣの２人が１分で行う仕事量は $5\times\dfrac{⑧}{⑮}=\dfrac{8}{3}$ である。よって，Ｂが１分で行う仕事量は $\dfrac{8}{3}-1=\dfrac{5}{3}$ だから，Ｂが１人でこの仕事を行うと $120\div\dfrac{5}{3}=$ **72**(分)かかる。

⑶　**【解き方】Ａが１分で行う仕事量を求める。**

⑵より，Ａが１分で行う仕事量は $4-\dfrac{5}{3}=\dfrac{7}{3}$ だから，ＡとＣの２人が１分で行う仕事量は $\dfrac{7}{3}+1=\dfrac{10}{3}$ である。よって，ＡとＣの２人がこの仕事を行うと $120\div\dfrac{10}{3}=$ **36**(分)かかる。

5 (1) **【解き方】約分できる分数は，２以上 84 以下の整数のうち，85 と公約数を持つ整数の個数に等しい。**

85＝５×17 だから，分子が５の倍数または 17 の倍数であれば約分できる。84÷５＝16 余り４より，84 以下の５の倍数は 16 個あり，１は５の倍数ではないから，約分できる５の倍数は 16 個ある。84÷17＝４余り 16 より，84 以下の 17 の倍数は４個あり，１は 17 の倍数ではないから，約分できる 17 の倍数は４個ある。

５の倍数でも 17 の倍数でもある数は，５と 17 の最小公倍数 85 の倍数だから，２以上 84 以下の整数の中にはふくまれない。以上より，約分できる分数は全部で 16＋４＝**20**(個) ある。

(2) **【解き方】$\frac{1}{5}=\frac{17}{85}$，$\frac{9}{17}=\frac{45}{85}$だから，$\frac{18}{85}$以上$\frac{44}{85}$以下の約分できる分数の個数を求めればよい。**

18 以上 44 以下の整数のうち，５の倍数または 17 の倍数は 20，25，30，34，35，40 の６個だから，約分できる分数の個数も**６**個である。

6 (1) **【解き方】走る道のりの比は，池の周りを１周するのにかかる時間の比の逆比に等しい。**

ＡとＣが１周するのにかかる時間の比は 7.5：15＝１：２だから，同じ時間に走る道のりの比は１：２の逆比の２：１となる。よって，Ａが４周したとき，Ｃは$4\times\frac{1}{2}=$**２**(周) した。

(2) **【解き方】Ｂが池の周りをちょうど１周したときの，ＢとＣの間の道のりについて考える。**

ＢとＣが同じ時間に走る道のりの比は 12：15＝４：５の逆比の５：４である。よって，出発して 12 分後にＢが池の周りを１周したとき，ＢとＣの間の道のりは，池の周り１周の道のりの$\frac{5-4}{5}=\frac{1}{5}$だから，ＢがＣに初めて追いつくのは，出発して$12\div\frac{1}{5}=$**60**(分後) である。

(3) **【解き方】ＡがＢに初めて追いついたときの，ＡとＣの間の道のりについて考える。**

ＡとＢが同じ時間に走る道のりの比は，7.5：12＝５：８の逆比の８：５だから，(2)と同様に考えると，ＡがＢに初めて追いつくのは出発して$7.5\div\frac{8-5}{8}=20$(分後) である。このときＡは$20\div7.5=2\frac{2}{3}$(周) したから，スタート地点から$\frac{2}{3}$周走った地点，Ｃは$20\div15=1\frac{1}{3}$(周) したから，スタート地点から$\frac{1}{3}$周走った地点にいるので，ＡがＣを追いかけるとき，２人の間の道のりは池の周り$(1-\frac{2}{3})+\frac{1}{3}=\frac{2}{3}$(周分) である。

(1)より，ＡとＣは 7.5 分あたり$\frac{1}{2}$周の差がつくから，求める時間は$7.5\times(\frac{2}{3}\div\frac{1}{2})=$**10**(分後) である。

7 (1) Ｐが出発して５秒後，四角形ＡＰＣＭは右図のような台形になる。

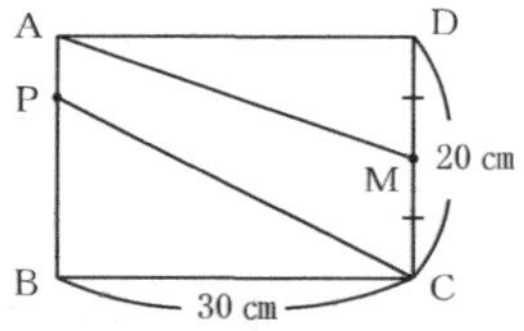

ＡＰ＝１×５＝５(cm)，ＣＭ＝20÷２＝10(cm) だから，四角形ＡＰＣＭの面積は (５＋10)×30÷２＝**225**(cm²)

(2) **【解き方】右図のように補助線を引き，(四角形ＡＰＣＭの面積)＝(三角形ＡＰＣの面積)＋(三角形ＡＣＭの面積) として求める。**

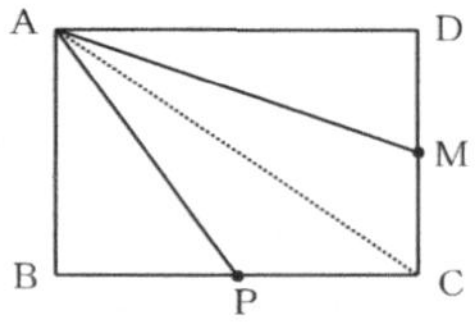

Ｐが出発して 35 秒後，ＢＰ＝１×35－ＡＢ＝35－20＝15(cm) だから，

ＰＣ＝ＢＣ－ＢＰ＝30－15＝15(cm) である。

よって，求める面積は 15×20÷２＋10×30÷２＝150＋150＝**300**(cm²)

(3) **【解き方】台形ＡＢＣＭの面積は (20＋10)×30÷２＝450(cm²) であり，360 cm²より大きい。ＰがＡＢ上を移動するとき，四角形ＡＰＣＭの面積は時間とともに大きくなり，出発して 20 秒後にＢと重なって 450 cm²となる。また，ＰがＢＣ上を移動するとき，面積は時間とともに小さくなるので，四角形ＡＰＣＭの面積が 360 cm²になるのは，ＰがＡＢ上にあるときに１回，ＢＣ上にあるときにもう１回ある。**

ＰがＡＢ上にあるとき，台形ＡＰＣＭの面積について，ＡＰ＋ＣＭ＝360÷30×２＝24(cm) だから，ＡＰ＝24－10＝14(cm) である。よって，１回目は 14÷１＝**14**(秒後) である。

ＰがＢＣ上にあるとき，(2)より，三角形ＡＣＭの面積は 150 cm²なので，三角形ＡＰＣの面積が 360－150＝210(cm²)

となればよい。よって，ＰＣ＝210÷20×２＝21(cm)より，ＡＢ＋ＢＰ＝ＡＢ＋ＢＣ－ＰＣ＝20＋30－21＝29(cm)だから，２回目は29÷１＝**29**(秒後)である。

《2024　１次Ａ　理科　解説》

1 **(2)～(4)**　導線に電流を流すと，そのまわりには磁界(磁力がはたらいている空間)ができる。電流の向きと磁界の向き(方位磁針のＮ極がかたむく向き)は図ⅰのような関係になっている。電流はかん電池の＋極から出て－極に流れこむので，図１の方位磁針の上の導線には南から北に向かって電流が流れている。したがって，導線の下の磁界の向きは西向きだから，方位磁針のＮ極は西にかたむく(方位磁針は地球の磁力の影響《えいきょう》も受けるので，Ｎ極は真西を指さない)。図２の導線の下の磁界の向きは北向きだから，図２の方位磁針のＮ極は北を指したままである。図３の導線の周りの磁界の向きは，上から見て反時計回りだから，地球の磁界の向きと電流がつくる磁界の向きが同じになるＤの方位磁針の針は動かない。

図ⅰ

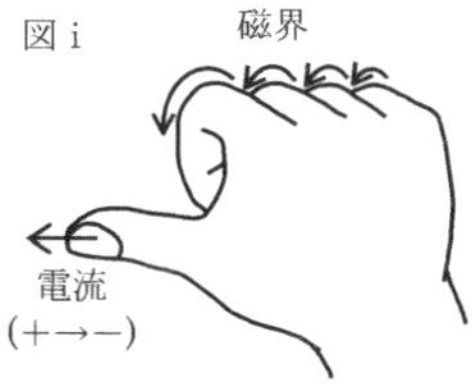

2 **(2)(3)**　自分自身を鏡で見るとき，全身を見るために必要な最小の鏡のたての長さは，自分と鏡の間の距離《きょり》に関わらず身長の半分の長さだから，花子さんが全身を見ることができる最小の鏡のたての長さは，150÷２＝75(cm)である。このことからもわかるように，鏡に近づいても，遠ざかっても，鏡にうつる自分の姿の大きさ(範囲《はんい》)は変わらない。鏡にうつる自分の姿は，鏡に対して対称《たいしょう》な位置にできるから，図１の位置に立った状態の花子さんの鏡にうつる自分の姿は図ⅱのようになる。よって，花子さんが全身を見ることができる最小の鏡はかべの地面から，(150－10)÷２＝70(cm)と145 cmの間にあればよい。

図ⅱ

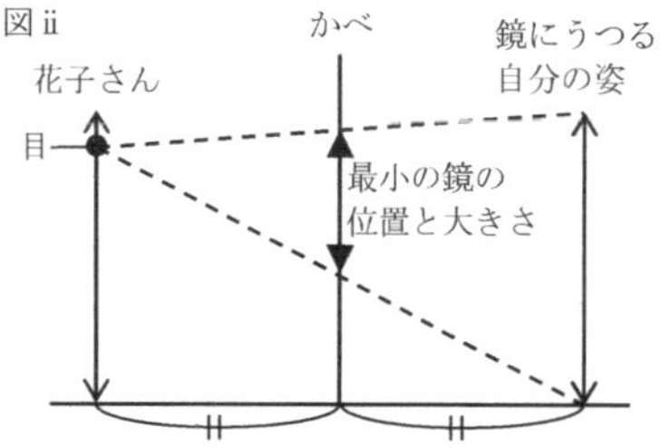

(4)　花子さんから鏡にうつって見える範囲は，図ⅲの斜線部分である。この範囲にお母さんの全身が入ればいいので，かべの地面から145 cmの位置(鏡の最上部)と，花子さんの頭の先を結んだ直線が，地面から150＋10＝160(cm)(お母さんの身長)の直線と交わる場所に頭の先がくるようにお母さんが立てばよい。

図ⅲ

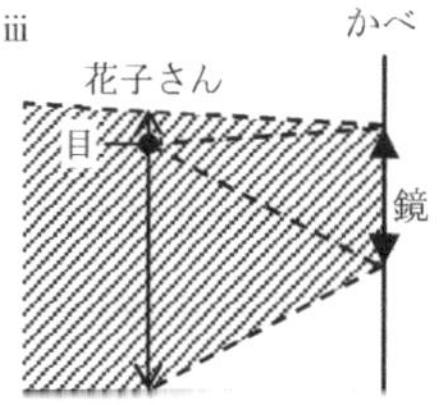

3 **(1)**　ろうそくのほのおは，外えん＞内えん＞えん心の順に温度が高い。よって，割りばしがこげるのは外えん部分に入っているｂとｆである。

(3)　ものが燃えるためには，酸素が必要である。ふたをしたびんに火のついたろうそくを入れてしばらくすると，びんの中の酸素が足りなくなり火が消える。

(4)　石灰水を白くにごらせるのは二酸化炭素である。

(5)　ア○…(3)(4)の実験と同じことをしている(ろうそくが燃えたことによって，びんの中に二酸化炭素がある)。ウ○…二酸化炭素を入れている。なお，ろうそくの火はすぐに消えてしまう。

4 **(3)**　アは水にとけにくい気体を集める水上置かん法，ウは水にとけやすく，空気よりも軽い気体を集める上方置かん法である。

(4)　ウ×…酸素にはものを燃やすはたらきがあるため，消火器につめるガスには用いられない。

6 **(1)**　図１は被子《ひし》植物の双子《そうし》葉類の葉，図２は被子植物の単子葉類の葉である。

(3)　イチゴやリンゴは，おもに花托《かたく》とよばれる部分を食べている。

(5)　親のからだの一部から子ができることを栄養生殖《せいしょく》という。

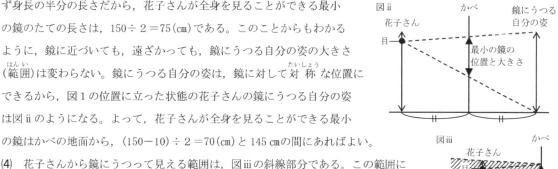

(6)　被子植物は，胚珠《はいしゅ》が子房につつまれている。受粉後，子房は果実(食べられる部分とは限らない)になり，胚珠は種子になる。

7 (1)　24℃におけるほうわ水蒸気量は 21.8ｇ/㎥だから，あと 21.8－15.4＝6.4(ｇ)の水蒸気をふくむことができる。

(2)　$\frac{15.4}{21.8}\times 100 = 70.64\cdots \to 70.6$(%)

(3)　ほうわ水蒸気量が 15.4ｇ/㎥になるのは，気温 18℃のときだから，18℃より低くなると水てきができはじめる。

(4)　4℃におけるほうわ水蒸気量は 6.4ｇ/㎥だから，15.4－6.4＝9(ｇ)の水蒸気をふくむことができなくなり，水てきになる。

(5)　空気中にふくまれる水蒸気量とほうわ水蒸気量が同じになるため，しつ度は 100%である。

8 (2)　石灰岩の他に，生物の死がいがたい積し固まってできた岩石にはチャートがある。チャートはおもにホウサンチュウの死がいがたい積してできる。チャートにうすい塩酸をかけても気体は発生しない。

(3)②　示準化石に対し，地層がたい積した当時の環境《かんきょう》を推測できる化石を示相化石という。　③　イとウは古生代，エは新生代の示準化石である。

《2024　1次Ａ　社会　解説》

1 (1)　Ｐ＝飛騨　Ｑ＝木曽　Ｒ＝越後　Ｓ＝佐渡　　飛騨山脈(北アルプス)，木曽山脈(中央アルプス)と，その南東にある赤石山脈(南アルプス)を合わせて日本アルプスという。

(2)　ウ　　アは対馬，イは隠岐，エは淡路島。

(3)　Ｂ／群馬県　　Ａは新潟県，Ｃは長野県，Ｄは富山県，Ｅは岐阜県であり，いずれも中部地方にふくまれる。

(4)　オ　　新潟市は冬に降水量が多くなる日本海側の気候の＜３＞，長野市は冬に冷え込み，１年を通して降水量が少ない内陸の気候の＜１＞，岐阜市は夏の降水量が多くなる太平洋側の気候の＜２＞。

(5)　ク　　図３において，①～③の県は冬に出荷し，④の県だけが夏に出荷している。茨城県，徳島県，長野県，兵庫県の４県で，夏と冬の気温を考えると，長野県だけが冬の寒さが厳しく夏が冷涼であることから，出荷時期が違う④を長野県と判断する。また，長野県の夏の出荷量が圧倒的に多いことから，寒くなく，涼しい気候を好む野菜であると判断する。

(6)　白川　　白川郷は岐阜県，五箇山は富山県にある。

(7)　ウ　　合掌造り集落は，雪が落ちやすいように急こう配の屋根になっているため，広い屋根裏で養蚕が行われた。

2 (1)　イ　　ア．誤り。漢字が伝えられたのは古墳時代である。ウ．誤り。縄文土器は縄目の文様や多彩な装飾を持つものが多い。エ．誤り。縄文土器はかまを用いず野焼きで焼かれた。

(2)　冬　　図を見ると，冬にはイノシシやシカの狩りをしていたことがわかる。

(3)　高床倉庫　　収かくした稲をねずみや湿気から守るために，高床につくられた。

(4)　ウ　　アは銅剣，イは銅鏡。

(5)　ア　　アは聖徳太子が建てた法隆寺である。イは藤原頼通が建てた平等院鳳凰堂，ウは奥州藤原氏の藤原清衡が建てた中尊寺金色堂，エは平清盛が経典を納めた厳島神社。

(6)　大宝律令　　大宝律令は唐の律令をもとにしてつくられた。律は刑罰のきまり，令は行政法である。

(7)　エ　　アは桓武天皇，イは平清盛，ウは聖武天皇。

(8)　ウ　　足利尊氏が挙兵して京都に新たな天皇を立てたことで(北朝)，後醍醐天皇が奈良の吉野に逃れ(南朝)，約60年間にわたって南北朝時代が続いた。

(9) 応仁の乱　1467年，室町幕府第８代将軍足利義政のあとつぎ問題と，管領の地位をめぐる有力な守護大名の対立から，京都を中心として応仁の乱が起きた。

(10) ア　1428年に起きた正長の土一揆について書かれた「柳生徳政碑文」である。イとウは鎌倉時代，エは平安時代の文章である。

3 (1) イ　徳川吉宗は江戸幕府の第８代将軍。武田氏は安土桃山時代に織田信長によって滅ぼされた。

(2) エ　島原・天草一揆は，江戸幕府によるキリシタン弾圧に対して，天草四郎を中心とした農民が起こした一揆である。エは長崎市にある大浦天主堂。アはタージマハル(インド)，イはマチュピチュ(ペルー)，ウは龍門石窟(中国)。

(3) シャクシャイン　大量のサケなどをわずかな米や日用品と交換させられていたアイヌの人々は，1669年，シャクシャインを中心として団結して立ち上がった。しかし，松前藩との戦いに敗れ，さらに厳しく支配された。

(4) Z　島原・天草一揆を鎮圧した江戸幕府は，ポルトガル船の来航を禁止し，オランダ商館を長崎の出島に移して鎖国体制を完成させた。

(5) エ　資料には，「政府に対して租税をはらう義務のあるものは，その政府のすることに対して是非を論ずる権利を持っている」とあり，税をはらうことができないものの権利も認めているわけではない。

(7) ウ　b (1889年)→a (1894年)→c (1904年)

(8) ウ　イギリスの1935年の鉱工業生産指数は105.6と100を超えていることから，1929年の鉱工業生産指数を上回っている。

(9) ア　世界恐慌は，アメリカ合衆国のニューヨーク・ウォール街での株価の大暴落から始まった。

(10) ア　a (1937年)→b (1941年)→c (1945年)

4 (1) ア　信託統治地域の自治または独立に向けた準備をするための信託統治理事会は，パラオが独立したことで信託統治地域がなくなり，活動を停止した。

(2) ウ　アはアメリカ合衆国，イは中国，エはフランス。

(3) ア　イは(国連)平和維持活動，ウは(国連)平和維持軍，エはＳＤＧｓで持続可能な開発目標。

(4) イ　一人一票とする平等選挙の原則，誰が誰に投票したかを明らかにする必要がない秘密選挙の原則，一定の年齢に達したすべての国民に選挙権が与えられる普通選挙の原則，有権者が候補者に対して直接投票する直接選挙の原則がある。

(5) エ　b (ストックホルム・1972年)→a (リオデジャネイロ・1992年)→c (京都・1997年)

5 (1) エ　環境権は，日本国憲法に定められていない新しい人権である。

(2) ア　請求権には，裁判を受ける権利・刑事補償請求権・国家賠償請求権などがある。

(3) 主権　主権は，大日本帝国憲法の下では天皇にあり，日本国憲法の下では国民にある。

(5) ウ　条約の締結は，内閣の役割である。

《2024　1次B　国語　解説》

一　問一　本文後半で、妻が「それにしても、あんなに元気なおばあちゃんが米寿《べいじゅ》のお祝いだもんねぇ」と言っている。この一文から、夫婦が「おばあちゃんの米寿のお祝い」に向かっていると分かる。

問二1　当初は、バスケットボールのレギュラーメンバーに選ばれたため、圭介《けいすけ》は家に残る予定だったが、大阪に着いた母から「兄の広志《ひろし》がバイクに撥《は》ねられ、大阪の病院に運ばれたという知らせ」があり、祖母が翌朝大阪に向かうことに決めた。その後の顧問《こもん》とのやり取りから、圭介も祖母と一緒《いっしょ》に大阪に行くことになったことが分かる。

2　傍線《ぼうせん》部4を含む文「考えてみれば、それ以来～願い事をしてしまう」の前の部分までが回想。

問五　「それ以来」が、「飛行機の中で兄の無事を祈」って以来、だということを落とさずにまとめる。

問六Ⅰ　「いつ帰ってきたんだよ？」という問いに対する答え。　Ⅱ　この前の「店、出した」という彼女《かのじょ》の言葉と、Ⅱの直後の「『おかげさまで大盛況《だいせいきょう》』一瞬、どこにあるのか聞こうかと思ったが」より、「店」のことを聞いていると分かる。　Ⅲ　直前の言葉(「なんで？」)を引用して、直後で「なんでって」と説明している。

Ⅳ　直後で「誰《だれ》も見てないって」と説得していることから、「恥《は》ずかしい」が入ると分かる。また、この後の「いやだって」という言葉から、「いやだ」と言うのが2回目である(＝Ⅳでも言った)ことも分かる。

問七　圭介は彼女との関係が「自分ではうまくいっていると思っていた」ので、彼女がお菓子《かし》作りの勉強のためにパリに行くというのが、「とつぜん」のことで、「あっという間に旅立った」と感じられた。彼女の方は、圭介に自分の考えや気持ちをあまり説明していなかったのだろう。その後の「追いかけていくわけにもいかず、夏休みを待って」という表現から、圭介の方は、彼女にすぐに会いに行きたいという気持ちであったことが伝わる。しかし、彼女が「粉まみれになって出てきた」のを見て、圭介は、彼女が圭介よりも、お菓子作りのことを本気で考えていることを悟《さと》ったのである。

問八　「米」の字を分解すると、「八十八」になることから、「米寿《べいじゅ》」は八十八歳のお祝い。

問九　お菓子の勉強をするために、「とつぜん」「あっという間に旅立って」、いなくなってしまった彼女と比べて、自分の親戚《しんせき》のお祝いに参加するために、一緒に飛行機に乗り、「あと五十年はあなたと一緒だわ」という妻は、夫婦として暮らしてきた女性で、「性格や考え方などが理解できる」と感じられたのである。

問十　ア.「比喩《ひゆ》や象徴《しょうちょう》的な表現」はあまり用いられていないし、昔付き合っていた彼女は出てくるが、「複雑にからみあった人間模様」とまでは言えない。　イ.「複数の回想」は出てくるが、「圭介の価値観」が変化しているとは言えない。　エ.「登場人物の心情の変化」とあるが、心情の変化が分かるのは、圭介だけで、「会話文」が「中心」になっているとも言えない。

二　問一　「Ｘ」は群れの中で伝えられてきたもの。直後の「それぞれの群れに特徴《とくちょう》的なくらしぶりや文化が広く見られる」より、「文化」が適する。

問二　シャチは「自分たちがすむ海の環境《かんきょう》や、利用できる餌《えさ》生物にあわせて、独自のくらしをつくりあげている」が、餌をとるための行動などは「学習」によって身につく。傍線部1の直前で「こうして学習によって身につけられる行動は～その群れのなかに広まっていきますが、そうなればなるほど他の群れとの交流が少なくなり」と述べているので、ウが適する。

問三　「世界の各地でちがうくらしをするシャチたち」が、すべて「シャチ～という一種」にまとめられてきたが、それとは「ちがった考え」がではじめている、つまり、シャチが複数の種に分けられるのではないかという考えがでてきている、という文脈。傍線部２のあとで、様々なシャチの群れについて説明し、「現在はこうしたそれぞれの群れ～グループのすべてが、同一の『シャチ』という種に属するものとされていますが、研究が進めば、それぞれが別の種であると考えられるようになる可能性もあります」と述べている。

問五　筆者は、群れごとに「独自のくらし」を築いているシャチの「それぞれの群れが個性的で、かけがえのない存在」と言っているので、イが適する。　ア.「それぞれの群れが個性的で、かけがえのない存在」なのだから、「自分たちの群れだけは守っていける」は適さない。　ウ．群れごとの独自の行動がその群れに広がるほど、他の群れとの交流が少なくなるのは、自然なことなので、適さない。　エ．このようなことは書かれていない。

問六　この後の部分で、海にとけこんだ汚染《おせん》化学物質について述べ、３～４段落後で「こうした物質は、プランクトンや～海の小生物によって体内にとりこまれると、それらを食べる動物により高い濃度《のうど》でたまっていくことになります。一般《いっぱん》に、汚染化学物質は、食物連鎖《れんさ》のなかで～食べるものに、より高い濃度でたまっていきます」「じっさい～沿岸に生息するシャチでは、地球上に生息するどの野生生物よりも多く、汚染化学物質を体のなかにためこんでいる」と説明している。海の食物連鎖の頂点にいるシャチには、高濃度の汚染化学物質がたまってしまうのである。よって、エが適する。

問七　同段落の「そうした物質は、雨水にとけこみ～海に流れでたものです」と、「一部の化学物質には、大気中にまいあがり～雨とともに海にとけこんだものもあります」から抜き出す。

問八　問六の解説を参照。「生物濃縮」は、プランクトンや海の小生物を食べる動物に汚染化学物質がより高い濃度でたまり、その動物を食べる動物の中にさらに高い濃度で汚染化学物質がたまることをいうので、アが適する。

問九　この後、メスのシャチが体内にためこんできた汚染化学物質の相当な量が、いろいろな形で赤ちゃんシャチにうけわたされることや、それがくり返されることで、「気が遠くなるほどの長い期間にわたって」シャチの「健康に大きな影《かげ》を落としつづける」ことを説明している。

問十　人間に期待されているのは、海の環境をこれ以上悪化させないための行動をとることである。イ、ウ、エはその行動にあてはまる。よって、アが正解。

問十一①　シャチの場合は、群れごとの独自の行動がその群れに広がるほど、他の群れとの交流が少なくなり、群れ同士の間のちがいがより強くなっていく。よって、「他の群れとの交流が多くなれば、もっとたくさんの文化が生まれるらしいよ」という発言は、本文の内容と合わない。　③　筆者は、群れごとに「独自のくらし」を築いているシャチの「それぞれの群れが個性的で、かけがえのない存在」であり、それぞれが「自分たちのくらしをつづけていけることが何より大事」だと言っている。よって、「最も数が多くて強い群れを優先して保護しないといけないね」という発言は、本文の内容と合わない。　④　最後から２段落目に、「たとえいまこの瞬間《しゅんかん》～気が遠くなるほどの長い期間にわたって、彼らの健康に大きな影を落としつづけるのです」とある。よって、「今すぐ海水中の～すぐにでも健康被害をなくせるのになあ」という発言は、本文の内容と合わない。

三　**C①**「生かせる」が正しい。　③「来られる」が正しい。　⑤「やらせて」が正しい。

《2024　１次Ｂ　算数　解説》

1　(1)　与式$=(0.21\div 0.3)\times 0.8=0.7\times 0.8=\mathbf{0.56}$

(2)　与式より，$(\frac{1}{12}+□)\times\frac{1}{2}=6-3$　$\frac{1}{12}+□=3\div\frac{1}{2}$　$\frac{1}{12}+□=3\times 2$　$□=6-\frac{1}{12}=\frac{72}{12}-\frac{1}{12}=\frac{71}{12}=\mathbf{5\frac{11}{12}}$

(3)　与式$=\frac{2}{2}-\frac{1}{2}+\frac{2}{3}\times\frac{4}{3}-\frac{4}{5}=\frac{1}{2}+\frac{8}{9}-\frac{4}{5}=\frac{45}{90}+\frac{80}{90}-\frac{72}{90}=\mathbf{\frac{53}{90}}$

(4)　与式$=1.23\times 41+(1.23\times 10)\times 2.7-(1.23\times 0.1)\times 180=1.23\times 41+1.23\times 27-1.23\times 18=$

1.23×(41＋27－18)＝1.23×50＝**61.5**

(5)　2Ｌ＝20dLだから，20dLの55%は20×0.55＝**11**(dL)

(6)　2024÷60＝33余り44より，2024秒＝**33**分44秒

2 (1)　**【解き方】過不足算を利用する。**

1人に配る枚数を4－3＝1(枚)増やすと，全体で必要な枚数は10＋13＝23(枚)増えるので，子どもの人数は23÷1＝23(人)となる。よって，折り紙は全部で3×23＋10＝**79**(枚)あった。

(2)　1日目の残りは全体の$\frac{1}{2}$，2日目の残りは全体の$\frac{1}{2}\times(1-\frac{2}{3})=\frac{1}{6}$であり，これが10ページと等しいので，この本は$10\div\frac{1}{6}=$**60**(ページ)ある。

(3)　**【解き方】(平均点)×(教科数)＝(合計点)となることを利用する。**

国語，算数，理科の3教科の合計点は78×3＝234(点)，社会も合わせた4教科の合計点は80×4＝320(点)だから，社会の得点は320－234＝**86**(点)である。

(4)　**【解き方】水を加えても，食塩水にふくまれる食塩の量は変わらない。**

8%の食塩水300gにふくまれる食塩は300×0.08＝24(g)であり，水を加えたあとの食塩水の濃度《のうど》が6%だから，食塩水の量は$24\times\frac{100}{6}=400$(g)になった。よって，加えた水の量は400－300＝**100**(g)である。

(5)　**【解き方】11をくり返しかけたときの十の位以下の数は，11，21，31，…，91，01，11，…となる。十の位の数は1から連続した数であり，十の位が9になった後は0になり，また1ずつ増えていく。**

11をくり返しかけたときの十の位の数は1，2，3，4，5，6，7，8，9，0の10個の数をこの順にくり返すから，24回かけたとき，24÷10＝2余り4より，2回くり返したあと4つ目の数となるので**4**である。

3 (1)　**【解き方】右図で，折り返した角の大きさは等しいことを利用する。**

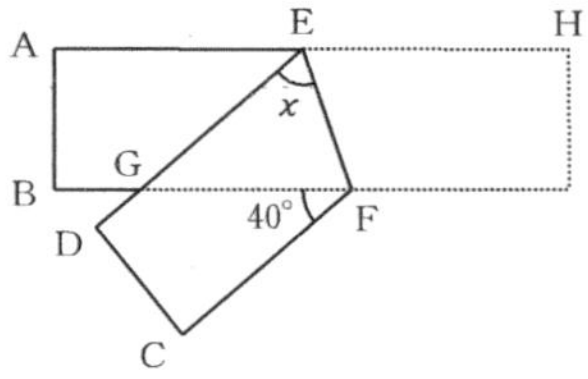

ＤＥとＣＦは平行だから，角ＢＧＤ＝角ＢＦＣ＝40°

ＡＥとＢＦは平行だから，角ＡＥＤ＝角ＢＧＤ＝40°

折り返した角だから，角x＝角ＨＥＦ

よって，角x＝(180°－角ＡＥＧ)÷2＝(180°－40°)÷2＝**70°**

(2)　**【解き方】右図のように補助線を引く。**

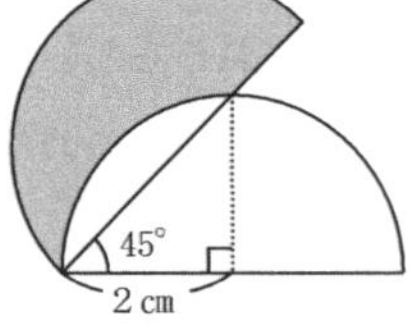

かげをつけた部分の面積は，半径4÷2＝2(㎝)の半円の面積と，直角をつくる2辺の長さが2㎝の直角二等辺三角形の面積の和から，半径2㎝，中心角90°のおうぎ形の面積を引いた値《あたい》である。

よって，$2\times2\times3.14\times\frac{1}{2}+2\times2\div2-2\times2\times3.14\times\frac{90°}{360°}=$**5.14**(㎠)

4 (1)　**【解き方】1以上100以下の3の倍数の個数から，1以上49以下の3の倍数の個数を引いて求める。**

1以上100以下の3の倍数は100÷3＝33余り1より，33個ある。1以上49以下の3の倍数は49÷3＝16余り1より，16個ある。よって，50から100までの整数のうち，3で割り切れるものは33－16＝**17**(個)ある。

(2)　**【解き方】7で割ると3余る整数から3を引くと，7の倍数になる。**

50÷7＝7余り1，100÷7＝14余り2より，50以上100以下の7の倍数の個数は，14－7＝7(個)である。

また，50未満の7の倍数で最も大きいものは49だから，49＋3＝52より，50以上100以下の整数となる。

100未満の7の倍数で最も大きいものは98だから，98＋3＝101より，50以上100以下の整数とならない。

したがって，50以上100以下の整数のうち，7で割ると3余る整数は7＋1－1＝**7**(個)ある。

(3)　**【解き方】3でも7でも割り切れる整数は，3と7の最小公倍数21で割り切れる整数である。**

50 以上 100 以下の整数のうち，21 の倍数を求めればよいから，**63，84** の２個である。

[5] (1)　**【解き方】この数の並びには，２が２個，４が４個，６が６個，…のように，偶数がその数の個数だけ並ぶ。**

連続する偶数の和は右表のようになるから，42 番目の数が最後の 12 であり，43 番目から 56 番目までは 14 となるので，50 番目は **14** である。

偶数	2	4	6	8	10	12	14	…
その偶数までの和	2	6	12	20	30	42	56	…

(2)　(1)より，２から 12 までの偶数はその数の個数だけ並び，14 は 50－43＋１＝８(個)並ぶから，求める和は ２×２＋４×４＋６×６＋８×８＋10×10×12×12＋14×８＝４＋16＋36＋64＋100＋144＋112＝**476** である。

[6] (1)　**【解き方】Ａが歩いた道のりと，バスで移動した道のりの和を求めればよい。**

バスの速さは分速(30×1000÷60)ｍ＝分速 500ｍだから，Ｐ地点からＱ地点までの道のりは，50×30＋500×９＝1500＋4500＝6000(ｍ)より，**６km** である。

(2)　ＢはＰ地点からＱ地点まで６÷12＝$\frac{1}{2}$(時間)，つまり(60×$\frac{1}{2}$)分＝30 分で移動する。よって，ＢはＡより (30＋９)－30＝**９**(分)おくれて出発した。

(3)　**【解き方】ＢがＡを追いこしてからＡが 15 分間歩き続けたとしたとき，実際に進んだ道のりとの差を求め，つるかめ算を利用して，Ａがバスに乗ってから何分後にＢを追いこしたかを求める。**

Ｂの速さは分速(12×1000÷60)ｍ＝分速 200ｍだから，15 分間に 200×15＝3000(ｍ)進む。ＢがＡを追いこしてからＡが 15 分間歩き続けたとすると，Ａが進む道のりは 50×15＝750(ｍ)となり，実際より 3000－750＝2250(ｍ)だけ少ない。Ａが１分間歩いて進む道のりを１分間バスに乗って進む道のりに置きかえると，進んだ道のりの合計は 500－50＝450(ｍ)だけ大きくなるので，Ａはバスに乗ってから 2250÷450＝５(分後)にＢを追いこした。よって，ＡがＢをバスで追いこしたのは，Ｐ地点から 50×30＋500×５＝4000(ｍ)はなれた地点だから，Ｂは 4000÷200＝20(分間)走ったことになる。したがって，ＢはＡより 30＋５－20＝**15**(分)おくれて出発した。

[7] (1)　**【解き方】ＰとＱが１回目に重なるとき，２点の進んだ道のりの合計がＡＢ＋ＢＣ＝30＋30＝60(cm)となる。**

Ｐの速さは毎秒２cm，Ｑの速さは毎秒３cmだから，２点は１秒間に合計２＋３＝５(cm)進む。よって，１回目に重なるのは出発してから 60÷５＝**12**(秒後)である。

(2)　**【解き方】ＰとＱが２回目に重なるのは，１回目に重なったときから，２点の進んだ道のりの合計が正三角形ＡＢＣの周の長さと等しくなるときである。**

２点が合計 30×３＝90(cm)進むのにかかる時間は 90÷５＝18(秒)だから，出発してから 12＋18＝**30**(秒後)である。

(3)　**【解き方】ＰとＱが１回目にＣで重なってから，何秒ごとにＣで重なるかを考える。**

ＰがはじめてＣに着くのは，出発してから 60÷２＝30(秒後)であり，ここから，90÷２＝45(秒)ごとにＣにもどってくる。Ｑは出発してから 90÷３＝30(秒)ごとにＣにもどってくる。したがって，ＰとＱが１回目にＣで重なるのは出発して 30 秒後であり，ここから 45 と 30 の最小公倍数の 90 秒ごとにＣで重なるから，３回目にＣで重なるのは出発してから 30＋90×２＝**210**(秒後)である。

2023 解答例 令和5年度 大谷中学校【一次A】【一次B】

《一次A　国語》

一　問一．健太君はステ　問二．ア　問三．きなこは死んでいる／健太はきなこが生きていると思っている
問四．X．エ　Y．イ　問五．きなこはフリスビーが好きだったので、きなこと同じようにステラもフリスビーが好きかどうか、健太が確かめるだろうと考えたから。　問六．D，E　問七．Ⅰ．エ　Ⅱ．ウ　Ⅲ．ア　Ⅳ．イ　問八．何でも自分　問九．イ

二　問一．ⓐほうふ　ⓑさくもつ　ⓒ容易　ⓓ感激　ⓔ肥大　問二．A．ウ　B．エ　C．ア　D．イ
問三．パイナップルの実の姿が松ぼっくりに似ており、実は価値のあるおいしいものだから。　問四．ア
問五．イ　問六．エ　問七．ア　問八．パイナップルが病原菌に感染したり、虫にかじられたりするのを防ぐ効果。／肉料理に加えると肉をやわらかくしたり、消化を助けてくれたりする効果。　問九．1．ウ
2．Ⅰ．苗を植えて1年以内に花を咲かせず実もつけない　Ⅱ．実をつけたあとに茎が枯れ、新しい芽が伸び出して栽培される

三　A．①エ　②ウ　③ア　④イ　⑤エ　B．①馬　②鳥　③魚　④虫　C．①ア　②ウ　③イ　④ア　⑤ウ
D．四十

《一次A　算数》

1　(1)3　(2)$\frac{1}{81}$　(3)$7\frac{1}{2}$　(4)$\frac{1}{3}$　(5)25200　(6)9

2　(1)1220　(2)150　(3)2023　(4)150　(5)5.5

3　(1)89　(2)0.43

4　(1)12　(2)15　(3)1，40

5　(1)120　(2)60　(3)1173

6　(1)4　(2)16　(3)24

7　(1)135　(2)6　(3)7.5

《一次A　理科》

1　(1)わく星　(2)イ　(3)オ　(4)エ　(5)ア　(6)木星

2　(1)①しん食　②運ぱん　③たい積　(2)せん状地　(3)三角州　(4)A→B→C　(5)A

3　(1)③→②→①　(2)図1…ステンレス　図2…空気　図3…水　(3)比例
(4)0℃…融点〔別解〕凝固点　100℃…沸点　(5)エ

4　(1)エ　(2)オ　(3)①ア　②イ　(4)③オ　④エ

5　(1)ウ　(2)エ　(3)ア

6　(1)酸性　(2)1　(3)D　(4)0.6　(5)0.3

7　(1)①腎臓　②尿　(2)ぼうこう　(3)尿素　(4)肝臓
(5)2番目…イ　3番目…ウ〔別解〕2番目…ウ　3番目…イ　(6)③○　④×　⑤×　⑥○　(7)エ

《一次A　社会》

1　⑴ユーラシア　⑵ア　⑶イ　⑷X．2019　Y．14　⑸記号…ウ　都市名…松山　⑹イ　⑺伊勢神宮　⑻C　⑼沖ノ鳥島　⑽大阪府

2　⑴前方後円墳　⑵エ　⑶渡来人　⑷ウ　⑸白村江　⑹エ　⑺大宝律令　⑻エ　⑼防人　⑽男性より税負担が軽いから。

3　⑴元禄　⑵ア　⑶ア　⑷ア　⑸富岡製糸場　⑹クラーク　⑺ウ　⑻ウ　⑼ウ　⑽GHQ

4　⑴三権分立　⑵国会　⑶総理大臣　⑷X．18　Y．19　⑸ア　⑹消費税　⑺エ　⑻教育　⑼バリアフリー　⑽風力発電

《一次B　国語》

一　問一．イ　問二．ビーマ～きた。　問三．Ⅰ．ウ　Ⅱ．ア　Ⅲ．イ　問四．ア　問五．1．アイデンティティ　2．二　3．四　4．懐かしいわが家　問六．X．エ　Y．ウ　問七．全身が金縛　問八．大切な自分の家が取りこわされていたことに心の整理がつかず、あまりのショックで暑さを感じることもできなかったから。　問九．ウ　問十．おれたちの街

二　問一．未来か～るもの　問二．X．上　Y．下　Z．上　問三．ア　問四．イ　問五．「なんかもう済んだ感じ」／「自分ももうそんなに若くない」　問六．エ　問七．別の「いま」が折り重なり、散乱している　問八．（はっきりした）かたちをとる　問九．職から離れると、〈時〉を区切って場面を切り換え別の行為に移るきっかけが「外」からはなかなか訪れなくなり、行為がだらだらといつまでも終わらなくなってしまうから。

三　A．①見る／送る　②走る／回る　③眠る／かける　B．①学者／逆転　②真綿／身内　③客足／楽屋　④消印／雨具　C．①エ　②ア　③イ　④ウ

《一次B　算数》

1　⑴75　⑵$\frac{53}{90}$　⑶$2\frac{2}{3}$　⑷$5\frac{11}{12}$　⑸2208　⑹105

2　⑴800　⑵95　⑶25　⑷600　⑸1260

3　⑴125　⑵257.48

4　⑴15　⑵2220　⑶90

5　⑴8　⑵18　⑶30

6　⑴100　⑵1561　⑶ア．3　イ．45

7　⑴3：1　⑵3：4　⑶$3\frac{6}{7}$

大谷中学校【１次Ａ】

《2023　一次Ａ　国語　解説》

一　著作権上の都合により文章を掲載《けいさい》しておりませんので、解説も掲載しておりません。ご不便をおかけし、誠に申し訳ございません。

二　**問三**　本文中に、「パイナップルの実の姿は、松ぼっくりに似ています。だから、『パイン』なのです」とある。また、「アップル」という語は、「ヨーロッパでは価値のあるおいしいものに」使われたと書かれている。

問四　「耐《た》えかね」の「かねる」は、他の動詞に付くと、「～できない」「～するのが難しい」という意味になる。よって、アが適する。

問五　本文中に「当時、パイナップルの缶詰《かんづめ》は、高価であり～貴重なもの」であり、多くの人々は病気のときにしか食べられなかったとある。貴重品でなかなか食べられないということから考えると、イが適する。

問六　「このように」が指す内容は、「パイナップルの形を模」す作業である。具体的には、直前の一文にある「リンゴを輪切りにし、中心の芯《しん》を丸くくりぬき、周りに少しのぎざぎざをつけ」るという作業を指す。よって、残ったエが正解。

問七　「パイナップルもどき」を作ったのは、死にそうになっていた兵士の仲間たちである。仲間たちが、兵士の最後の願いをかなえようとして努力した結果できたのが、この「パイナップルもどき」なので、アが適する。

問八　直後の二文に「効果」が書かれている。

問九１　傍線部《ぼうせんぶ》７の「畑と果樹園のマークを組み合わせたような記号」という部分に着目する。アは、「畑」の地図記号の要素が入っていない。イは、「果樹園《かじゅえん》」の地図記号の要素が入っていない。ウは、「畑」の地図記号の「Ｖ」のような形と、「果樹園」の地図記号の「〇」の形が両方入っているので、これが適する。エは、「畑」の地図記号の「Ｖ」の形の要素が弱い。　**２Ⅰ**　野菜は、芽を出すとほぼ一年以内に花を咲《さ》かせる。しかし、パイナップルは、苗《なえ》を植えてから早くても２年間は花を咲かせず実をつけない。だから野菜らしくないのである。

Ⅱ　本文中に、「(パイナップルは)実をつけたあとに茎《くき》は枯《か》れてしまい、その横から新しい～栽培《さいばい》されます。だから果物らしくもありません」とある。

三　**Ｃ①**　「大」きな「成功」と分けられるので、アが適する。　**③**　「労働」する「者」と分けられるので、イが適する。　**④**　「新」しい「記録」と分けられるので、アが適する。

Ｄ　祖母の年齢《ねんれい》が64歳《さい》で、祖母はおばを28歳のときに出産していることから、おばの年齢は、64－28＝36歳。最後の１文の内容から、母はおばの４歳上、父はおばの７歳上であることがわかるので、母の年齢は、36＋４＝40歳である。

《2023　一次Ａ　算数　解説》

1　(1)　与式＝５＋４－６＝３

(2)　与式＝$\frac{27}{81}-\frac{18}{81}-\frac{6}{81}-\frac{2}{81}=\frac{1}{81}$

(3)　与式＝$(3\frac{3}{4}-\frac{3}{2})\times\frac{10}{3}=(\frac{15}{4}-\frac{6}{4})\times\frac{10}{3}=\frac{9}{4}\times\frac{10}{3}=\frac{15}{2}=7\frac{1}{2}$

(4)　与式より，$\frac{16}{5}\times(\square-\frac{1}{4})=\frac{1}{6}\times\frac{8}{5}$　$\frac{16}{5}\times(\square-\frac{1}{4})=\frac{4}{15}$　$\square-\frac{1}{4}=\frac{4}{15}\times\frac{5}{16}$　$\square-\frac{1}{4}=\frac{1}{12}$

$\square=\frac{1}{12}+\frac{1}{4}=\frac{1}{12}+\frac{3}{12}=\frac{4}{12}=\frac{1}{3}$

⑸　300 ドルの３割引きは，300×（１－0.3）＝210（ドル）だから，120×210＝25200（円）

⑹　単位に注意する。1.35 ㎢＝(1.35×1000×1000) ㎡＝1350000 ㎡だから，たての長さが 600mならば，横の長さは，1350000÷600＝2250（m）になる。2250m＝(2250×100) ㎝＝225000 ㎝だから，縮尺$\frac{1}{25000}$の地図に書くと，$225000\times\frac{1}{25000}=9$ (㎝)

2　⑴　**【解き方】みかん１個とりんご１個を買うと，580÷４＝145（円）になる。**

みかん 16 個とりんご 16 個を買うと，145×16＝2320（円）になるから，りんごを 16－３＝13（個）買うと，2320－760＝1560（円）になる。りんご１個の値段は 1560÷13＝120（円），みかん１個の値段は，145－120＝25（円）

よって，みかん 20 個とりんご６個の値段は，25×20＋120×６＝1220（円）

⑵　**【解き方】３日目に残った 25 ページが，本全体のどれくらいの割合かを考える。**

３日目に残ったページは，本全体の$1\times(1-\frac{2}{3})\times(1-\frac{1}{2})=\frac{1}{6}$だから，この本は，$25\div\frac{1}{6}=150$（ページ）

⑶　**【解き方】７と 17 の最小公倍数を考え，2025 の前後にある最小公倍数の倍数を調べる。**

７と 17 はともに素数だから，最小公倍数は，７×17＝119 である。2025÷119＝17 余り２だから，2025 前後の 119 の倍数は，2025－２＝2023，2023＋119＝2142 になる。よって，求める数は 2023 である。

⑷　**【解き方】右図のようなてんびん図で考える。うでの長さを濃度《のうど》，おもりを食塩水の重さとしたてんびん図で考えて，うでの長さの比とおもりの重さの比がたがいに逆比になることを利用する。**

右図で，ａ：ｂ＝（８－５）：（10－８）＝３：２だから，５％の食塩水と 10％の食塩水の重さの比は２：３になる。

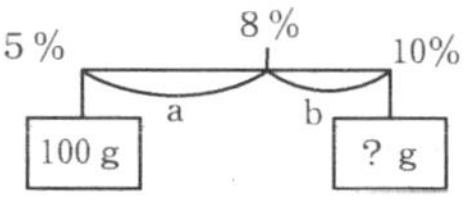

よって，加える 10％の食塩水の重さは，$100\times\frac{3}{2}=150$（ｇ）

⑸　**【解き方】出会ったときと完全にすれ違い終わったときについて，列車の最後尾に着目する。**

２台の列車が出会ったとき，２台の列車の最後尾は 70＋150＝220（m）離《はな》れている。列車は反対方向に進んでいるから，２台の列車の最後尾は１秒あたり 23＋17＝40（m）の割合で近づく。よって，最後尾が出会うまでに，220÷40＝5.5（秒）かかる。

3　⑴　**【解き方】右のように作図して，平行線の錯角は等しいことを利用する。**

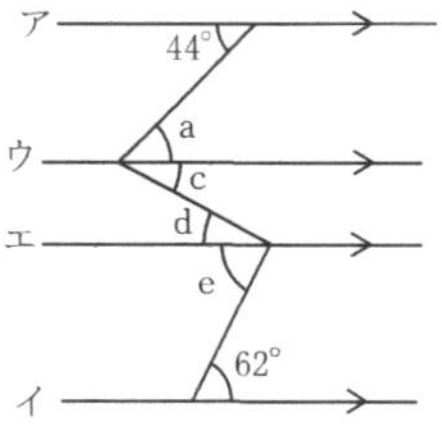

平行線の錯角は等しいから，角ａ＝44°，角ｅ＝62°

角ａ＋角ｃ＝71°だから，角ｃ＝71°－角ａ＝71°－44°＝27°

平行線の錯角は等しいから，角ｄ＝角ｃ＝27°

よって，角x＝角ｄ＋角ｅ＝27°＋62°＝89°

⑵　**【解き方】右のように作図して，三角形ＡＢＣの面積から，おうぎ形㋐の面積を引いて求める。**

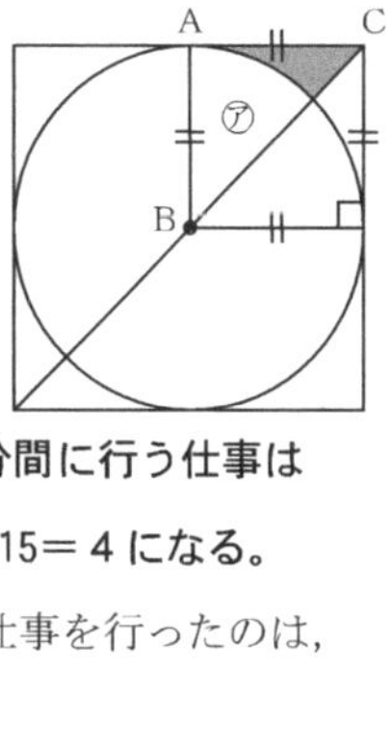

右図で，三角形ＡＢＣはＡＢ＝ＡＣ＝４÷２＝２（㎝）の直角二等辺三角形だから，おうぎ形㋐の中心角は 45°になる。

よって，求める面積は，$2\times2\div2-2\times2\times3.14\times\frac{45°}{360°}=2-1.57=0.43$（㎠）

4　⑴　**【解き方】仕事の大きさを，20 と 30 と 15 の最小公倍数の 60 とすると，Ａさんが１分間に行う仕事は 60÷20＝３，Ｂさんが１分間に行う仕事は 60÷30＝２，Ｃさんが１分間に行う仕事は 60÷15＝４になる。**

ＡさんとＢさんが２人で仕事をすると，１分あたり３＋２＝５の仕事をするから，２人が仕事を行ったのは，60÷５＝12（分間）

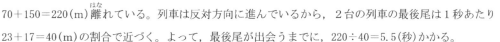

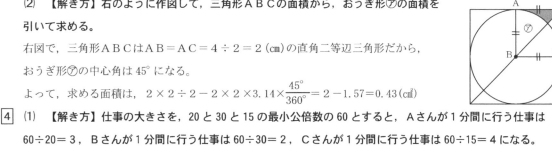

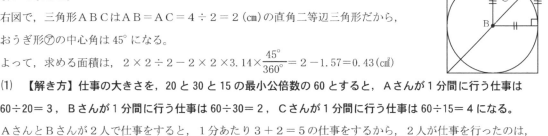

⑵　**【解き方】⑴をふまえる。**

Ａさんが10分間仕事をすると３×10＝30の仕事をするから，残りの60－30＝30の仕事を，Ｂさんが仕上げるとき，かかる時間は，30÷２＝15(分)

⑶　**【解き方】⑴をふまえる。**

Ａさんが５分間，ＢさんとＣさんが２人で５分間仕事をすると，３×５＋(２＋４)×５＝45の仕事をするから，残りの60－45＝15の仕事を３人で仕上げると，15÷(３＋２＋４)＝$\frac{5}{3}$＝１$\frac{2}{3}$(分)かかる。

60×$\frac{2}{3}$＝40(秒)より，３人が同時に仕事を行ったのは，１分40秒間

5　⑴　**【解き方】百の位→十の位→一の位の順に並べていくとする。**

百の位には６種類のカードが置ける。十の位には百の位で使ったカード以外の５種類のカードが置ける。

一の位には百と十の位で使ったカード以外の４種類のカードが置けるから，６×５×４＝120(通り)

⑵　**【解き方】先に一の位を１，３，５のいずれかに決めて，残った部分について考える。**

一の位を１にしたとき，残りの２枚のカードの選び方は５×４＝20(通り)あるから，一の位が１の３けたの奇数は20通りできる。一の位が３，５の場合も20通りの奇数ができるから，全部で，20×３＝60(通り)

⑶　**【解き方】２つの数の百の位，十の位，一の位の順に大きな数を置けばよい。**

２つの数の百の位に６と５，十の位に４と３，一の位に２と１を置けば，２個の整数の和は最大になる。

その和は，(６＋５)×100＋(４＋３)×10＋(２＋１)＝1100＋70＋３＝1173

6　⑴　**【解き方】(上りの速さ)＝(静水時の速さ)－(川の流れの速さ)，(下りの速さ)＝(静水時の速さ)＋(川の流れの速さ)だから，川の流れの速さを時速①kmとして考える。**

60分＝１時間上ると，ＡＢ＝(20－①)×１＝20－①(km)

40分＝$\frac{40}{60}$時間＝$\frac{2}{3}$時間下ると，ＡＢ＝(20＋①)×$\frac{2}{3}$＝20×$\frac{2}{3}$＋①×$\frac{2}{3}$(km)

よって，20－20×$\frac{2}{3}$＝20×$\frac{1}{3}$(km)は，①×$\frac{2}{3}$＋①＝①×$\frac{5}{3}$(km)にあたるから，①＝20×$\frac{1}{3}$×$\frac{3}{5}$＝４より，川の流れの速さは時速４kmである。

⑵　**【解き方】上りの速さ＝時速(20－４)kmで１時間に進む距離を求める。**

ＡＢ＝(20－４)×１＝16(km)

⑶　**【解き方】川の上流と下流から同時に進むとき，上りと下りの速さの和は，２つの船の静水時の速さの和に等しい。**

２つの船の静水時の速さの和は，時速(20×２)km＝時速40kmだから，すれ違うまでにかかる時間は，16÷40＝$\frac{2}{5}$(時間)，つまり，60×$\frac{2}{5}$＝24(分)

7　⑴　**【解き方】出発してから４秒後，ＢＰ＝２×４＝８(cm)，ＤＱ＝３×４＝12(cm)になる。**

ＡＱ＝30－12＝18(cm)だから，三角形ＡＰＱの面積は，18×15÷２＝135(cm²)

⑵　**【解き方】ＱがＡに着く前にＱＰとＡＢが平行になることがあるので，初めて三角形ＢＰＱが直角になるのは，角ＢＰＱが直角になるときである。**

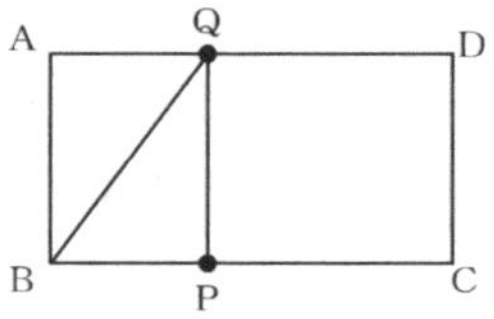

右図より，ＢＰ＋ＤＱがはじめてＢＣ＝30cmになるとき，三角形ＢＰＱは直角三角形になる。ＰとＱが１秒間に進むきょりの和は，２＋３＝５(cm)だから，２点の進むきょりの和が30cmになるまでにかかる時間は，30÷５＝６(秒後)

⑶　**【解き方】ＢＱ＝ＰＱだから，ＱからＢＰに垂直に引いた線をＱＲとすると点ＲはＢＰの真ん中の点になる。右図で，Ｒを点Ｐの動く速さの半分の点と考え**

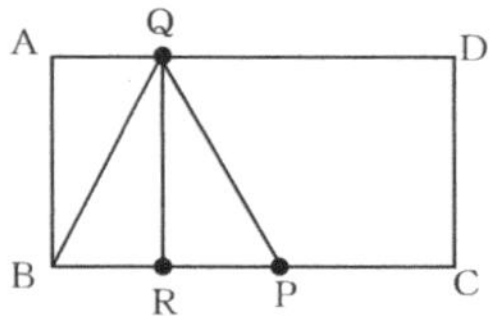

ると⑵を利用することができる。

点Ｒの速さは毎秒１cmである。ＲとＱが１秒間に進むきょりの和は，１＋３＝４(cm)だから，２点の進むきょりの和が30cmになるまでの時間は，30÷４＝7.5(秒後)

《2023　一次Ａ　理科　解説》

1 ⑵　イ○…図２より，金星は地球よりも内側を公転しているので，地球から見て太陽と反対方向にくることはなく，真夜中には観察できない。地球などの惑星《わくせい》は北極星のほうから見て反時計回りに公転しており，地球が自ら回転する(自転という)方向は公転と同じである。図２で地球から見て金星は太陽の右側にあるので，金星，太陽の順に東の空から見えてくる。つまり，図２の位置にある金星は地球から見て明け方の東の空に見える。

⑶　オ○…⑵解説より，図２の位置にある金星は，東の地平線付近に見える。

⑷　エ○…図１は日の出直前の東の空の様子である。図２で，地球から見て太陽と最も離《はな》れている木星がＣ，太陽に最も近い金星がＡである。

⑸　金星が太陽のまわりを１周するのにかかる時間は，地球よりも短いので，１週間後には地球と金星のきょりは遠くなる。よって，地球から見て太陽と金星のきょりは近くなるので，図１ではアの向きに動く。

⑹　木星は最も大きい惑星である。

2 ⑷　粒が大きいほど，河口に近い浅い海にたい積するので，大きい方からＡ，Ｂ，Ｃの順である。

⑸　れき(直径２mm以上)，砂(直径0.06mm～２mm)，どろ(直径0.06mm以下)はつぶの大きさで区別する。よって，Ａがれき，Ｂが砂，Ｃがどろである。

3 ⑵　温度による体積変化の割合が一定で，体積変化が大きい図２が気体の空気，体積変化が小さい図１が固体のステンレスである。水は０℃で固体の氷から液体の水に変化し，100℃で液体の水から気体の水蒸気に変化するので，図３が水である。

⑷　固体が液体に変化する温度を融点《ゆうてん》，液体が気体に変化する温度を沸点《ふってん》という。

⑸　エ○…液体の水が気体の水蒸気になると，体積が約1700倍になる。

4 ⑴　エ○…この実験では，とつレンズを通った光がスクリーンに集まって像ができる。スクリーンにできる像は実物に対して上下左右が反対向きになる。

⑵　オ○…レンズの上半分を黒い紙でかくすとスクリーンに集まる光の量が半分になるので，像の形は変わらないが，像が暗くなる。

⑶　とつレンズとスクリーンのきょりが遠くなるほど，スクリーンにできる像の大きさは大きくなるので，①ではもとの字よりも小さく，②ではもとの字よりも大きい像ができる。

⑷　像の大きさが実物と同じになるときのとつレンズとスクリーンのきょり(ここでは20cm)に着目する。ガラス板ととつレンズの距離が20cmの半分のとき，像を見ることはできず，ガラス板ととつレンズの距離が20cmの半分よりも短いとき，とつレンズを直接のぞきこむと，もとの字よりも大きい正立像(上下左右が実物と同じ向きの像)が見える。よって，③はオ，④はエである。

5 ⑴　ウ○…マッチをななめ下向きに持っても，炎は上向きになる。

⑵　エ○…空気中にふくまれる酸素は約21%，二酸化炭素は約0.04%だが，マッチが燃えると酸素が使われて減り，二酸化炭素が発生して増える。

⑶　ア○…酸素の割合が大きいほど，マッチはよく燃える。

6 (1)～(3)　酸性の塩酸とアルカリ性の水酸化ナトリウム水よう液を混ぜると，互いの性質を打ち消し合う中和が起こり，食塩と水ができる。表より，塩酸の体積は 20 cm^3で変わらないから，水酸化ナトリウム水よう液の体積と蒸発後に残った固体の重さの関係に着目する。水酸化ナトリウム水よう液が 20 cm^3までは水酸化ナトリウム水よう液が５cm^3増えるごとに蒸発後に残った固体が 0.5ｇずつ増え，20 cm^3～30 cm^3のときは 0.3ｇずつ増えているので，水酸化ナトリウム水よう液を 20 cm^3加えたＤでちょうど中和し，食塩が２ｇできて水よう液が中性になる。よって，Ａは塩酸が残って酸性になり，Ｘは１ｇである。

(4)　(1)～(3)解説より，食塩は２ｇできるので，水酸化ナトリウムは2.6－２＝0.6(ｇ)ふくまれている。

(5)　Ｅ，Ｆでは，水酸化ナトリウム水よう液が５cm^3増えるごとに固体が 0.3ｇずつ増えているので，水酸化ナトリウム水よう液５cm^3には，0.3ｇの水酸化ナトリウムがとけている。

7 (1)　腎臓《じんぞう》では，血液から体内に不要な物質が取り出されて，尿《にょう》が作られる。

(3)(4)　タンパク質が体内で分解されると，からだに害のあるアンモニアが発生する。アンモニアは肝臓でからだに無害な尿素に作りかえられる。

(5)　尿以外にも，あせや呼吸で多くの水分が体外に出ていく。

(6)　Ｂ．あせをかくと，水の量の他に塩分の量も減る。

(7)　エ○…とりはだが立つ反応は，体の中の熱をにがさないようにするなどの目的で起こる，無意識の反応である。

《2023　一次Ａ　社会　解説》

1 (2)　図２はオーストラリアの国旗である。かつてイギリスの植民地であった国の中には，自国の国旗にイギリスの国旗である『ユニオンジャック』のデザインをふくめている国があり，オーストラリアの他には，ニュージーランド，フィジーなどがある。

(4)　Ｘ．円グラフの中心部分をみると，2019 年のデータであることがわかる。　Ｙ．100％からロシア以外の国の割合をひくと求められる。100－(15.3＋12.2＋5.9＋5.5＋4.8＋42.3)＝14(％)より，ロシアは 14％である。

(5)　ア．福島市　イ．福井市　エ．山口市

(6)　Ｘは沖縄県である。ア．「輪中」から，現在の岐阜県あたりの記述とわかるので誤り。　ウ．和歌山県や愛媛県についての記述なので誤り。　エ．豪雪地帯でみられる仕組みなので誤り。

(7)　Ｙは三重県である。三重県伊勢市にある伊勢神宮は皇室祖神をまつる神社であり，「おかげ参り」は江戸時代に流行した民衆の伊勢神宮への集団参拝である。

(8)　神話より「因幡《いなば》(現：鳥取県東部)の国」とあることから，鳥取県の近くで，日本海に浮かぶ島であるＣを選べばよい。なお，現在，隠岐島は島根県に属する島である。

(9)　日本の東西南北の端にある島は覚えておこう。(右図)

最北端		最東端	
島名	所属	島名	所属
択捉島	北海道	南鳥島	東京都
最西端		最南端	
島名	所属	島名	所属
与那国島	沖縄県	沖ノ鳥島	東京都

2 (1)　前方後円墳は円墳と方墳が組み合わさった形をしており，４世紀後半～５世紀にかけて巨大化した。

(2)　大仙古墳は古墳時代の中期に造営され，最大の規模を持つ古墳である。大阪府堺市の東部にあり，世界遺産になっている百舌鳥古墳群の盟主的位置を占めている。

(4)　ウは奈良時代の頃の記述なので正しい。ア．推古天皇が即位したのは 592 年であるが，推古天皇の摂政であった聖徳太子が，唐の前の王朝である隋に遣隋使を送っているので，誤りと判断できる。　イ．アの出来事より前なので誤り。　エ．藤原氏が権力を握った 10 世紀後半～11 世紀頃の出来事と判断できるので，誤り。

(6) 大宰府は，現在の福岡県太宰府市に置かれた中央政府の出先機関である。さまざまな役所をもち，九州の行政，外交使節や渡来人との折衝《せっしょう》，海岸の防衛などを担当し，九州の調・庸の税も集められた。

(7) 大宝律令は文武天皇の治世の頃，藤原不比等や刑部《おさかべ》親王らによって編纂された。律令の「律」は刑罰に関するきまり，「令」は政治のしくみや租税などに関するきまりを意味する。

(9) 防人とは，北九州の警備についた兵士のことをいう。当初は手当てや補償《ほしょう》もなく，民衆にとって重い負担となった。

(10) [　　　　]に，「良民の成年男性には調・庸や雑徭も課せられた。これらのほか、良民の成人男性には兵役もあり」とある。調・庸・雑徭・兵役などの税は，女性や 66 歳以上の高齢者には課せられなかったので，解答のようになる。律令制がくずれつつあった平安時代初期には女性の数や高齢者の数が異常に多い戸籍を作成し，税負担を逃れようとした村が多くあったと考えられている。

3 (1) 17 世紀後半～18 世紀初頭に，上方(京都・大阪)の町人らを担い手とする元禄文化が栄えた。この頃を特に元禄期という。

(2) 近松門左衛門が元禄文化の頃に活やくした，人形浄瑠璃の脚本家《きゃくほんか》で，代表作に『曽根崎心中』などがある。イは能，ウは歌舞伎の様子なので誤り。

(3) 松平定信が進めた寛政の改革は厳しい内容であったため，彼の前に実権をにぎっていた田沼意次の政治が懐かしまれ，「松平定信の政治はきれいすぎて，私たちは生活しづらい。これならば不正のあった田沼の時代の方がよかった」という内容の歌がよまれた。イは黒船来航をよんだ歌，ウは藤原道長がよんだ歌，エは明治維新をよんだ歌である。

(4) a．17 世紀(江戸時代初期)の，島原・天草一揆。　b．18 世紀(江戸時代中期)の出来事。江戸の三大改革として，徳川吉宗－享保の改革(1716～1745 年)／松平定信－寛政の改革(1787～1793 年)／水野忠邦－天保の改革(1841～1843 年)を覚えておこう。　c．19 世紀幕末の出来事。尊王論は天皇を敬う思想，攘夷論は外国人(外国勢力)を追い払う思想であり，この２つが結びついたものが尊王攘夷論である。

(5) 開国以来，生糸は日本の主要な輸出品だったが，輸出が急増し，生産が追い付かず生糸の品質が低下してしまった。そのため，生糸の品質を高めることや生産技術を向上させることを目的に，1872 年，群馬県に官営模範工場の富岡製糸場がつくられた。

(6) クラークは明治時代の殖産興業のもと，欧米諸国《おうべいしょこく》から招かれたお雇い外国人の１人である。クラークはアメリカの教育者であり，札幌農学校(現在の北海道大学)の初代教頭に就任した。「Boys, be ambitious.(少年よ大志を抱け)」という言葉が有名である。

(7) 2024 年度の上半期に紙幣のデザインが新しくなり，１万円は渋沢栄一，５千円札は津田梅子，千円札は北里柴三郎になる。　ア．2023 年現在から２つ前のデザインで，伊藤博文。　イ．１つ前のデザインで，新渡戸稲造。　エ．新デザインで，北里柴三郎である。

(8) G．柳条湖事件により満州事変が起きた。日清戦争は 1894 年の出来事なので誤り。　H．国際連盟は第一次世界大戦の頃に設立された。国際連合は第二次世界大戦の頃に設立されたので誤り。

(9) a．1932 年，犬養毅首相が海軍の青年将校らに暗殺された(五・一五事件)。この事件によって政党内閣の時代が終わり，軍部が力を持つようになった。　b．シベリア出兵をみこんだ米の買い占めなどで米価が急に高くなり，1918 年に富山県の漁村で起きた暴動から米騒動に発展した。　c．第二次世界大戦後の復興期である 1949 年，湯川秀樹がノーベル物理学賞を受賞した。この出来事は戦後の人々に大きな元気を与えた。

(10)　ＧＨＱの最高司令官はマッカーサーであることも覚えておこう。

4 (1)　三権分立は，フランスの哲学者であるモンテスキューが著書『法の精神』で説いた仕組みである。

(2)　立法とは法律をつくることであり，国会が担当している。

(4)　公職選挙法が改正され，2016 年から選挙権年齢が 20 歳以上から 18 歳以上に引き下げられた。

(5)　「人民の、人民による、人民のための政治」は，南北戦争(1861～1865 年)のさ中の 1863 年に，リンカンがゲティスバーグで行った演説の中で用いられた言葉で，人民主権の原理が端的に表されている。

(6)　2019 年 10 月に消費税の税率が８％から 10％に引き上げられた。それと同時に消費税の軽減税率制度が実施《じっし》され，酒類・外食を除く飲食料品などは消費税率が８％となっている。

(7)　①のグラフは少子高齢化が進んでいるので，①が 2019 年，②が 1970 年と判断する。

(9)　「バリアフリー」はできるだけ障壁となるものを取りのぞこうとする考え方，「ノーマライゼーション」は障害の有無に関わらず，全ての人が普通に生活できる社会を築こうとする考え方である。この問題ではカタカナ６文字とあるので判断しやすいが，上記２つの考え方の違いはしっかり理解しておきたい。

(10)　風力発電は自然の風の力で風車を回すので，一定の風速があれば昼夜を問わず電力を生み出してくれる発電方法である。風力のほか，地熱，太陽光などは資源がなくならず，半永久的に使えるエネルギーであり，再生可能エネルギーという。

《2023　一次B　国語　解説》

一　問二　傍線部《ぼうせんぶ》２の２行前に「よく、学校帰りに近所の友だちとここに立ち寄った」とある。ビーマンが生まれ育った家から学校に通っていたのは昔のことなので、傍線部２の１～２行前の３文が「過去」の思い出にあたる。

問三Ⅰ　直前が問いかけになっているので、ウが適する。　Ⅱ　ⅠとⅢを先に考える。余った選たくしのアが適する。　Ⅲ　ビーマンは、なじみだった駄菓子《だがし》屋のおばあさんにあいさつしようと、入り口から中をのぞいた。しかし、見たことのないおじさんがいたので、「おばあさんは、どうしたのか」と思った。こうした流れから考えると、ビーマンは、「見たことのないおじさん」におばあさんのことを聞くかどうか迷ったと考えられるので、イが適する。

問五　本文の１～５行目に、ビーマンは、二年前まで家族四人で住んでいた家を、「アイデンティティ」を確認するために見に来たことが書かれている。傍線部３の４行後で、ビーマンが生まれ育った家を「懐《なつ》かしいわが家」と表現している。

問七　金縛《かなしば》りとは、体を動かすことができなくなる現象。

問八　自分の生まれ育った家が取り壊《こわ》されているというのは、まったく想像していないことだったため、ビーマンは大きなショックを受けた。頭の中がそのことでいっぱいになり、ふだんなら感じるはずの暑さを感じなくなっていたのである。

問九　ビーマンは、自分のアイデンティティを確認するために「懐かしいわが家」を見にきた。このことから、「わが家」が取り壊されてなくなっているのを目の当たりにするまでは、「わが家」に対する強い思いがあったことが読み取れる。しかし、傍線部６の前の行には、「もうここは、自分の領域ではないのだ。かつては自分の領域だったという事実は、記憶《きおく》の中にしか存在しない」とある。この表現から、ビーマンがこの場所に思い残すことはないと思っていること、気持ちの整理がついたことが読み取れる。よって、ウが適する。

問十　傍線部７の「新たに得たもの」とは、生まれ育った場所を離れてから得たものである。問九の解説にあるように、ビーマンは自分の生まれた場所への思いに区切りをつけ、気持ちの整理がついた。本文の最後から２行目にある「おれたちの街」というのは、ビーマンが今住んでいる街のことである。この言葉からは、自分の「街」は生まれ育った場所ではなく、今自分が住んでいる場所なのだという思いが読み取れる。ビーマンが初めて「おれたちの街」という表現を使ったのは、「おれたちの街」で「新たに得たものを、もっとよく見てみよう。大切にしよう」という思いが強くなったことの表れだと考えられる。

二　問一　傍線部１のような時間のとらえ方を、次の行で「未来から現在、そして過去への変化を、川の流れのように考える」と言いかえている。同じことを、さらに２行後で「(時間は)未来から現在へと流れ来たり、現在から過去へと流れ去るもの」と言いかえている。

問二X　川の流れの上流と下流は、時間の流れでいうと未来と過去にあたる。少し後の「『まだない』が『いま』となる」より、未来から現在への時間の流れを見ていることがわかる。よって、「上」が入る。　Y　Xとは逆に現在から過去への時間の流れを見ていることがわかるので、「下」が入る。　Z　少し後の「これからやってくる先の時間のことばかり考え」より、「まだない」未来を見ていることがわかるので、「上」が入る。

問三　直前に「ある企業《きぎょう》プロジェクトを開始するときにひとがすることを列挙してみると」とあり、直後の段落では、そこは「『プロ』のオンパレード」、つまり「プロ」ばかりだと書かれている。つまり、「企業プロジェクトを開始するときにひとがすることを列挙してみると」「プロ」ばかりになることが「おもしろい」のである。よって、アが適する。

問四　直後の「そんな『前向き』の生活が～見て知っている」より、イが適する。

問五　４～５行前に「定年まぎわの初老のひとのように、こうつぶやく」とあるので、この直後の２つの「台詞《せりふ》」を抜き出す。

問六　ア～ウは、傍線部５の直後から傍線部６の直前までの内容と一致する。エは、傍線部６の直後の「始めと終わりで区切られる直線の時間ではなく、ぐるぐる循環《じゅんかん》する円環《えんかん》の時間、輪廻転生《りんねてんしょう》の時間でもなく」と合わない。よって、エが正解。

問七　傍線部６の直後の一文で、「まったく別の感受性」でとらえた時間がどのようなものなのか説明されている。

問八　「かたどり」は、かたどるという動詞が名詞になったもの。かたどるとは、形を写し取るという意味。ここでの「かたどりを得る」の意味は、形を得る(手に入れる)という意味。

問九　傍線部８の直前に「だから」とある。「だから」の前に理由が書かれているので、直前の３文をまとめればよい。

《2023　一次Ｂ　算数　解説》

1　(1)　与式＝53＋28－６＝75

(2)　与式＝$\frac{1}{2}+\frac{2}{3}\times\frac{4}{3}-\frac{4}{5}=\frac{1}{2}+\frac{8}{9}-\frac{4}{5}=\frac{45}{90}+\frac{80}{90}-\frac{72}{90}=\frac{53}{90}$

(3)　与式＝$\frac{1}{3}+(\frac{10}{14}-\frac{3}{14})\times\frac{14}{3}=\frac{1}{3}+\frac{1}{2}\times\frac{14}{3}=\frac{1}{3}+\frac{7}{3}=\frac{8}{3}=2\frac{2}{3}$

(4)　与式より，$(\frac{1}{12}+\square)\times\frac{1}{2}=6-3$　　$\frac{1}{12}+\square=3\times2$　　$\frac{1}{12}+\square=6$　　$\square=6-\frac{1}{12}=5\frac{11}{12}$

(5)　１時間＝3600秒，１分＝60秒より，0.6時間＋0.8分＝3600×0.6＋60×0.8＝2160＋48＝2208(秒)

(6)　$\frac{71}{35}<\frac{214}{\square}<\frac{43}{21}$となる□を考える。分母と分子をひっくり返すと，$\frac{21}{43}<\frac{\square}{214}<\frac{35}{71}$

$\frac{21}{43}\times214=104.5\cdots$　　$\frac{35}{71}\times214=105.4\cdots$　　よって，□は104.5以上105.4以下の整数だから，□＝105

2　(1)　2000－60×８－120×６＝800(円)

(2)　**【解き方】(得点の合計)＝(平均点)×(回数)を考える。**

５回の得点の合計は81×５＝405(点)で，４回の得点の合計は68＋71＋82＋89＝310(点)だから，残り１回のテストの得点は，405－310＝95(点)

(3)　**【解き方】長針は１時間＝60分間で１周＝360°回転するから，１分あたり360°÷60°＝６°回転する。また，短針は12時間で１周するから，１時間あたり360°÷12＝30°，１分あたり30°÷60°＝0.5°回転する。**

10時ちょうどのとき，短針は長針より30°×10＝300°前にある。

長針は短針より１分あたり６°－0.5°＝5.5°多く回転するから，10時50分には，

その差は，300°－5.5°×50＝25°になる。

(4)　**【解き方】右図のようなてんびん図で考える。うでの長さを濃度《のうど》，おもりを食塩水の重さとしたてんびん図で考えて，うでの長さの比とおもりの重さの比がたがいに逆比になることを利用する。**

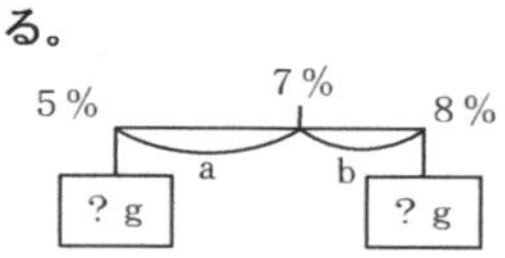

右図で，ａ：ｂ＝(７－５)：(８－７)＝２：１だから，５％の食塩水と８％の食塩水の重さの比は１：２になる。比の数の和の１＋２＝３が900ｇにあたるから，８％の食塩水は，$900\times\frac{2}{3}=600$(ｇ)

⑸　**【解き方】兄と弟の進んだきょりの差が，60×６＝360(m)になるときを考える。**

同じ時間に進む道のりの比は速さの比に等しいから，兄と弟が同じ時間に進んだ道のりの比は，84 : 60＝７ : ５になる。比の数の差の７－５＝２が360mにあたるから，家から学校までの道のりは，$360\times\frac{7}{2}$＝1260(m)

3　⑴　**【解き方】右図のように記号を置いて，二等辺三角形を探す。**

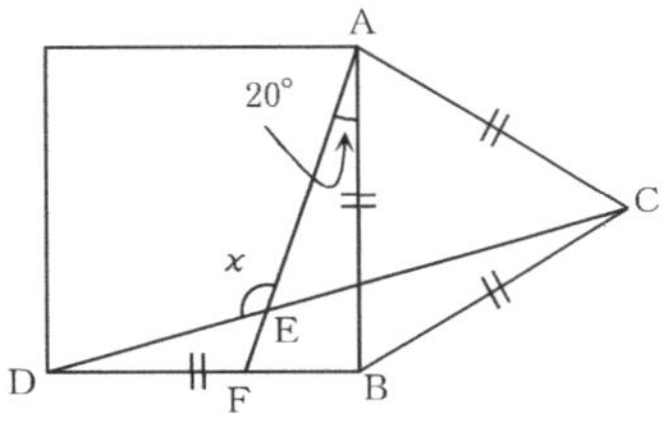

右図で，正方形と正三角形の辺の長さが等しいから，

三角形ＢＣＤはＢＣ＝ＢＤの二等辺三角形になる。

角ＤＢＣ＝90°＋60°＝150°だから，

角ＢＣＤ＝(180°－150°)÷２＝15°

角ＥＡＣ＝20°＋60°＝80°，角ＡＣＥ＝60°－15°＝45°より，三角形ＡＣＥで外角の性質を利用すると，

角x＝角ＥＡＣ＋角ＡＣＥ＝80°＋45°＝125°

⑵　**【解き方】右図のような２段の円柱ができる。平面と曲面に分けて面積を求める。**

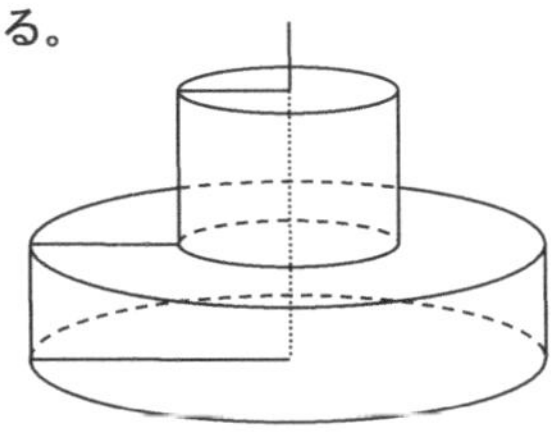

下の段の円柱の底面は，半径が３＋２＝５(cm)の円になるから，

平面部分の面積の和は，下の段の円柱の底面積の２倍に等しく，

５×５×3.14×２＝50×3.14(cm²)…①

上の段の曲面部分の面積は，底面の半径が２cmで高さが３cmの円柱の側面積に

等しいから，(２×２×3.14)×３＝12×3.14(cm²)…②

同様にして，下の段の曲面部分の面積は，(２×５×3.14)×２＝20×3.14(cm²)…③

よって，求める表面積は，①＋②＋③＝50×3.14＋12×3.14＋20×3.14＝82×3.14＝257.48(cm²)

4　⑴　時速54km＝分速(54×1000÷3600)m＝秒速15m

⑵　**【解き方】トンネルに入り始めてから完全に抜《ぬ》け出すまでに進む道のりは，(トンネルの長さ)＋(列車の長さ)に等しい。**

２分34秒＝(60×２＋34)秒＝154秒より，列車が２分34秒間に進んだ道のりは，15×154＝2310(m)

よって，トンネルの長さは，2310－90＝2220(m)

⑶　**【解き方】出会ったときと完全にすれ違い終わったときについて，列車の最後尾に着目する。**

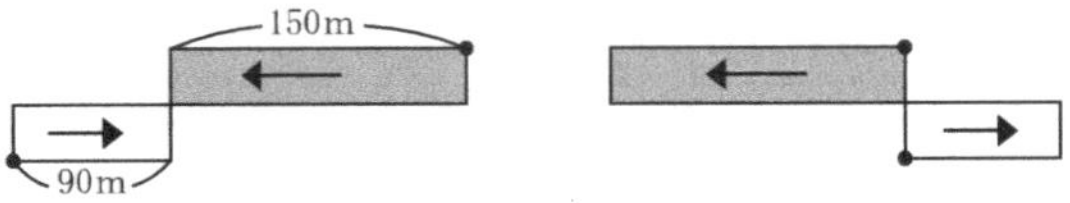

上りと下りの列車が出会ったとき，２台の列車の

最後尾は，90＋150＝240(m)離れている。

２台の列車が６秒間に進んだ道のりの和が240mに

なるから，２台の列車の速さの和は，秒速(240÷６)m＝秒速40mになる。

下り列車の速さは秒速(40－15)m＝秒速25mだから，時速に直すと，時速(25×3600÷1000)km＝時速90m

5　⑴　**【解き方】１色の場合と２色の場合に分ける。**

１色で並べる場合は，(赤・赤)(緑・緑)の２通りある。

２色で並べる場合は，３×２＝６(通り)ある。よって，全部で，２＋６＝８(通り)

⑵　**【解き方】２色の場合と３色の場合に分ける。**

３色で並べる場合は，３×２×１＝６(通り)ある。

２色で並べるとき，色の組み合わせは(赤・赤・緑)(赤・赤・青)(緑・緑・赤)(緑・緑・青)の４種類があり，

それぞれについて並べ方は，１個の色玉の場所の選び方に等しく３通りあるから，４×３＝12(通り)ある。

よって，３個の並べ方は，６＋12＝18(通り)

⑶　**【解き方】⑵同様に，２色の場合と３色の場合に分ける。同じものを２個ふくむｎ個から４個を並べるときの並べ方は，ｎ×(ｎ－１)×(ｎ－２)×(ｎ－３)÷２になる。**

３色で並べるとき，色の組み合わせは(赤・赤・緑・青)(赤・緑・緑・青)の２種類があり，

それぞれの並べ方は，４×３×２×１÷２＝12(通り)あるから，３色での並べ方は，２×12＝24(通り)ある。

２色で並べるとき，色の組み合わせは(赤・赤・緑・緑)の１種類があり，同じものは２個ずつあるので，

その並べ方は，４×３×２×１÷２÷２＝６(通り)ある。

２色での並べ方は１×６＝６(通り)あるから，４個の並べ方は，24＋６＝30(通り)

6　⑴　**【解き方】上から１行目，左からｎ列目に，ｎ×ｎの値《あたい》が並んでいることに着目する。**

上から１行目，左から10列目の数は，10×10＝100

⑵　**【解き方】⑴をふまえて，上から40行目，左から40列目の数は，上から１行目，左から39列目の数より40大きい数が並ぶ。**

上から１行目，左から39行目には39×39＝1521が並ぶから，

上から40行目，左から40列目には，1521＋40＝1561が並ぶ。

⑶　**【解き方】⑴⑵をふまえて，上から１行目の数に着目する。**

44×44＝1936，45×45＝2025より，上から１行目，左から45列目に2025があり，2023は2025より２小さい数だから，2023は2025の２つ下に並ぶ。よって，2023は上からア3行目，左からイ45列目にある。

7　⑴　**【解き方】三角形ＡＧＤと三角形ＦＧＢが同じ形の三角形であることに着目する。**

四角形ＡＢＣＤは長方形だから，ＡＤ＝ＢＣ＝２＋４＝６(㎝)

三角形ＡＧＤと三角形ＦＧＢは同じ形の三角形で，ＡＧ：ＦＧ＝ＡＤ：ＦＢ＝６：２＝３：１

⑵　**【解き方】右のように作図すると，三角形ＡＨＤと三角形ＦＨＩが同じ形になるから，ＡＤ：ＦＩを求めていく。**

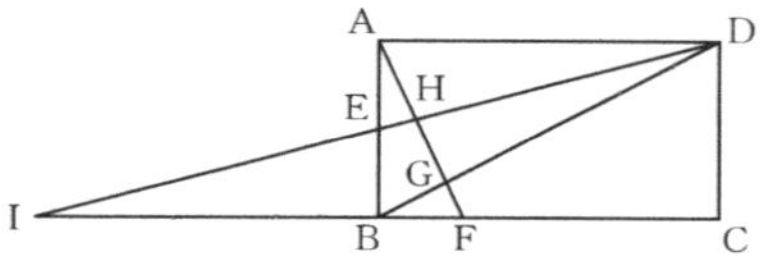

右図において，三角形ＡＥＤと三角形ＢＥＩは合同な三角形になるから，

ＢＩ＝ＡＤ＝６㎝

三角形ＡＨＤと三角形ＦＨＩは同じ形の三角形だから，ＡＨ：ＦＨ＝ＡＤ：ＦＩ＝６：(６＋２)＝６：８＝３：４

⑶　**【解き方】ＨＧ：ＡＦを求め，高さの等しい三角形の面積比は底辺の長さの比に等しいことを利用する。**

⑴より，ＡＦ：ＦＧ＝(３＋１)：１＝４：１だから，ＦＧ＝ＡＦ×$\frac{1}{4}$

⑵より，ＡＨ：ＡＦ＝３：(３＋４)＝３：７だから，ＡＨ＝ＡＦ×$\frac{3}{7}$

ＨＧ＝ＡＦ－ＡＨ－ＦＧ＝ＡＦ－ＡＦ×$\frac{3}{7}$－ＡＦ×$\frac{1}{4}$＝ＡＦ×$(1-\frac{3}{7}-\frac{1}{4})$＝ＡＦ×$\frac{9}{28}$

したがって，ＨＧ：ＡＦ＝(ＡＦ×$\frac{9}{28}$)：ＡＦ＝１：$\frac{9}{28}$

長方形ＡＢＣＤの面積は，４×６＝24(㎠)だから，三角形ＡＦＤの面積は，24×$\frac{1}{2}$＝12(㎠)

よって，三角形ＤＨＧの面積は，12×$\frac{9}{28}$＝$\frac{27}{7}$＝$3\frac{6}{7}$(㎠)

2022 解答例 令和4年度

大谷中学校【1次A】【1次B】

《1次A　国語》

一　問一．A．カ　B．イ　C．オ　D．ウ　　問二．ウ　　問三．ウ　　問四．イ，エ，オ　　問五．章子とターコの二人がテコたちと仲良くしているから、チーコは抱えている悩みを言い出せないということ。　　問六．Ⅰ．ウ　Ⅱ．オ　　問七．イ　　問八．Ⅰ．門限　Ⅱ．下駄　Ⅲ．自由　　問九．エ　　問十．Ⅰ．最近の絵も見せてもらいたいし　Ⅱ．エ　　問十一．ア　　問十二．ウ

二　問一．A．ア　B．イ　C．エ　　問二．学校では競争を最小限に抑えようとするが、社会はいま「評価社会」で競争がきつくなっているというズレ。　　問三．ウ　　問四．エ　　問五．1．イ　2．自分の限界　　問六．挫折を経験して自分の限界を知ったり、自分より優れた人がいることを知ったり、自分が大した人間ではないということを思い知ったりすること。　　問七．ア　　問八．Ⅰ．ア　Ⅱ．イ　Ⅲ．イ　Ⅳ．ア　　問九．①×　②○　③×　④○

三　A．①意向　②以降　③革新　④確信　⑤器官　⑥期間　⑦有料　⑧優良　⑨対照　⑩対象
B．①ウ　②オ　③エ　④カ　　C．イ

《1次A　算数》

1　(1)8　(2)$\frac{1}{45}$　(3)$\frac{3}{5}$　(4)5　(5)0.1　(6)72

2　(1)7　(2)6.2　(3)75　(4)16.5　(5)$\frac{3}{10}$

3　(1)12　(2)46.26

4　(1)1　(2)$\frac{25}{26}$　(3)4042　(4)$\frac{1}{51}$

5　(1)A．1200　B．2500　C．7300　(2)800

6　(1)30　(2)12　(3)6.4

7　(1)45　(2)15　(3)45　(4)1280

《1次A　理科》

1　(1)フィラメント　(2)ア，エ　(3)右グラフ　(4)右グラフ

2　(1)25　(2)62.5　(3)25　(4)20

3　(1)ウ　(2)イ，オ　(3)等圧線　(4)温暖前線

4　(1)Y　(2)e　(3)C　(4)ア　(5)c　(6)①日照時間　②南中高度

5　(1)エ，オ　(2)イ　(3)オ，カ　(4)カ

6　(1)ア　(2)A．角膜　B．ひとみ〔別解〕瞳孔　C．水晶体〔別解〕レンズ
(3)未熟な種子を食べられないようにする

7　(1)水素　(2)イ，エ　(3)①二酸化炭素　②イ

8　(1)20　(2)10　(3)A，B　(4)A，B

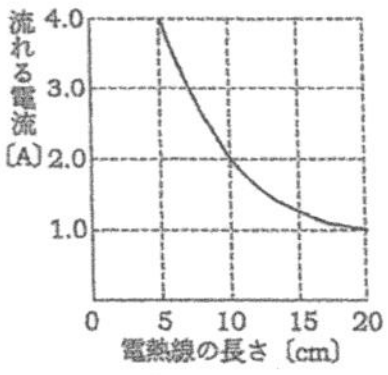

1(3)のグラフ

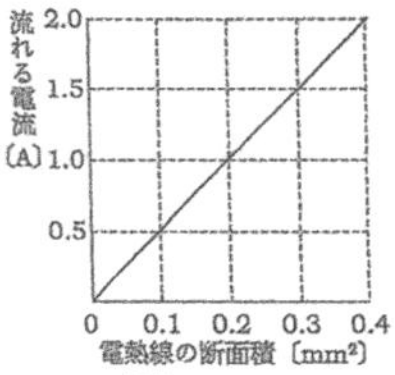

1(4)のグラフ

《１次Ａ　社会》

1 ⑴ウ　⑵イ　⑶群馬県　⑷ア　⑸イ　⑹エ　⑺広大な排他的経済水域を失ってしまうから。　⑻エ　⑼栃木県　⑽イ

2 ⑴エ　⑵イ　⑶渡来人　⑷ア　⑸エ　⑹ウ　⑺②　⑻関ヶ原　⑼一年おきに江戸と領国とを往復する制度。（下線部は藩でもよい）　⑽イ

3 ⑴エ　⑵ウ　⑶ア　⑷1914　⑸米騒動　⑹エ　⑺ＧＨＱ　⑻満 20 歳以上の男女に平等に選挙権が保障された　⑼ウ　⑽高度経済成長

4 ⑴エ　⑵ア　⑶難民　⑷イ　⑸ウ　⑹レジ袋　⑺エ　⑻ＳＤＧｓ　⑼イ　⑽ア

《１次Ｂ　国語》

一 問一．ア　問二．イ　問三．エ　問四．Ａ．イ　Ｂ．エ　Ｃ．ウ　Ｄ．ア　問五．友里と組んで背負い投げの練習をすること。　問六．ウ　問七．ア　問八．Ⅰ．友里に投げ飛ばされまい　Ⅱ．投げ飛ばされてしまい驚いた　問九．練習が終わり、負け続けていた友里との勝負に勝つ機会がなくなったのは残念だが、これ以上続けても友里に勝てそうにないので、絶望するほど惨めな思いをする前に終わって安心している。

問十．エ　問十一．ウ

二 問一．水温は海洋生物の行動に大きな影響を与える重要な環境要因だから。　問二．大型個体の～性）が高い

問三．ａ．ウシマンボウ　ｂ．マンボウ　問四．ア　問五．ウ　問六．エ　問七．ⅲ　問八．混同

問九．日本には“マンボウ”一種しかいない　問十．イ　問十一．エ　問十二．Ⅰ．ウ　Ⅱ．イ　Ⅲ．オ　Ⅳ．カ　Ⅴ．ア

三 Ａ．①りっしんべん　②がんだれ　③あみがしら　④やまいだれ　⑤おおざと　⑥さら　⑦あなかんむり　⑧ころもへん　⑨かくしがまえ　⑩こざとへん　Ｂ．①句　②虫　③棒　④頭　⑤矢　⑥島

Ｃ．①ウ　②イ　③ア　④エ

《１次Ｂ　算数》

1 ⑴11　⑵３　⑶$\frac{1}{6}$　⑷１　⑸2500　⑹2431

2 ⑴16　⑵120　⑶36　⑷65.6　⑸140

3 ⑴66　⑵65.94

4 ⑴60　⑵150　⑶5490

5 ⑴12　⑵８　⑶10

6 ⑴24　⑵7.2　⑶４

7 ⑴サンドウィッチ…２　サラダ…４　⑵サンドウィッチ…５　サラダ…３

大谷中学校【１次Ａ】

←解答例は前のページにありますので，そちらをご覧ください。

《2022　１次Ａ　国語　解説》

一　**問二**　章子《あきこ》とターコが傍線部《ぼうせんぶ》１のような反応をしたのは、チーコ(＝島田さん)が美術部に「ほとんど顔を見せていない」と聞いたからである。チーコは二人に、昼休みと放課後は美術室へ行っていると言っていた。そのため、二人は混乱し、おどろいている。よって、ウが適する。

問三　１～３行前の会話から、チーコが昼休みと放課後に何をしているのか気になっている様子が読み取れる。よって、ウが適する。

問四　直後の「秘密」とは、チーコが章子とターコに話していないことである。また、傍線部５の７行前にある「三人グループ」のメンバーもこの三人である。傍線部４の６行後で、ターコが章子に「アコ」と呼びかけているので、章子は「アコ」と呼ばれていることがわかる。よって、イ、エ、オが適する。

問五　傍線部４をふくむ「ねえ、こういうこと、考えられない？」という表現から、この後、ターコが自分の推測したことを話そうとしていることがわかる。後に書かれている、ターコが推測した内容をまとめる。

問六Ⅰ　３行前に「どうやってききだすのよ？」とあるように、ここでは、チーコが秘密にしていることを本人から聞き出す方法について考えている。よって、ウが適する。　**Ⅱ**　ターコは「うちでもアコんちでもいいから、三人で集まるのよ。そうやって、あの子の方から心を開いてくれるような、そういうことをしてみるのは？」と提案している。よって、オが適する。

問七　章子の「ママ」は、章子の帰りが遅《おそ》かったことに対して「ぷりぷりおこっていた」。そして、章子は自分の部屋に入ってしばらく経ってから茶の間に行った。これらのことから、章子は「ママ」のいかりがおさまるのを待っていたと判断できる。よって、イが適する。

問八　この日は帰宅が遅《おく》れ、「ママ」がおこっていたという部分から、章子は門限が早く、遅い時間に自由に外出できないとわかる。その上で、傍線部７の直後の２文の内容に着目する。「その音(＝下駄《げた》の音)は自由の象徴《しょうちょう》のように、章子には思えた」とあることから、遅い時間に外出できる人に対して、自由でいいなあと憧《あこが》れを感じていることがわかる。

問九　直後の「なぜって～チーコのまつ毛のさきに涙《なみだ》が光っていたのだ。チーコをぎゅっと抱《だ》きしめて、悩みがあるなら打ちあけて、といいたかった」より、チーコの涙を見て、悩みを聞いて力になりたいと思っていることが読み取れる。また、傍線部８の８行前に「よくもまあ、しゃあしゃあとうそを……」とあるので、チーコの涙を見るまでは、うそをつくチーコに腹を立てていたことがわかる。よって、エが適する。

問十Ⅱ　直前で、ターコは「最近の絵も見せてもらいたいし」と言っている。ターコは、チーコが美術部に「ほとんど顔を見せていない」ことを知っているので、「最近の絵」など存在しないと思っている。つまり、このことばでチーコの秘密をあばこうとしていると考えられる。よって、エが適する。

問十一　少し前に「せっかく親しくなったテコたちと離れてしまうのは、いやだった」とあり、これは章子の正直な気持ちである。また、「が、すぐに、今、一番大事なのはチーコのことなんだ、と思い直した。いや、思い直したというより、自分にそういいきかせた」とある。「自分にいいきかせた」という表現からは、そう考えなければならないという思いが読み取れる。この部分から、テコたちとの関係は心配だが、今はチーコのことを優先しなければならないと考えていることがわかる。よって、アが適する。

問十二　文章のおよそ半分が会話文であり、話の流れやそれぞれの登場人物の心情のかなりの部分が会話文から読み取れる。よって、ウが適する。

二 問二　直前の段落で、「ズレ」の内容が説明されている。学校と社会の間にあるズレについてまとめればよい。

問三　セルフイメージとは、自分に対するイメージ、自己認識という意味。これが「肥大化」、つまり大きくなるということは、自分のイメージが大きくなるということ。直前の、「『無限の可能性』だけを煽《あお》」るとは、学校では、「君たちには無限の可能性がある」というようなメッセージばかりが強く、「人は誰《だれ》にでも限界がある」ということを教えないということ。こうした教育を受けることで、子どもたちは自分が何でもできる人間だと認識するようになるのである。よって、ウが適する。

問四　ジャンルとは、分類や種類のこと。よって、活動の種類について書かれているエが適する。

問五(1)「オレ様化する」という部分は、難しいことばや専門用語を使わずに、多くの人が内容をイメージしやすい表現になっている。よって、イが適する。　(2)「オレ様化する子どもたち」という表現は、直前に書かれている内容を、他者の言葉を引用して言いかえたものである。

問六　傍線部５の「これ」が指す内容が、直前の段落に書かれている。よって、この部分をまとめればよい。

問七　「～せざるをえない」は、したくはないがするしかない、しないわけにはいかないという意味。よって、アが適する。

問八　前の段落に、「その苦味を味わうという余裕《よゆう》が出来てこそ、人生の『うま味』というものを自分なりに咀《そ》嚼《しゃく》できるようになるのです」「その苦味をいつのまにか人生のうま味に変えてしまっているからなのです」などとある。ここから、人生の「うま味」は、「苦味」を経験し、上手に処理したときに感じるものであることがわかる。よって、「うま味は、苦味の先にある」「苦味を味わうことを通して味わううま味」となる。

問九①　傍線部１をふくむ段落の内容と合わないので、×。　②　傍線部３の次の行の「何かの活動で優れた評価をされたときには～大事なことです」と合うので、○。　③　人生の「うま味」をかみしめることについては、最後の２段落に書かれている。このことと「上手に生きる」ことの関係は説明されていないため、×。　④　文章の４行目の内容と合うので、○。

三 C　文章から、土曜日は大人よりも子どもの方が多く、土曜日以外は子どもよりも大人の方が多いことが読み取れる。イは、土曜日で大人よりも子どもの方が多いので、適する。オは、土曜日で子どもよりも大人の方が多いので、適さない。ア、ウ、エは、土曜日以外で大人よりも子どもの方が多いので適さない。

《2022　１次Ａ　算数　解説》

1 (1)　与式＝６－４＋６＝８

(2)　与式$=\frac{5}{9}\times\frac{13}{10}-\frac{21}{8}\times\frac{4}{15}=\frac{13}{18}-\frac{7}{10}=\frac{65}{90}-\frac{63}{90}=\frac{2}{90}=\frac{1}{45}$

(3)　与式$=(\frac{9}{20}-\frac{4}{20})\div\frac{3}{4}\times1.8=\frac{1}{4}\times\frac{4}{3}\times\frac{9}{5}=\frac{3}{5}$

(4)　与式より，$(□-\frac{1}{3})\times\frac{6}{7}=3\frac{5}{7}+\frac{2}{7}$　$□-\frac{1}{3}=4\times\frac{7}{6}$　$□-\frac{1}{3}=\frac{14}{3}$　$□=\frac{14}{3}+\frac{1}{3}=5$

(5)　1000mL＝１Ｌだから，100mL$=\frac{100}{1000}$Ｌ＝0.1Ｌ

(6)　１時間＝3600 秒，１km＝1000mだから，秒速 20m＝時速$(20\times3600\times\frac{1}{1000})$km＝時速 72 km

2 (1)　**【解き方】ノート 15 冊の代金は，2000－100＝1900(円)になる。**

150 円のノート 15 冊の代金は，150×15＝2250(円)になり，2250－1900＝350(円)多い。150 円のノート１冊を 100 円のノート１冊にかえると，代金は 150－100＝50(円)少なくなるから，100 円のノートは，350÷50＝７(冊)

(2)　**【解き方】中に含《ふく》まれている食塩の量を考える。**

5％の食塩水 120 g の中には 120×0.05＝6（g），８％の食塩水 80 g の中には 80×0.08＝6.4（g）の食塩が含まれるから，この２つの食塩水を混ぜ合わせると，食塩を 6＋6.4＝12.4（g）含んだ，120＋80＝200（g）の食塩水ができる。その濃度《のうど》は，$\frac{12.4}{200}$×100＝6.2（％）

(3)　**【解き方】5人の合計点は 63×5＝315（点），A＋B＋Cの合計点は 60×3＝180（点），C＋D＋Eの合計点は 70×3＝210（点）である。**

A＋B＋C＋C＋D＋Eの得点の合計は，180＋210＝390（点）だから，Cの得点は，390－315＝75（点）

(4)　**【解き方】列車が橋を渡り始めてから渡り終わるまでに進むきょりは，（橋の長さ）＋（列車の長さ）である。**

250＋80＝330（m）を進むのに 20 秒かかったから，この列車の速さは，毎秒（330÷20）m＝毎秒 16.5m

(5)　**【解き方】$\frac{1}{2}$と$\frac{4}{5}$を通分して，分子の差が 5－2＝3 になるような分母を探す。**

$\frac{1}{2}=\frac{5}{10}$，$\frac{4}{5}=\frac{8}{10}$であり，これらの分子の差は 8－5＝3 だから，元の分数の分母は 10，元の分数は，$\frac{5-2}{10}=\frac{3}{10}$

3　(1)　**【解き方】右のように作図して，正五角形の１つの内角の大きさ，平行線の錯角の性質，三角形の外角の性質を利用する。**

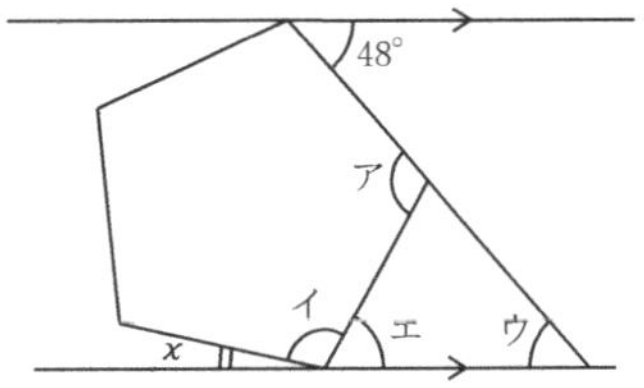

正五角形の内角の和は 180°×（5－2）＝540° だから，

角ア＝角イ＝540°÷5＝108° である。

平行線の錯角は等しいから，角ウ＝48° であり，三角形の外角の性質から，

角エ＝角ア－角ウ＝108°－48°＝60° になるので，角 x＝180°－角イ－角エ＝180°－108°－60°＝12°

(2)　**【解き方】右のように作図して，直角二等辺三角形とおうぎ形に分けて考える。**

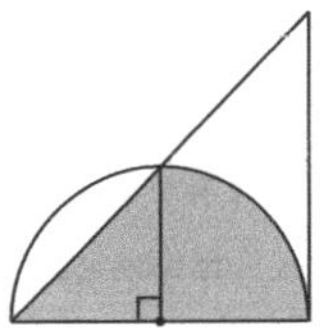

右図の直角二等辺三角形は，直角をはさむ２辺が 12÷2＝6（cm）の直角二等辺三角形，

おうぎ形は，半径が 6 cm，中心角が 90° のおうぎ形だから，求める面積は，

6×6÷2＋6×6×3.14×$\frac{90°}{360°}$＝46.26（cm²）

4　(1)　**【解き方】奇数番目には 1，偶数番目には分母と分子の差が 1 である分数が並ぶ。**

21 は奇数だから，21 番目の数は 1 である。

(2)　**【解き方】50 は偶数だから，50 番目は 50÷2＝25（番目）の分数である。**

偶数番目だけを見ると，1 番目の分子は 1，2 番目の分子は 2 だから，偶数の 25 番目の分子は 25 である。

よって，50 番目の数は，$\frac{25}{26}$

(3)　**【解き方】(2)をふまえる。**

分数の個数と 1 の個数は等しいから，分子が 2021 の分数は偶数の 2021 個目であり，全体の 2021×2＝4042（番目）である。

(4)　**【解き方】100 番目は，偶数の 100÷2＝50（番目）の$\frac{50}{51}$になる。**

$1\times\frac{1}{2}\times1\times\frac{2}{3}\times1\times\cdots\times1\times\frac{49}{50}\times1\times\frac{50}{51}=\frac{1}{51}$

5　(1)　**【解き方】Aの所持金を①とおくと，Bの所持金は①×2＋100＝②＋100（円），Cの所持金は，（②＋100）×3－200＝⑥＋100（円）と表される。**

3 人の所持金の合計は 11000 円だから，①＋（②＋100）＋（⑥＋100）＝⑨＋200（円）が 11000 円にあたる。

⑨＝11000－200＝10800（円）より，Aの所持金は，10800÷9＝1200（円），Bの所持金は，

1200×2＋100＝2500（円），Cの所持金は，1200×6＋100＝7300（円）

(2)　**【解き方】DからAがもらった金額を[3]，Bがもらった金額を[1]とする。**

Aは1200＋[3](円)，Bは2500＋[1](円)になり，２人の所持金の比は２：３になったから，Aの所持金の３倍とBの所持金の２倍は等しい。つまり，(1200＋[3])×３＝3600＋[9](円)と(2500＋[1])×２＝5000＋[2](円)が等しいから，[9]－[2]＝[7]は，5000－3600＝1400(円)にあたる。よって，[1]＝1400÷７＝200(円)より，Dからもらったあとの C の金額は，(2500＋200)×$\frac{9}{3}$＝8100(円)になるから，DからCがもらった金額は，8100－7300＝800(円)

[6] (1)　(６＋９)×４÷２＝30(㎠)

(2)　**【解き方】２点P，Qが出発してから５秒後，点Pは２×５＝10(cm)進んで，BP＝10－４＝６(cm)のBC上にある。点Qは１×５＝５(cm)進んで，点Dにある(右図)。**

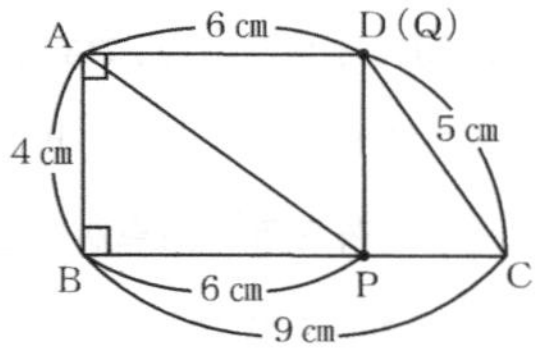

三角形APQの面積は，６×４÷２＝12(㎠)

(3)　**【解き方】出発してから５秒後～７秒後までの２秒間に，点Pは２×２＝４(cm)，点Qは１×２＝２(cm)進むから，２点P，Qの位置は右図のようになる。このとき，CP＝２×７－４－９＝１(cm)，AQ＝６－２＝４(cm)である。**

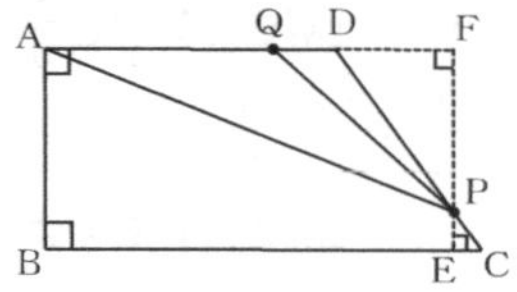

右のように作図すると，三角形CPEと三角形DPFは同じ形の直角三角形になり，対応する辺の長さの比は，EP：FP＝CP：DP＝１：(５－１)＝１：４になる。

FE：FP＝(１＋４)：４＝５：４で，FE＝AB＝４cmだから，FP＝４×$\frac{4}{5}$＝3.2(cm)である。

よって，三角形APQの面積は，AQ×FP÷２＝４×3.2÷２＝6.4(㎠)

[7] (1)　**【解き方】同じ向きに出発するとき，花子さんの走る道のりと太郎さんの歩く道のりの差が3.6km＝3600mになったとき，花子さんは太郎さんに初めて追いつく。**

花子さんは，太郎さんより１分あたり160－80＝80(m)多く進むから，初めて追いつくのは，3600÷80＝45(分後)

(2)　**【解き方】反対向きに出発するとき，花子さんの走る道のりと太郎さんの歩く道のりの和が3600mになったとき，花子さんと太郎さんは初めて出会う。**

花子さんと太郎さんが進む道のりの和は，１分あたり160＋80＝240(m)だから，初めて出会うのは，3600÷240＝15(分後)

(3)　**【解き方】２人は15分ごとに出会い，太郎さんはP地点を3600÷80＝45(分)ごとに通過するから，２人がはじめてP地点で出会うのは，15と45の最小公倍数の時間になる。**

15と45の最小公倍数は45だから，２人がはじめてP地点で出会うのも45分後である。

(4)　**【解き方】初めて出会ってから花子さんが速度を変えるまでに２人が進んだ道のりの和は１分あたり160＋80＝240(m)であり，速度を変えてから２人が進んだ道のりの和は１分あたり60＋80＝140(m)である。**

花子さんが，２人が初めて出会ってからすぐに速度を毎分60mにして進むと，20分間に２人が進む道のりの和は，140×20＝2800(m)となり，20分で出会うことができない。そこで，１分間を毎分160mの速度におきかえると，進む道のりの和は240－140＝100(m)増えるから，花子さんが毎分160mの速度で歩いた時間は，(3600－2800)÷100＝８(分間)である。よって，速度を変えた地点は，初めて出会った地点から160×８＝1280(m)の地点である。

《2022　１次A　理科　解説》

[1] (1)　フィラメントにはふつうタングステンという金属が用いられていて，電流が流れると発熱・発光する。

(2)　アのような直列つなぎでは，こわれた豆電球に電流が流れなければ，正常な豆電球は光らないが，イのような並列つなぎでは，こわれた豆電球に電流が流れなくても，正常な豆電球は光る。また，並列部分と直列つなぎになっている豆電球が正常なウでは２つの正常な豆電球が光るが，並列部分と直列つなぎになっている豆電球がこわれているエでは回路全体に電流が流れず，正常な豆電球は光らない。

⑶　表１より，電熱線の長さが２倍になると，流れる電流が２分の１になるので，反比例の関係がある。

⑷　表２より，電熱線の断面積が２倍になると，流れる電流も２倍になるので，比例の関係がある。

2　⑴　支点の左右で棒をかたむけるはたらき〔おもりの重さ(ｇ)×支点からの距離《きょり》(cm)〕が等しいとき，棒は水平になる。左はしの50ｇのおもりが棒を左にかたむけるはたらきは50×50＝2500だから，100ｇのおもりが棒を右にかたむけるはたらきも2500になるように，支点から2500÷100＝25(cm)のところにつるせばよい。

⑵　⑴と同様に考えて，支点から右に40cmのところにつるしたおもりが棒を右にかたむけるはたらきが2500になるように，おもりの重さを2500÷40＝62.5(ｇ)にすればよい。

⑶　棒に重さがあっても，棒の重さは棒の中心にかかると考えるので，棒の中心が支点であれば，棒の重さは考えなくてよい。よって，図３は図１と同じ状態なので，100ｇのおもりは支点から25cmのところにつるせばよい。

⑷　棒の重さ100ｇは棒の中心(Ａから右に10cm)にかかるから，棒の重さが棒を右にかたむけるはたらきは100×10＝1000である。よって，50ｇのおもりは支点から1000÷50＝20(cm)のところにつるせばよい。

3　Ｘは気圧(単位はhPa《ヘクトパスカル》)が同じ点を結んだ曲線で，等圧線という。等圧線は，1000hPaを基準に４hPaごとに引かれ，20hPaごとに太線になる。低気圧とは，まわりよりも気圧が低いところで，北半球では中心に向かって反時計回りに風がふきこむ。日本付近では，南から暖気，北から寒気がふきこんできて，暖気と寒気がぶつかるところに前線ができる。図で，中心から南東にのびているＹが温暖前線，中心から南西にのびているのが寒冷前線であり，寒冷前線付近では寒気が暖気を持ち上げることで激しい上昇《じょうしょう》気流が生じる。激しい上昇気流が生じているところでは，大雨や雷雨《らいう》をもたらす積乱雲が発達しやすい。

4　⑴⑵　図１で，Ｙが日の出，Ｘが日の入りの時刻を表している。日の出から日の入りまでの時間が昼の時間である。よって，ａが昼と夜の長さがほぼ等しい春分の日(３月20日ごろ)，ｃが昼の長さが最も長い夏至の日(６月20日ごろ)，ｄが昼と夜の長さがほぼ等しい秋分の日(９月20日ごろ)，ｅが昼の長さが最も短い冬至の日(12月20日ごろ)である。

⑶　図２では，２本の直線の交点を観測者の位置と考える。この交点から見て，太陽が最も高い位置にくるのがＡの方向だから，Ａが南であり，Ｂが東，Ｃが北，Ｄが西である。

⑷　図２のア～ウの長さが昼の長さと考えればよいので，アが冬至の日，イが春分・秋分の日，ウが夏至の日の記録である。

⑸　太陽の南中高度は，図２で，Ａと観測者の位置を結んだ直線と，太陽が真南にきたときの位置と観測者の位置を結んだ直線との間にできる角度である。よって，ウの夏至の日の南中高度が最も高くなる。⑴⑵解説より，夏至の日はｃである。

⑹　②南中高度が高い方が，同じ面積の地面が受けとる太陽の光の量が多くなり，地面の温度が上がりやすくなる。太陽の光であたためられた地面によって，その上にある空気があたためられることで，気温が上がる。

5　⑴　アはエンドウの種子の未熟なものである。また，イは小豆，ウは白インゲン豆でつくられることが多い。

⑵　条件を１つだけ変えて実験を行うことで，その条件が結果にどのような影響《えいきょう》を与《あた》えるのか(あるいは影響を与えないのか)を調べることができる。窓際にそのまま置いた試験管と冷蔵庫に入れた試験管とでは，光と温度という２つの条件が異なるため，これらの２つを直接比べることはできない。よって，イのようにして，光を当てな

いようにすれば，窓際にそのまま置いた試験管とイの処理をした試験管で光について，イの処理をした試験管と冷蔵庫に入れた試験管で温度について，それぞれの影響を調べることができる。

(3)　ダイズの発芽に必要な３条件は，水，空気，適当な温度である。Ａの位置にあるものは水が不足し，Ｃの位置にあるものは空気が不足するため発芽しない。また，冷蔵庫に入れたエは適当な温度が不足するため発芽しない。

(4)　植物の緑色の部分には，光に当たることで水と二酸化炭素から養分(でんぷん)と酸素をつくり出す光合成を行う葉緑体がある。光に当てないと葉緑体ができず，白色のもやしになる。

6　(1)　図の右側に見える神経は頭の中心に向かうから，図は右目だとわかる。

(2)　Ｄを虹彩《こうさい》といい，虹彩の大きさが変わることで，水晶体を通過する光の量を調節する。明るいところにいくと虹彩が大きくなってひとみが小さくなり，暗いところにいくと虹彩が小さくなってひとみが大きくなる。

7　(2)　塩酸と金属が反応したときには水素が発生する。イとエは金属ではない。

(3)①　石灰石の主成分は炭酸カルシウムであり，炭酸カルシウムをふくむ卵のからや貝がらなどを加えても二酸化炭素が発生する。　　②　アは酸素，ウはアンモニアや塩素や塩化水素など，エはアンモニアの性質である。

8　(1)　表より，80℃の水100ｇにホウ酸は25ｇまでとけるから，ホウ酸をとけるだけとかした水よう液の重さは100＋25＝125(ｇ)である。よって，〔こさ(%)＝$\frac{\text{とけているものの重さ(g)}}{\text{水よう液の重さ(g)}}$×100〕より，$\frac{25}{125}$×100＝20(%)となる。

(2)　80℃で，ホウ酸をとけるだけとかした水よう液125ｇは，(1)解説より，100ｇの水に25ｇのホウ酸をとかしたものである。表１より，60℃の水100ｇにホウ酸は15ｇまでしかとけないから，25－15＝10(ｇ)がとけきれなくなって出てくる。

(3)(4)　表は，100ｇの水にとけるホウ酸の重さを示したもので，Ａ～Ｃの水の重さが100ｇではないことに注意する。20℃の水100ｇにホウ酸は５ｇまでとけるから，水の重さが100ｇの半分のＡではホウ酸が５ｇの半分の2.5ｇまでとける。同様に考えて，水の重さが100ｇの1.6倍のＢではホウ酸が５×1.6＝８(ｇ)まで，水の重さが100ｇの2.5倍のＣではホウ酸が５×2.5＝12.5(ｇ)までとける。よって，ＡとＢではホウ酸がとけ残っていて(ろ過で水よう液とホウ酸の固体にわけることができる)，Ｃではホウ酸がとけ残っていない(あと0.5ｇのホウ酸をとかすことができる)。ＡとＢの水よう液はホウ酸がそれ以上とけることができない状態になっていて，そのような状態になっている水よう液のこさは，温度が同じであれば水よう液の重さにかかわらず一定である。

《2022　１次Ａ　社会　解説》

1　(1)　ウが正しい。利根川は日本で２番目に長く，流域面積は日本で一番広い。日本最長の川はアの信濃川である。

(2)　イが正しい。関東平野には関東ロームが広がる。

(3)　群馬県で行われる高冷地農業の抑制栽培の説明である。

(4)　アが正しい。嬬恋村はキャベツの産地である。はくさいは高崎市や邑楽町，ねぎは太田市，さつまいもは太田市，伊勢崎市，前橋市などが産地である。

(5)　イが正しい。日帰りの漁業が沿岸漁業，数か月かかる漁業が遠洋漁業である。

(6)　エが正しい。最北端は択捉島(北海道)，最西端は与那国島(沖縄県)，最南端は沖ノ鳥島(東京都)である。

(7)　排他的経済水域を守ることが，わが国の資源を守ることになる。

(8)　エが正しい。アは鎌倉幕府を開いた人物，イは江戸幕府の第三代将軍，ウは室町幕府を開いた人物。

(9)　日光とあることから栃木県を選ぶ。

(10)　イが正しい。病院は()，老人ホームは()，図書館は()。

2 (1) エが正しい。大仙陵古墳は，百舌鳥・古市古墳群として，世界文化遺産に登録されている。箸墓古墳は奈良県，稲荷山古墳は埼玉県，江田船山古墳は熊本県にある。

(2) イが正しい。土偶は縄文時代，平仮名は平安時代にそれぞれつくられた。

(3) 渡来人は，土木工事，金属加工，絹織物，須恵器などの新しい技術や漢字，仏教などを伝えた。

(4) アが正しい。建武の新政は，後醍醐天皇による政治である。武士の力を借りて鎌倉幕府を倒した後醍醐天皇は，公家中心の政治を行ったが，権力を天皇に集中させたために，武士だけでなく公家の反感も買い，わずか2年余りで京都を離れ，奈良の吉野に逃れた。その後，吉野に南朝を開き，南朝は約60年間続いた。

(5) エが正しい。第三代将軍の足利義満が，京都の室町に花の御所を開いたことから，室町幕府と呼ばれる。

(6) ウが正しい。種子島に漂着した中国船に乗っていたポルトガル人によって，鉄砲は伝えられた。キリスト教は，1549年に鹿児島に上陸したフランシスコ＝ザビエルによって伝えられた。石田三成は，関ヶ原の戦いで西軍を率いた武将である。

(7) ②が正しい。1467年に起きた応仁の乱によって，世の中が乱れ，下剋上の風潮が広がっていった。

(8) 関ヶ原の戦いは，徳川家康率いる東軍と，石田三成率いる西軍(総大将は毛利輝元)による戦いで，東軍が勝利し，徳川家康はその後，征夷大将軍に任ぜられ，江戸に幕府を開いた。

(9) 大名が，江戸と領国を1年おきに往復することが書かれていればよい。参勤交代の制度は，第三代将軍の徳川家光が，武家諸法度に初めて追加した。

(10) イが正しい。幕府は，長崎の出島でオランダと，長崎の唐人屋敷で中国と貿易をし，鹿児島の薩摩藩が琉球王国と，北海道の松前藩がアイヌ民族と交易をした。また，対馬藩の宗氏が朝鮮と交易をした。

3 (1) エが正しい。大隈重信は肥前(佐賀県)出身の政治家で，内閣総理大臣や外務大臣を歴任した。早稲田大学の創設者としても知られる。教育基本法は，1947年に公布された。

(2) ウが正しい。津田梅子は，女子英学塾(現在の津田塾大学)の創設者である。平塚らいてうは，「青鞜」などを発行し，「新婦人協会」を設立するなど，女性の権利獲得に活躍した。与謝野晶子は，「君死にたまふことなかれ」で，日露戦争を批判した。樋口一葉は，「たけくらべ」などの作品を残した。

(3) アが正しい。イは大正時代，ウとエは昭和時代。

(4) 第一次世界大戦は，サラエボ事件をきっかけに，1914年から1918年にかけて起きた。

(5) 米騒動は，シベリア出兵を見越した商人による米の買い占めが物価上昇を引き起こし，富山県の漁村で起きた暴動をきっかけとして全国に広まった。

(6) エが正しい。1922年に全国水平社が設立された。青鞜社は，平塚らいてうが設立した女性だけの組織・企業。明六社は，森有礼や福沢諭吉らが所属した啓蒙思想団体。平民社は，幸徳秋水や堺利彦らによって設立された社会主義者の結社。

(7) ＧＨＱは，連合国軍最高司令官総司令部の略称である。

(8) 国民の選挙権の変化は，右表を参照。

選挙法改正年(主なもののみ抜粋)	直接国税の要件	性別による制限	年齢による制限
1889年	15円以上	男子のみ	満25歳以上
1925年	なし	男子のみ	満25歳以上
1945年	なし	なし	満20歳以上
2015年	なし	なし	満18歳以上

(9) ウが正しい。アメリカ軍の日本駐留を認めた日米安全保障条約は10年ごとに自動更新されているため，現在でもアメリカ軍の基地が日本に存在する。日韓基本条約は1965年，日中共同声明は1972年，日ソ共同宣言は1956年。

(10) 高度経済成長は，第一次石油危機が起きた1973年まで続いた。

4 (1) エが正しい。2022年２月現在193か国が加盟している。

(2) アが正しい。ユニセフは国連児童基金の略称である。ユネスコは国連教育科学文化機関，エイペックはアジア太平洋経済協力会議，サミットは先進国首脳会議の略称である。

(3) 難民が発生している国は，シリアなどの中東の国が多い。

(4) イが正しい。ＮＧＯは非政府組織，ＩＯＣは国際オリンピック委員会，ＷＴＯは世界貿易機関の略称。

(5) ウが正しい。2001年９月11日に発生した。

(6) 対象となったのは，持ち手のあるプラスチック製買い物袋である。紙や布でできた買い物袋や持ち手のないプラスチック製の袋は対象外である。

(7) エが正しい。プラスチックは自然にかえらないことから，削減が叫ばれている。

(8) ＳＤＧｓは，持続可能な開発目標の略称である。

(9) イが正しい。石油などの化石燃料は，限りがある上に，燃焼時に大量の二酸化炭素を発生させる。

(10) アが正しい。温室効果ガスの一つである二酸化炭素が増加すると，地球温暖化が促進されてしまう。そのため，現在では，二酸化炭素の排出量と吸収・除去量を等しくする，カーボンニュートラルが目標とされている。

《2022　1次B　国語　解説》

一 問一 「安易な」は、たやすい、いいかげんなという意味。アは意味が通らない。

問二 「理論好き」という部分に着目する。イは「理論」の説明がふくまれているので、これが適する。

問三 Y について考える。前の一文に「いい加減、嫌《いや》になったところで」とあるので、Y には、エの「あまり良い気分ではない」が入る。

問四A 2行後に「少女たちがのろのろと立ち上がり始めると」とあり、この後練習が始まっているので、イが適する。　B 次の行に「別に不満はない」とあるので、エが適する。　C ここより前で、健太は連続で投げられている。直前に「愉快《ゆかい》そうに」とあるので、頑固親父《がんこおやじ》は、健太が好きで投げられているわけではないのを承知の上で、ウのように声をかけたのである。　D 2行後に「名誉挽回《めいよばんかい》のチャンスは失われた」とあるので、ここで友里との練習が終わったことが読み取れる。よって、アが適する。

問五 ここより前の「お前は友里と組め」「お前は背負い投げの練習が好きだろう」という言葉から、これから友里と組んで背負い投げの練習をすることがわかる。

問六 傍線部《ぼうせんぶ》2にあるように、健太は、友里と組んで背負い投げの練習をすることに照れくささを感じている。襟《えり》を取った後の「(友里と)まともに目を合わすことができず、健太は首筋に視線を向けた。ああ、色が白いな、と思った時だった」という描写《びょうしゃ》からは、練習に集中できないでいる様子が読み取れる。よって、ウが適する。

問七 傍線部3については、前の行に「きれいに背負い投げを決められていた」とあり、少し後に「さっきのは、ちょっとした油断のせいだ、と健太は思い直す」とあるので、友里に投げ飛ばされたことが信じられないという思いから出たことばである。傍線部5については、1～2行後に「健太は女にも勝てないなどと思われたら、最悪だ」とあり、友里に負け続けていることを認めたくない気持ちが読み取れる。よって、アが適する。

問九 傍線部7の「名誉挽回のチャンスは失われた」という部分からは、練習が終わったことを残念がる気持ちが読み取れる。また、直後の「これ以上続けても友里に勝てるとは思えない～絶望するほど惨《みじ》めな気分になるよりも今のうちにやめておいた方が賢明《けんめい》だ」が、「ほっとしていた」のくわしい説明になっている。

問十 直後の「彼女《かのじょ》の笑顔は闘志《とうし》を奪《うば》ってしまう」より、エが適する。

問十一 ア.「すれ違《ちが》う二人の関係を際立たせている」が誤り。　イ.「友里があこがれの存在である」かどうかは、本文からは読み取れない。　エ.これらの表現から登場人物の心情を読み取ることは可能だが、「物語に厚みをもた」せる効果はほぼない。

二 著作権に関係する弊社《へいしゃ》の都合により本文を非掲載《ひけいさい》としておりますので、解説を省略させていただきます。ご不便をおかけし申し訳ございませんが、ご了承《りょうしょう》ください。

《2022　1次B　算数　解説》

1 (1) 与式$=35-32\div 4\times 3=35-8\times 3=35-24=11$

(2) 与式$=\{(\frac{13}{20}-\frac{8}{20})\times\frac{1}{3}+\frac{1}{4}\}\times 9=(\frac{1}{4}\times\frac{1}{3}+\frac{1}{4})\times 9=(\frac{1}{12}+\frac{3}{12})\times 9=\frac{1}{3}\times 9=3$

(3) 与式より，$(□+\frac{1}{4})\times\frac{24}{25}=3-2\frac{3}{5}$　$□+\frac{1}{4}=\frac{2}{5}\times\frac{25}{24}$　$□=\frac{5}{12}-\frac{1}{4}=\frac{5}{12}-\frac{3}{12}=\frac{1}{6}$

(4) $\frac{1}{2}\times\frac{2}{3}\times\frac{3}{4}\times\cdots\times\frac{18}{19}\times\frac{19}{20}=\frac{1}{20}$になることから，$□=1$

(5) $1325\div(1-0.47)=2500$(円)

(6)　143＝11×13，187＝11×17 だから，143 と 187 の最小公倍数は，11×13×17＝2431

2　(1)　**【解き方】何年たっても，父と子の年れいの差は 40－12＝28(才)である。**

父と子どもの年れいの比が２：１になるとき，比の数の差の２－１＝１が 28 才にあたるから，このときの子どもの年れいは 28 才である。よって，父の年れいが子どもの年れいの２倍になるのは，28－12＝16(年後)

(2)　**【解き方】中に含《ふく》まれている食塩の量に注目する。**

14％の食塩水 300ｇの中には 300×0.14＝42(ｇ)の食塩が含まれている。これに水を加えても食塩の量は変わらないので，42ｇの食塩を含んだ 10％の食塩水は，42÷0.10＝420(ｇ)になる。よって，水は，420－300＝120(ｇ)加えた。

(3)　**【解き方】４－１＝３(階)上がるのに 12 秒かかっている。**

１階上がるのに 12÷３＝４(秒)かかるから，10－１＝９(階)上がるのに，４×９＝36(秒)かかる。

(4)　**【解き方】右のような面積図で考える。色をつけた長方形の面積と斜線を引いた長方形の面積が等しいとき，平均点は 68 点になることを示している。**

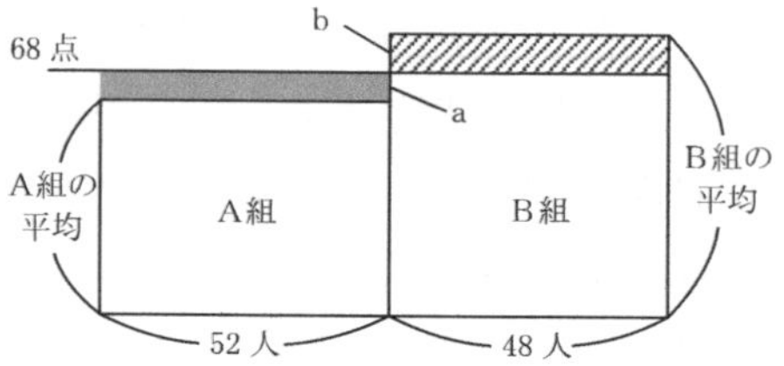

２つの長方形の横の長さの比は，人数の比に等しく 52：48＝13：12 で，２つの長方形の面積は等しいから，縦の長さであるａ：ｂは 12：13 になる。ａ＋ｂ＝５点だから，比の数の和の 12＋13＝25 が５点にあたる。

よって，ａ＝$5\times\frac{12}{25}$＝2.4(点)だから，Ａ組の平均点は，68－2.4＝65.6(点)

(5)　**【解き方】本全体のページ数を１とする。**

１日目を読んだあとで残ったページ数は，$1\times(1-\frac{2}{7})=\frac{5}{7}$だから，２日目を読んだあとで残ったページ数は，本全体のページ数の，$\frac{5}{7}\times(1-\frac{1}{4})=\frac{15}{28}$にあたる。このとき残っていたページ数は，35＋40＝75(ページ)だから，本全体のページ数は，$75\div\frac{15}{28}=140$(ページ)

3　(1)　**【解き方】右図のように記号をおいて，三角形の外角の性質を使う。**

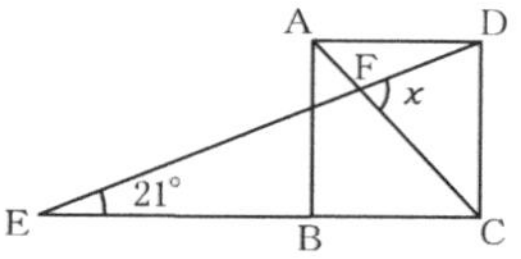

ＡＣは正方形の対角線だから，角ＡＣＢ＝45°である。三角形ＦＥＣで外角の性質を使うと，角x＝角ＦＥＣ＋角ＦＣＥ＝21°＋45°＝66°

(2)　**【解き方】右のように作図して，３つのおうぎ形に分けて考える。**

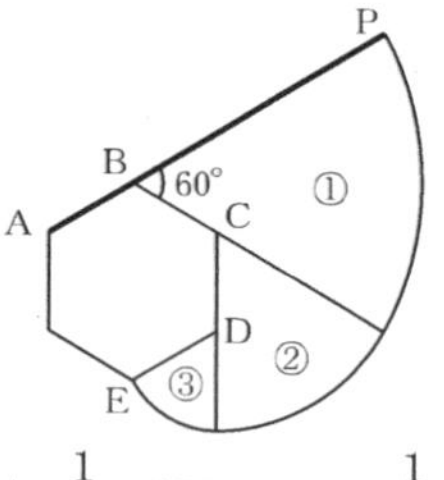

ＢＰ＝ＢＣ＋ＣＤ＋ＤＥ＝３＋３＋３＝９(cm)である。正六角形の１つの外角の大きさは 360°÷６＝60°だから，①のおうぎ形は，半径が９cm，中心角が 60°のおうぎ形になる。同様に考えると，②のおうぎ形の半径は６cm，③のおうぎ形の半径は３cmで，いずれも中心角の大きさは 60°になるから，面積の和は，

$9\times9\times3.14\times\frac{60°}{360°}+6\times6\times3.14\times\frac{60°}{360°}+3\times3\times3.14\times\frac{60°}{360°}=(81+36+9)\times3.14\times\frac{1}{6}=126\times3.14\times\frac{1}{6}=$
21×3.14＝65.94(cm²)

4　(1)　**【解き方】4，6，8，12｜16，18，20，24｜28，30，32，36｜40，…と４つずつに区切って考え，第１群，第２群，…と呼ぶことにする。**

各群の最後の数は，４と６の最小公倍数 12 の倍数になっていて，第ｎ群の最後の数は 12×ｎである。

20÷４＝５より，20 番目の数は，第５群の最後の数だから，12×５＝60

(2)　**【解き方】(1)と同様に考える。**

50÷４＝12 余り２より，50 番目の数は，第 13 群の２番目の数である。第 12 群の最後の数が 12×12＝144 である。

各群の２番目には６の倍数がくる。144 は 144÷６＝24(番目)の６の倍数だから，第 13 群の２番目にくる６の倍数は，25 番目の６×25＝150 である。

⑶　【解き方】60 番目の数を求め，４の倍数の和，６の倍数の和，12 の倍数の和に分けて考える。

60÷４＝15 より，60 番目の数は第 15 群の最後の，12×15＝180 である。

180 までに４の倍数は 180÷４＝45(個)，６の倍数は 180÷６＝30(個)，12 の倍数は 15 個ある。

ａからｂまで等間隔《とうかんかく》に並ぶｋ個の数字の和は，（ａ＋ｂ）×ｋ÷２で求められるから，

４から 180 まで並ぶ４の倍数の和は，（４＋180）×45÷２＝4140

６から 180 まで並ぶ６の倍数の和は，（６＋180）×30÷２＝2790

12 から 180 まで並ぶ 12 の倍数の和は，（12＋180）×15÷２＝1440

よって，求める和は，4140＋2790－1440＝5490

5 ⑴　**【解き方】Ａさんが 18－６＝12(日間)にする仕事の量と，Ｂさんが８日間にする仕事の量は等しい。**

同じ仕事をするとき，ＡさんとＢさんが１人で終えるのにかかる日数の比は，12：８＝３：２だから，

Ｂさん１人ですると，$18\times\frac{2}{3}$＝12(日間)かかる。

⑵　【解き方】仕事の量を 18 と 12 の最小公倍数の 36 にすると，Ａさんは１日に 36÷18＝２，Ｂさんは１日に 36÷12＝３の仕事をすることになる。

２人が１日にする仕事の量の合計は２＋３＝５だから，２人ですると 36÷５＝7.2(日)，つまり，８日目に終わる。

⑶　【解き方】⑵をふまえる。

Ａさん１人が３日間で２×３＝６の仕事をするから，Ｂさん１人はあと 36－６＝30 の仕事をすれば終わる。

よって，Ｂさん１人で仕事を始めてから終えるのにかかる日数は，30÷３＝10(日間)

6 ⑴　８×６÷２＝24(㎠)

⑵　【解き方】高さの等しい三角形の面積を，底辺の長さの比を利用して求める。

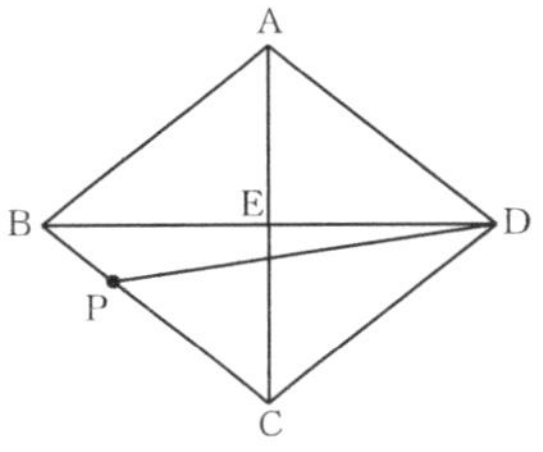

点Ｐは，７秒間に１×７＝７(㎝)進むから，ＢＰ＝７－５＝２(㎝)のＢＣ上に点Ｐは位置する。三角形ＤＢＣと三角形ＰＣＤは，底辺をＢＣ，ＰＣとしたときの高さが等しく，ＢＣ：ＰＣ＝５：(５－２)＝５：３だから，面積の比も５：３になる。

三角形ＢＣＤの面積は 24÷２＝12(㎠)だから，求める面積は，$12\times\frac{3}{5}$＝7.2(㎠)

⑶　【解き方】右図で，ＥＣ＝６÷２＝３(㎝)だから，辺ＢＣ上にＧＦ＝２㎝となるように点Ｇを取ると，三角形ＧＣＥの面積は３㎠になる。

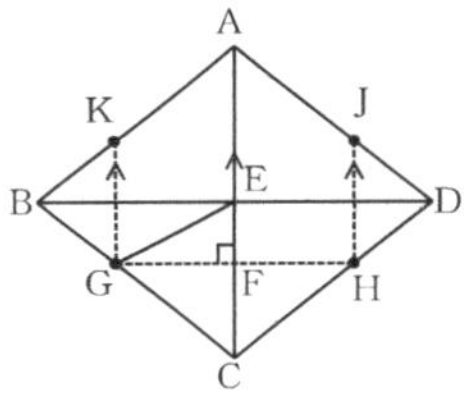

辺ＣＤ上にＦＨ＝２㎝となる点Ｈを取ると三角形ＨＣＥの面積は３㎠になる。

点Ｇと点Ｈから，それぞれＥＣに平行な線を引き，ＡＢ，ＤＡとの交わる点をＫ，Ｊとすると，三角形ＫＣＥと三角形ＪＣＥの面積も３㎠になる。よって，三角形ＰＣＥの面積が３㎠になるのは，点Ｇ，点Ｈ，点Ｊ，点Ｋの４か所に点Ｐがきたときだから，４回ある。

7 ⑴　**【解き方】サンドウィッチ１パックとサラダ２パックで 500＋350×２＝1200(円)になる。**

サンドウィッチ１パックとサラダ２パックを１組とすると，2400÷1200＝２(組)買ったから，サンドウィッチは２パック，サラダは２×２＝４(パック)買った。

⑵　【解き方】割引きをしなければ，売り上げは 2840÷(１－0.2)＝3550(円)になっていた。

サンドウィッチ１パックの値段は 500 円だから，十の位が５になるのは，サラダを奇数パック売ったときになる。

3550÷350＝10 余り 50 より，サラダは９パック以下になる。

サラダを１パック売ったとすると，サンドウィッチの代金は3550－350＝3200(円)になるが，サンドウィッチの代金は，必ず500の倍数になるから，条件にあてはまらない。サラダを３パック売ったとすると，サンドウィッチの代金は3550－350×３＝2500(円)になり，サンドウィッチは2500÷500＝５(パック)売ったことになる。
サラダを５パック，７パック，９パック売ったときも条件にあてはまらないから，サンドウィッチは５パック，サラダは３パック売ったことになる。

大谷中学校【１次Ａ】【１次Ｂ】

《１次Ａ　国語》

一　問一．わたし…利香　アスパラ…冬　　問二．イ　　問三．困っているアスパラを自分が助けたかったから。
問四．Ａ．ウ　Ｂ．エ　Ｃ．ア　Ｄ．オ　　問五．ア　　問六．すぐに泣いたり、だれかをかわいそうに思う
問七．Ⅰ．ウ　Ⅱ．エ　Ⅲ．ア　Ⅳ．イ　　問八．エ　　問九．アスパラはまだ幼くて悲しみが分からず、自分のことで泣けないので、全部の気持ちをにこにことわらうことで表しているから。　　問十．アスパラのお母さん／突然自分の都合で子供を預け、突然引き取っていく　　問十一．イ　　問十二．ウ

二　問一．自分とは違った人／ぜんぜん知らない人　　問二．知らない人とちゃんと話すこと。　　問三．Ａ．オ　Ｂ．ア　Ｃ．ウ　Ｄ．イ　　問四．エ　　問五．Ⅰ．イ　Ⅱ．ウ　　問六．ア，エ　　問七．レッテル
問八．どっちのランクが上かとか好きとか嫌い／その人との間に距離がある　　問九．親しくない人には使わないはずのタメロを使っているので、相手が、タメロのもう一つの用法である「ひとりごと」を声に出して言っているように感じるから。　　問十．①○　②×　③○　④×　⑤×

三　Ａ．①ケ　②カ　③エ　④ウ　⑤ク　　Ｂ．①Ⅰ．一　Ⅱ．千　②Ⅰ．空　Ⅱ．絶　③Ⅰ．起　Ⅱ．転
Ｃ．［一番目／二番目／三番目／四番目／五番目］　①［たけ子／まつ子／ゆき子／つき子／はな子］　②［めぐみ／さやか／のぞみ／あかり／いずみ］

《１次Ａ　算数》

1　(1)73　(2)$1\frac{1}{12}$　(3)$4\frac{1}{2}$　(4)4　(5)10　(6)$\frac{36}{68}$

2　(1)250　(2)300　(3)89　(4)4　(5)263

3　(1)75　(2)18.84

4　(1)10　(2)(ア)2　(イ)1　(ウ)1

5　(1)20　(2)404　(3)17990

6　(1)45　(2)12，30　(3)25　(4)55

7　(1)記号…(イ)　体積…36　(2)記号…(ウ)　体積…162　(3)記号…(オ)　体積…42

《１次Ａ　理科》

1　(1)Ａ，Ｂ，Ｃ　(2)Ｂ　(3)ウ　(4)ウ，ア，イ　(5)Ｂ

2　(1)ア，ウ　(2)二酸化炭素　(3)ア，イ　(4)アンモニア　(5)エ

3　(1)⑧　(2)大動脈　(3)ア．⑦　イ．⑤　ウ．①　(4)ａ，ｄ　(5)(あ)イ　(い)エ　(6)4.5　(7)3
(8)2160

4　(1)道管　(2)［横断面／縦断面］　トウモロコシ…［カ／エ］　ホウセンカ…［オ／ウ］　(3)イ　(4)Ａ　(5)イ

5　(1)40　(2)イ　(3)ウ　(4)24

6　(1)①2　②1　③1　(2)①1.0　②2.0

7　(1)①Ｃ　④Ｄ　⑧Ａ　(2)②移動性高気圧　③停滞　⑤南高北低　⑥低気圧　⑦台風　⑨西高東低
(3)ａ．ウ　ｂ．イ

8　(1)イ　(2)イ　(3)エ　(4)皆既日食…エ　部分日食…イ　金環日食…ウ　(5)ウ　(6)ア　(7)エ

《１次Ｂ　国語》

一　問一．ア　問二．Ａ．ウ　Ｂ．エ　問三．イ　問四．エ　問五．イ　問六．エ　問七．僕は大田のことをただ怖いとばかり思っていたが、大田は僕のことをすごいライバルだと思っていた。　問八．ア，カ　問九．ウ　問十．ア　問十一．小学校駅伝の時は言われるがままに走らなければならないという義務感しか感じられなかったが、今は大田のライバルでいるために大田に襷をいち早くつなぎたいという使命感が生まれているから。　問十二．ウ

二　問一．１．気温が低く、酸素も極端に薄い上空を飛行　２．骨を空洞化することによる軽量化／空洞化した骨の中に組み込んだ気嚢システム　問二．イ　問三．デイノニクス→始祖鳥→鳥類　問四．Ａ．エ　Ｂ．ウ　問五．ア　問六．ウ　問七．ウ　問八．イ　問九．ア　問十．１．Ⅰ．エ　Ⅱ．カ　Ⅲ．オ　Ⅳ．イ　２．恐竜が何のために羽毛を生やし、それを翼に発達させたのか検証するためであり、それは体温調節、および繁殖行動の道具であった可能性が高いという結果が得られた。　問十一．ウ，オ

三　Ａ．①意図　②権利　③創造　④義務　⑤栄光　Ｂ．ａ．イ　ｂ．ア　ｃ．オ　ｄ．エ　ｅ．ウ　Ｃ．１．イ　２．イ　３．Ⅲ　４．意地　５．Ⅳ

《１次Ｂ　算数》

1　(1)1　(2)$\frac{3}{4}$　(3)20.21　(4)2　(5)35　(6)1001

2　(1)4：5　(2)222　(3)10，12　(4)10　(5)62.5

3　(1)5　(2)2.5

4　(1)3：5　(2)商品Ｂ…500　所持金…15000

5　(1)21　(2)75

6　(1)4　(2)5　(3)6　(4)37，38，45

7　(1)6280　(2)24.3　(3)6976

2021 解説 大谷中学校【1次A】

令和3年度

←解答例は前のページにありますので，そちらをご覧ください。

《2021　1次A　国語　解説》

一

問一　傍線部《ぼうせんぶ》3の6行後のママの言葉「おばあちゃんはアスパラくんの世話だけでも大変だってことは、利香《りか》にだってわかるでしょ」と、9行後の「パパに『冬くんをさそってドライブにでも行こうか』と言われて、車でアスパラを迎《むか》えに行った」から、「わたし」の名前が「利香」で、「アスパラ」の名前が「冬」だとわかる。

問二　ママは、〈　X　〉で暗に「わたし」に理解を求めているが、利香はママの言葉の意味するところを考え、「ほんとうの理由をママはわたしに言いたくないだけなんだ」と結論している。理解や同意を求める感じを表す、イが適する。

問三　傍線部3の2～3行後「いますぐ走ってアスパラのところへ行きたいと思った～アスパラを守るのは、やっぱりわたししかいない」や、本文最後の4行を参考に、「わたし」のアスパラに対する思いを読みとる。

問五　1～2行前の「悲しい、とわたしは思った。お母さんにもお父さんにも見捨てられたアスパラは子猫《こねこ》を見捨てることができなくて～たずね歩いていたんだ」を参照。子猫とアスパラは「見捨てられた」という境遇《きょうぐう》が重なると「わたし」は感じている。よってアが適する。　イ．アスパラは子猫を飼ってくれる家を自主的に探したので、「アスパラが受けた残酷《ざんこく》な仕打ち」という受け身の表現は適さない。　ウ．「胸や頭がひどく痛くなった」という肉体的な痛みで涙《なみだ》が流れたわけではない。　エ．「子猫を飼うことすらできない」こと自体に涙を流したわけではないので、適さない。

問六　直前に「アスパラに同情する気持ちがわきかけたけれど、わたしはその落とし穴には落ちないように気をつけた」とあり、直後には「すぐに泣いたり、だれかをかわいそうに思うのは気持ちの落とし穴で」とある。

問八　問五の解説も参照。親に見捨てられたアスパラが、自分と境遇の重なる子猫を拾ったと思った私には、鳥の死骸《しがい》も、「他者から見捨てられたもの」だと感じられた。よってエが適する。

問九　最後から13行目の「だってアスパラは、にこにこする以外の方法を知らないんだから。『にこにこ』に、アスパラのぜんぶの気もちが入ってるんだから」と、9～10行目の「アスパラもそのうち～悲しいことで泣けるようになる、と思う。自分のことで泣けるようになる、と思う」「悲しみがわかっちゃうぞ」などから、アスパラが、笑う以外に感情を表現するすべを持たないことをまとめる。

問十一　（　Ⅱ　）の4～5行前で、アスパラは「『猫の気もちって、わかんないでしょ』～『猫を見た人はみんな、かわいいね、とか言うんだ。でも、もしかしたら、猫はそんなことをいちいち言われるのは迷惑《めいわく》かもしれないよ』」と、猫の気もちを想像してよりそっている。その一方で、問九で見たように、いつも笑っていて自分の悲しみや辛《つら》さについては、表現する方法を知らない。よってイが適する。

問十二　ア「胸がざわざわして」「頭がちくちくしてきて」などはアスパラではなく「わたし」が感じたことなので、適さない。　イ．一貫《いっかん》して「わたし」の視点から書かれているので、適さない。　ウ．「わたし」がアスパラに関することで、涙を流したり、怒《おこ》ったりする様子が生き生きと描《えが》かれているので、適する。　エ．一般《いっぱん》にニックネームは、親密さを感じさせるものなので、適さない。

二

問四　［ B ］の後に「道を聞いた相手の人にしてみれば、『どうしてこの子は、かんたんなことさえも言わないのだろう？』です。だから、『アブナイ子かもしれない』と思うのです」と、「ぶあいそうで気味が悪い」（＝アブナイ子かもしれない）と感じる理由が説明されているので、エが適する。

問五　言うべきだった二つの言葉について、１～２行後で「『なんですか？』と言うのを忘れただけです～『知りません』と言うのも、うっかりやめてしまったのです」とあるので、Ⅰにはイが、Ⅱにはウが入る。

問六　「目上」とは、地位や年齢《ねんれい》などが自分より上の人のことを言う（目下はその反対）。ア．会社の社長は、新入社員より地位が上なので、適する。　イ・ウ．男女で上下関係はないので適さない。　エ．五十歳《さい》の人は、十五歳の人より年齢が上なので、適する。　オ．同じ学年の人同士に上下関係はないので適さない。

問七　「レッテルを貼《は》る」は、ある人物に対して一方的、断定的に評価を加えること。

問八　傍線部５について、１～２行後で「『丁寧《ていねい》の敬語』は、『どっちのランクが上か』ということとも、関係がありません。好きとか嫌《きら》いとは関係なくて、ただ、『その人との間には距離《きょり》がある』というだけなのです」と詳《くわ》しく説明している。丁寧語を使うことに、相手に対する感情は関係ないということを言おうとしている。

問九　傍線部６の前の段落でタメロは「ひとりごとの言葉」だと述べ、「あまり仲のよくないともだちやぜんぜん知らない人」にタメロを使うと傍線部６のように思われる理由として、直後で「なぜかといえば、あなたの言っていることが、『声に出して言うひとりごと』にしか聞こえないからです」と述べている。また、次の段落に「タメロは、『ひとりごとの言葉』でもあるのですから～おなじことになってしまうのです」とまとめられている。

問十　①傍線部４の直前の「タメロには、敬語がありません」から、○。　②知らない大人に対してタメロを使うと「危険な子」と思われる場合もあるが、親しい人や、目下の人に対してなら、そうは思われないので、×。
③傍線部２の１行後の「話相手がみんな『よく知っている友だち』だったら、タメロでもかまいません」から、○。
④　本文最後の一文に「あなたが～タメロしか使えなかったら～『他人を無視してひとりごとを言っているだけの人』になってしまうのです」とあるが、②、③と同様に、親しい人とはタメロで話すのだから、「無視したいとき」に使うものではない。よって×。　⑤問九で見たように、タメロは「ひとりごとの言葉」でもあるので、×。

三　C①　「はな子はつき子のすぐ後ろにいます」より、「つき子・はな子」の順で並んでいる。この２人はセットで考えるとよい。「まつ子ははな子より前にいます」から、「まつ子～つき子・はな子」の順になる。「つき子とたけ子の間には二人います」から、①「つき子・□・□・たけ子」か、②「たけ子・□・□・つき子」の２通りが考えられるが、これまでの条件をふまえて①の順に全ての人を当てはめると「まつ子・つき子・はな子三番目・ゆき子・たけ子」になる。これだと、「ゆき子は前から三番目にいます」が満たせないので、②の順が正しい。すなわち「たけ子・まつ子・ゆき子三番目・つき子・はな子」の順になる。　②　「いずみの後ろにはだれもいません」より、「□・□・□・□・いずみ」。「あかりとさやかは偶数《ぐうすう》番目にいます」から、あかりとさやかは二番目か四番目のどちらか。残ったのぞみとめぐみは、一番目か三番目のどちらかだが、「のぞみはめぐみより後ろにいます」より、めぐみが一番目、のぞみは三番目である。今までの条件から、①「めぐみ・あかり二番目・のぞみ・さやか四番目・いずみ」か、②「めぐみ・さやか二番目・のぞみ・あかり四番目・いずみ」の２通りが考えられるが、「めぐみとあかりは連続では並んでいません」の条件から、②「めぐみ・さやか・のぞみ・あかり・いずみ」の順となる。

《2021　１次Ａ　算数　解説》

1　(1)　与式＝75－６÷３＝75－２＝73

(2)　与式$=\frac{3}{2}\times\frac{1}{2}+\frac{1}{2}\div\frac{3}{2}=\frac{3}{4}+\frac{1}{2}\times\frac{2}{3}=\frac{3}{4}+\frac{1}{3}=\frac{9}{12}+\frac{4}{12}=\frac{13}{12}=1\frac{1}{12}$

(3)　与式$=\frac{21}{10}+\frac{3}{5}\times\{5-(\frac{5}{8}+\frac{3}{8})\}=\frac{21}{10}+\frac{3}{5}\times(5-1)=\frac{21}{10}+\frac{3}{5}\times4=\frac{21}{10}+\frac{24}{10}=\frac{45}{10}=\frac{9}{2}=4\frac{1}{2}$

(4)　与式より，□÷0.8＝10－5　　□＝5×0.8＝4

(5)　2時間24分＝$2\frac{24}{60}$時間＝$2\frac{2}{5}$時間＝2.4時間は1日＝24時間の$\frac{2.4}{24}$×100＝10(%)である。

(6)　約分すると$\frac{9}{17}$になる分数は，分母と分子の和が17＋9＝26の倍数になるから，104÷26＝4より，分母と分子の和が104のときは，分母が17×4＝68，分子が9×4＝36となるから，求める分数は，$\frac{36}{68}$である。

2　(1)　水そうの容積は，50×50×50＝125000(cm³)である。500mL＝500 cm³より，水そうに満たされている水の量は，500mLのペットボトル125000÷500＝250(本)分である。

(2)　**【解き方】水を０％の食塩水として，右のてんびん図を利用して考える。食塩水の量の比は，ａ：ｂの逆比に等しくなる。**

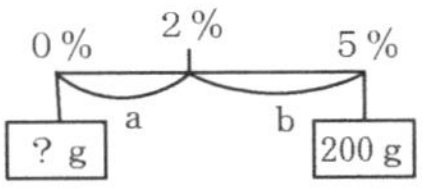

ａ：ｂ＝(２－０)：(５－２)＝２：３より，水と５％の食塩水の量の比は３：２だから，加えた水の量は，200×$\frac{3}{2}$＝300(ｇ)である。

(3)　4回のテストの合計点は，74×4＝296(点)であり，5回のテストの平均点を74＋3＝77(点)にしたいのだから，5回のテストの合計点が77×5＝385(点)になればよい。よって，5回目のテストで385－296＝89(点)をとればよい。

(4)　**【解き方】仕事の全体の量を，6と12の最小公倍数である⑫とする。**

Ａさん，Ｂさんの1時間あたりの仕事の量はそれぞれ，⑫÷6＝②，⑫÷12＝①と表せる。

よって，この仕事を2人ですると，⑫÷(②＋①)＝4(時間)かかる。

(5)　長いす1脚に座る人数を7－6＝1(人)増やすと，座れる人数が5＋7×5＋(7－4)＝43(人)増える。

よって，長いすは43÷1＝43(脚)あるから，中学1年生の生徒は6×43＋5＝263(人)いる。

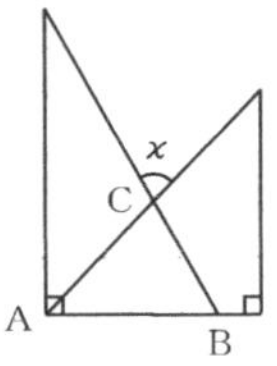

3　(1)　右のように記号をおく。角ＣＡＢ＝45°，角ＡＢＣ＝60°だから，三角形ＡＢＣの内角の和より，角ＡＣＢ＝180°－45°－60°＝75°

対頂角(向かい合う角)は等しいから，角x＝角ＡＣＢ＝75°

(2)　**【解き方】折ったときにＯと重なる点をＣとして，図ⅰのように線をひくと，三角形ＡＢＯと三角形ＡＢＣは合同(折って重なる)であり，ＯＡ＝ＯＢだから，四角形ＡＯＢＣはひし形となる。また，ＯＡ＝ＯＢ＝ＯＣだから，三角形ＡＯＣと三角形ＢＯＣは正三角形である。**

図ⅰ

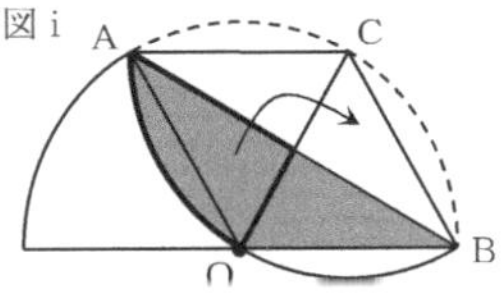

図ⅱ

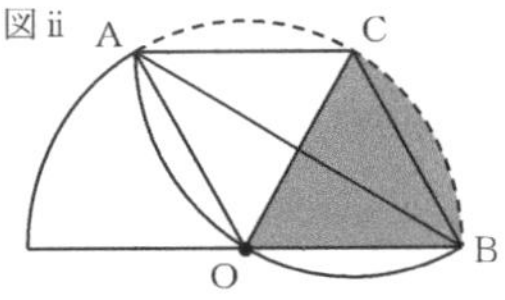

図ⅰの太線部分を矢印の向きに移動させると，図ⅱのようになる。

よって，求める面積は，おうぎ形ＯＢＣの面積に等しく，ＯＢ＝6cm，角ＢＯＣ＝60°だから，6×6×3.14×$\frac{60}{360}$＝6×3.14＝18.84(cm²)

4　(1)　5チームが自分のチーム以外の4チームと1試合ずつ行っているので，4×5＝20(試合)となるが，この数え方では，2試合ずつかぶっている試合がある(例えば，Ａ対Ｂの試合とＢ対Ａの試合は同じである)ので，全部で20÷2＝10(試合)行われている。

(2)　**【解き方】勝った試合数の合計と負けた試合数の合計は等しくなる。引き分けた試合数に注目し，(ウ)から求めていくとよい。**

引き分けた試合数について，Ａは1試合，Ｃは2試合で，Ｂ，Ｄは0試合だから，ＡとＣ，ＣとＥが引き分けだったとわかる。よって，(ウ)＝1である。

Ｅを除く4チームについて，勝った試合数の合計は6試合，負けた試合数の合計は7試合だから，Ｅは勝った試合数の方が負けた試合数よりも７－６＝１(試合)多いことがわかる。Ｅの引き分けた試合を除いた試合数は４－１＝３(試合)だから，２試合勝って，１試合負けたことがわかる。よって，(ア)＝２，(イ)＝１である。

5 ⑴　つなげた最初の数が１のときは１番目の整数，２のときは２番目の整数，３のときは３番目の整数，…となる。2021はつなげた最初の数が20だから，20番目の整数である。

⑵　２けたの整数は，12，23，34，45，56，67，78，89なので，そのまま足し算をして求めてもよいが，以下のように考えてもよい。

これら８つの整数は，すべて等間隔《とうかんかく》で(11ずつ)増えているので，右の筆算より，

12＋23＋34＋……＋89
＋) 89＋78＋67＋……＋12
101＋101＋101＋……＋101

12＋23＋34＋45＋56＋67＋78＋89の２倍は，101×８だから，求める数は，$\frac{101\times8}{2}=404$

⑶　**【解き方】各けたの整数について，それぞれ和を求める。その際，⑵の考え方を用いる。**

２けたの整数の和は，⑵より404である。３けたの整数は，910だけである。

４けたの整数は，1011，1112，…，2021なので，この和を考える。４けたの整数は20－10＋１＝11(個)あり，すべて等間隔で(101ずつ)増えているので，右の筆算より，

1011＋1112＋……＋2021
＋) 2021＋1920＋……＋1011
3032＋3032＋……＋3032

1011＋1112＋…＋2021の２倍は，3032×11だから，４けたの整数の和は，$\frac{3032\times11}{2}=16676$

よって，求める数は，404＋910＋16676＝17990

6 ⑴　家から学校までは5.4㎞＝5400ｍあるから，求める時間は，5400÷120＝45(分)

⑵　弟は家から学校まで，5400÷80＝67.5(分)，つまり，67分30秒かかる。兄と弟が同時に出発すると，兄の方が67分30秒－45分＝22分30秒早く着くが，実際には10分早く着いたので，兄は弟より22分30秒－10分＝12分30秒遅れて家を出た。

⑶　**【解き方】兄が出発してから２人の間の道のりは，１分あたり120－80＝40(ｍ)縮まる。**

兄が出発するとき，弟はすでに12分30秒＝12.5分だけ進んでいるので，80×12.5＝1000(ｍ)進んでいる。

ここから，兄が弟に追いつくまでに，１分あたり40ｍ縮まるから，求める時間は，1000÷40＝25(分)である。

⑷　⑶をふまえる。兄は残りの5400－3000＝2400(ｍ)を分速80ｍで歩くから，追いついてから2400÷80＝30(分)で学校に着く。よって，求める時間は，25＋30＝55(分)である。

7 **【解き方】立方体の切り口をかくときは，同一平面上にある切り口の頂点は直線で結ぶこと，向かい合う面上の切り口の線は平行になることに気をつける。**

⑴　切り口は，右図の太線部分である。ＡＣ，ＣＦ，ＦＡはともに正方形の対角線なので，切り口の三角形ＡＣＦは正三角形(イ)である。

Ｂを含《ふく》む立体は，底面を三角形ＡＢＣとすると，高さがＢＦ＝６㎝の三角すいである。

よって，体積は(ＡＢ×ＢＣ)÷２×ＢＦ÷３＝(６×６)÷２×６÷３＝36(㎤)である。

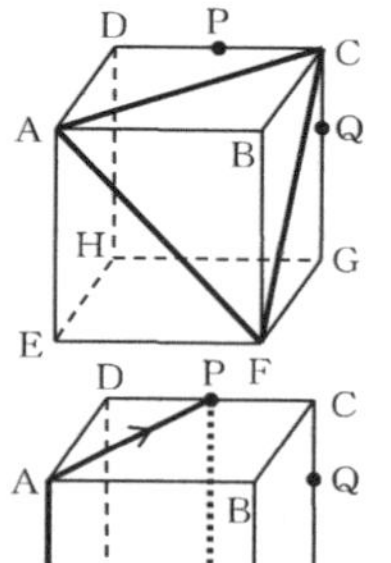

⑵　切り口は，右図の太線部分である。向かい合う辺が平行なので，切り口は長方形(ウ)である。Ｂを含む立体は，底面を四角形ＡＢＣＰとすると，高さがＢＦ＝６㎝の四角柱である。

よって，体積は(ＡＢ＋ＣＰ)×ＢＣ÷２×ＢＦ＝(６＋３)×６÷２×６＝162(㎤)

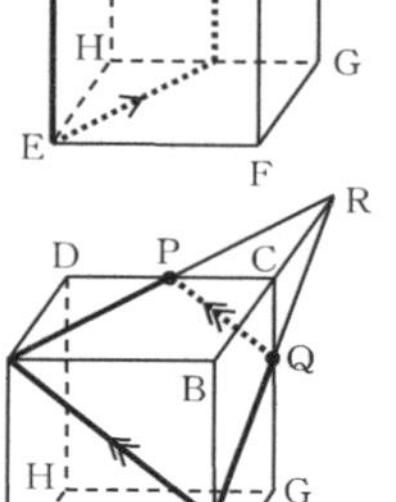

⑶　**【解き方】同じ形の立体について，辺の長さの比がａ：ｂの立体の体積の比は，(ａ×ａ×ａ)：(ｂ×ｂ×ｂ)となることを利用する。**

切り口は，右図の太線部分である(ＡＩとＰＱは平行であり，３直線ＡＰ，ＢＣ，ＩＱの交わる点をＲとする)。ＡＩとＰＱは平行なので，切り口の四角形ＡＩＱＰは台形(オ)である。Ｂを含む立体は，三角すいＲ－ＡＢＩから三角すいＲ－ＰＣＱを取り除いた立体

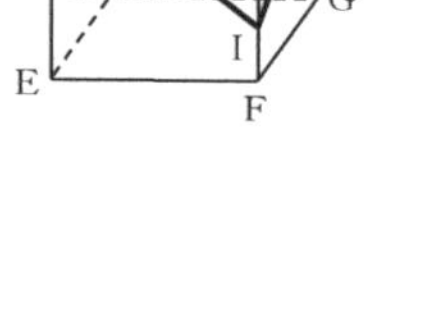

である。三角すいＲ－ＡＢＩと三角すいＲ－ＰＣＱは同じ形であり，
ＡＢ：ＰＣ＝６：３＝２：１だから，体積の比は，（２×２×２）：（１×１×１）＝８：１
Ｂを含む立体と三角すいＲ－ＰＣＱの体積の比は（８－１）：１＝７：１なので，求める
体積は，三角すいＲ－ＰＣＱの体積の７倍である。三角形ＲＰＣと三角形ＲＡＢは同じ形であり，ＲＣ：ＲＢ＝
ＰＣ：ＡＢ＝１：２なので，ＲＣ：ＢＣ＝（２－１）：１＝１：１より，ＲＣ＝ＢＣ＝６㎝
したがって，求める体積は，（ＣＰ×ＣＱ÷２×ＲＣ÷３）×７＝（３×２÷２×６÷３）×７＝42（㎤）

《2021　１次Ａ　理科（医進のみ）　解説》

1 (1)　ろうそくのほのおでは，まわりの空気（酸素）とふれやすいＡ（外炎《がいえん》）の温度が最も高く，Ｂ（内炎），Ｃ（炎心）の順に温度が低くなっていく。

(2)(3)　内炎では酸素が不足していて，不完全燃焼によって発生するすすが光って燃えるので，もっとも明るい。

(4)(5)　しんの先の気体のろうに火がつく部分（炎心）は，酸素がほとんどなく，青色で暗い。

2 (1)　ア○…塩酸にスチールウール（鉄）などの金属を加えると水素が発生する。　イ×…フェノールフタレイン液はアルカリ性の水よう液に加えると赤色になる。塩酸は酸性の水よう液である。　ウ○…酸性の水よう液は青色リトマス試験紙を赤色に変え，アルカリ性の水よう液は赤色リトマス試験紙を青色に変える。　エ×…塩酸に水酸化ナトリウム水よう液を加えると中和して，食塩と水ができる。

(2)　ＢＴＢよう液は酸性で黄色，中性で緑色，アルカリ性で青色を示す。二酸化炭素を石灰水に通すと白くにごり，水にとけると酸性を示す。

(3)　ア○…水よう液は，容器の中に長時間置いても，色が変わったり，とけているものが底にたまったりしない。酢と食塩水は水よう液である。　イ○，エ×…酢は酸性，食塩水は中性で，ともに赤色のリトマス試験紙の色は変化しない。　ウ×…酸性の酢をアルカリ性の水よう液と混ぜると，たがいの性質を打ち消し合う中和が起こるが，中性の食塩水は中和が起こらない。

(4)　アンモニアは水によくとけてアルカリ性を示す。

(5)　エ×…クエン酸は水にとけると酸性を示すので，入れてはいけない。

3 (1)(2)　血液を全身に送り出す，大動脈（⑧）を流れる血液の勢いが一番大きい。

(3)　大静脈（⑥）→右心房（⑦）→右心室（⑤）→肺動脈（①）→肺の順に流れる。

(4)　肺を通った後の血液は→肺静脈（②）→左心房（③）→左心室（④）→大動脈（⑧）の順に流れるので，ａとｄである。

(5)　（あ）イ○…③と④の間の弁が開いているとき，③から④に血液が流れこむので，④の容積が大きくなる。
（い）エ○…④と⑧の間の弁が開いているとき，④から⑧に血液が流れこむので，④の容積が小さくなる。

(6)　60×75＝4500（mL）→4.5Ｌ

(7)　$39\times\frac{1}{13}=3$（kg）→３Ｌ

(8)　１日→24時間→1440分より，4.5×1440÷３＝2160（周）となる。

4 (1)　赤色に染まった部分の管は，水が通る管（道管）である。

(2)　トウモロコシのような単子葉類の茎では，横断面で道管がまばらに分布している（カ）が，ホウセンカのような双子葉類の茎では，横断面で道管が輪になるように分布している（オ）。横断面のようすから単子葉類の縦断面はエ，双

子葉類の縦断面はウだとわかる。

(3)　イ○…トウモロコシのような単子葉類の葉脈は平行にならんでいる。

(4)　A○…道管は葉の表側(A)にある。

(5)　イ○…a側に気こうが見られることから，aが普通の葉の裏だと考えられる。

5　(1)(2)　光が反射するとき，入射角(A)と反射角(B)は等しいので，Bは40度である。

(3)　ウ○…AとBの大きさは等しいので，Aを40度から80度に大きくしていくと，Bも同様に大きくなる。

(4)　入射角と反射角がともに12度大きくなるので，反射した光の方向は12×2＝24(度)変わる。

6　(1)　①ある条件が必要かどうかを調べるために，その条件以外を同じにして結果を比べる実験を対照実験という。実験1と実験2を比べると，ふりこの長さが2.0÷0.5＝4(倍)になると，周期が2.8÷1.4＝2(倍)になることがわかる。②実験1と実験3を比べると，ふれる角度が4倍になっても，周期は変わらないことがわかる。　③実験1と実験4を比べると，おもりの重さが4倍になっても，周期は変わらないことがわかる。

(2)　(1)①で，ふりこの長さを(2×2＝)4倍にすると周期が2倍になったので，ふりこの長さを 1.0mの($\frac{1}{2}\times\frac{1}{2}$＝)$\frac{1}{4}$倍の 0.25mにすると，周期は$\frac{1}{2}$倍の 2.0×$\frac{1}{2}$＝1.0(秒)になる。　②おもりの重さを25gにしても周期は2.0秒で変わらない。

7　(1)(2)　春は揚子江気団(C)の一部からできる移動性高気圧(②)と低気圧が交互に日本にやってくるので，天気が周期的に変わりやすい。初夏と秋のはじめには，停滞前線《ていたいぜんせん》(③)の影響でぐずついた天気が続き，夏には小笠原気団(D)が発達して南高北低(⑤)型の気圧配置になりやすい。夏から秋にかけて熱帯地方で発生した熱帯低気圧(⑥)が発達してできた台風(⑦)がやってくる。冬になると，シベリア気団(A)が発達して，西高東低(⑨)型の気圧配置になりやすい。

(3)　風は高気圧(気団)からふき出す。夏は小笠原気団(D)からふき出す南東(ウ)の風によって蒸し暑い日が続き，冬はシベリア気団(A)からふき出す北西(イ)の風によって日本海側に雪が降る。

8　(1)　イ○…夏至は毎年6月21日ごろである。

(2)　イ○…夏至は1年で昼が最も長く，夜が最も短い。

(3)　エ○…日食は，太陽，月，地球の順に一直線に並び，太陽が月によってかくされる現象である。このような位置関係になるときの月は新月である。

(4)　皆既《かいき》日食は，太陽の全てが月によってかくされる現象(エ)，部分日食は，太陽の一部が月によってかくされる現象(イ)，金環日食は，太陽のほうが月よりも大きく見えるため，月のまわりから太陽がはみ出して見える現象(ウ)である。なお，太陽，月，地球の順に並んだときに，皆既日食と金環日食が見られるのは，月が地球のまわりをだ円をえがくように周っているためであり，地球から月までの距離が近いときには皆既日食になり，地球から月までの距離が遠いときには金環日食になる。

(5)　ウ○…地球上で皆既日食が見られる範囲は非常にせまく，その周辺のより広い範囲で部分日食が見られる。

(6)　ア×…太陽を肉眼で直接見ると目をいためるおそれがあるので，やってはいけない。日食は，日食グラスなどを使って観察するとよい。

(7)　エ○…(3)解説より，日食のときの月は新月である。新月から3日後には，三日月が見える。

《2021　１次Ｂ　国語　解説》

一 **問一**　直前に「僕《ぼく》が走って記録を出したのは六年の駅伝だけで、あとは」とあるので、目立つことは六年生の時走った駅伝くらいしかなかった小学生活だったと思われる。よってアが適する。

問三　傍線《ぼうせん》部７のある段落に「いじめられっ子だった僕」とあり、次の段落に「小さいころから僕は～棒だの電柱だのとからかわれた」とある。これらから、「僕」は、いじめられっ子だったため、ドッジボールやかくれんぼうをすると自分に対する攻撃《こうげき》から必死で逃《に》げなければならなかったことが分かる。よってイが適する。

問四　「見当違《ちが》いに褒《ほ》められるのが申し訳なくて」と続くので、「僕」は「本気で大田君が怖《こわ》かったから」必死で逃げていただけなのに、「お前の走りっぷりってすごかった」と大田に褒められるのは、「見当違い」である。よってエが適する。

問五　「僕」は「本気で大田君が怖かった」と、大田本人に「正直に告白した」。傍線部Ⅱの２行後に「大田の視線が僕のほうへ動く。大田の目はいつも尖《とが》っている。その鋭《するど》さに、僕は声が出なくなってしまう」とある。よってイが適する。

問六　「怖いって、俺、お前に何もしたことねえじゃん」「まあ、お前にとっちゃ俺なんか相手になんねえだろうし、どうせ俺はお前と勝負するような場にすらいねえかもしれねえけど」「お前のことすげえライバルが現れたと思ってたんだぜ」という大田の話し方や発言内容から、大田は「僕」に対して、「優位」「支配したい」「憧《あこが》れている」「話したい」という意識ではなく、対等な友人と思っていることが分かる。また、親しみを感じていなければ、相手の「スポーツ飲料を勝手に開けて飲」むことはしない。また、傍線部８の１行後に「僕は死に物ぐるいで走った。大田が怖いからじゃない。大田のライバルでいたいからだ。大田と同じ場に立てるやつでいたいからだ」とある。よってエが適する。

問七　「本気で大田君が怖かった」「追いかけてくる大田は本物の鬼《おに》以上に怖かったはずだ」などから「僕」が大田をどう思っていたかが分かる。「俺は～お前のことすげえライバルが現れたと思ってたんだぜ」から、大田が「僕」のことをどのように思っていたかが分かる。

問八　大田の「お前のことすげえライバルが現れたと思ってんだぜ」「俺なんか相手になんねえだろうし、どうせ俺はお前と勝負できるような場にすらいねえかもしれねえけど」などの発言に、「大田がそんなことを思っていたなんて、想像できるわけがなかった」(傍線部５の１行前)とある。「僕」は「棒だの電柱だのとからかわれて」いるいじめられっ子だったので、大田からもそういう目で見られていると思いこんでいた。しかし、突然《とつぜん》予想外のことを言われたので、「言葉には変換《へんかん》できな」いほどの驚《おどろ》きや戸惑《とまど》いを感じていた。よってアとカが適する。

問九　傍線部６の直前の「一瞬《いっしゅん》焦《あせ》ったが、臆《おく》している暇《ひま》はない。少しでもひるんだら、そこで負けてしまう。六位以内に絶対入らなくてはいけないのだ」から、緊張《きんちょう》が高まる様子がうかがえる。しかし、傍線部６で「川のすぐそばにそびえる山の木々が、音を澄《す》ましてくれ」て、「静かに流れる川」の音に心地よさを感じている。それに続く「大丈夫《だいじょうぶ》だ。僕は穏《おだ》やかに響《ひび》く川音に合わせるように足を進ませた」から分かるように、高まる緊張感の中でも、平常心を保ちつつ、冷静に走っていることが分かる。よってウが適する。

問十　直前に「この僕が、みんなから励《はげ》ましやねぎらいの言葉を送られているのだ。もし僕が駅伝を走っていなかったら、陸上部に入っていなかったら、誰《だれ》かに応援《おうえん》されることなどなかったはずだ。がんばれという言葉が、僕にはよく響《ひび》く」とある。いじめられっ子だった「僕」は、陸上部に入って駅伝を走っていなかったら、がんばれという平凡《へいぼん》な応援の言葉もあまりかけてもらえなかった。だからこそ、ありきたりの言葉のありがたさを、ここにいる誰よりも知っているのだ。よってアが適する。

問十一　小学校駅伝の時と比べている。「僕はずっと言われるがままに走ってきた。楽しいのかなんて感じる余裕《よゆう》もなく、義務のように走ってきた。だけど、今、僕を走らせているのは、義務感だけじゃない」「大田のライバルでいたい～大田と同じ場に立てるやつでいたい」から、「この襷《たすき》を大田に繋《つな》ぎたい～誰よりも早く大田に渡《わた》したい」という思いで走っているので、つらくないし、この重さが心地よいと感じている。

問十二　ア．「駅伝を走る(「僕」以外の)選手や沿道の観客の様子が詳《くわ》しく描写《びょうしゃ》され」ていない。　イ．「場面の時間が何度も前後して」描《えが》かれてはいない。　ウ．地の文が「『僕』の心の中のつぶやき」なので、「『僕』の気持ちの動きがはっきりと伝わってくる。　エ．「登場人物の陸上に対する認識の違い」は本文に描かれていない。よってウが適する。

二　著作権に関係する弊社《へいしゃ》の都合により本文を非掲載《ひけいさい》としておりますので、解説を省略させていただきます。ご不便をおかけし申し訳ございませんが、ご了承《りょうしょう》ください。

三　**C 1**　アの「蝸牛《かたつむり》」、ウの「ゆかた」、エの「とべら」は夏の季語。よってイが正解。　**2**　俳句の季語における四季は、１～３月が春、４～６月が夏、７～９月が秋、10～12月が冬。それぞれの俳句に使われているのは夏の季語なので、イが適する。　**3**　人間ではないもの(浴衣《ゆかた》)が、「やわらかな息をしている」と表現されているので、Ⅲが適する。　**4**　Ⅱの俳句の中にある「～を張る」と表現できることばを答える。

《2021　１次Ｂ　算数　解説》

1

(1)　与式＝(2019＋１)×2020－2019×(2020＋１)＝2019×2020＋2020－2019×2020－2019＝2020－2019＝１

(2)　与式$=\frac{1}{1\times2}+\frac{1}{2\times3}+\frac{1}{3\times4}=(\frac{1}{1}-\frac{1}{2})+(\frac{1}{2}-\frac{1}{3})+(\frac{1}{3}-\frac{1}{4})=1-\frac{1}{4}=\frac{3}{4}$

(3)　与式$=\frac{15}{2}\times\frac{8}{3}+0.07\times(3.75-0.75)=20+0.07\times3=20+0.21=20.21$

(4)　与式より，$(1.3+1.4-\square)\times17=\frac{119}{10}$　$2.7-\square=\frac{119}{10}\div17$　$\square=2.7-\frac{7}{10}=2.7-0.7=2$

(5)　2000円の７割は$2000\times\frac{7}{10}=1400$(円)なので，4000円の$\frac{1400}{4000}\times100=35$(%)である。

(6)　**【解き方】3で割ると2余る数は，2，5，8，11，…　5で割ると1余る数は，1，6，11，…**

よって，ア3で割ると2余り，5で割ると1余る数のうち，最小の数は11であり，アは11に3と5の最小公倍数である15を何回か(0回をふくむ)足してできた数となる。

(1000－11)÷15＝65余り14より，11に15を65回足した数が11＋15×65＝986，11に15を66回足した数が11＋15×66＝1001だから，条件に合う，最も1000に近い数は1001である。

2

(1)　青玉が86－(24＋32)＝30(個)あるから，赤玉と青玉の個数の比は，24：30＝４：５

(2)　クラスの生徒１人に対して，配る折り紙の枚数を９－６＝３(枚)増やすと，配るのに必要な折り紙の枚数が60＋21＝81(枚)多くなるから，クラスの生徒は81÷３＝27(人)いる。よって，折り紙は６×27＋60＝222(枚)ある。

(3)　**【解き方】太陽が出ていない時間を㉓とすると，太陽が出ている時間は，㉓×$\frac{17}{23}$＝⑰と表せる。**

太陽が出ている時間は，１日＝24時間の$\frac{⑰}{⑰+㉓}=\frac{17}{40}$だから，$24\times\frac{17}{40}=10\frac{1}{5}$(時間)，つまり，10時間$(60\times\frac{1}{5})$分＝10時間12分である。

(4)　**【解き方】現在のＣさんの年齢《ねんれい》を①才とすると，現在のＢさんの年齢は(①＋３)才と表せる。**

４年後について，Ｂさんは①＋３＋４＝①＋７(才)，Ｃさんは(①＋４)才となり，ＡさんはＢ，Ｃさんの年齢の和に等しいから，①＋７＋①＋４＝②＋11(才)となる。

よって，現在のAさんの年齢は②＋11－4＝②＋7(才)だから，現在の3人の年齢の和は，

②＋7＋①＋3＋①＝④＋10(才)となる。

したがって，④が 38－10＝28(才)，①が 28÷4＝7(才)を表すから，現在のBさんの年齢は，7＋3＝10(才)である。

(5) テストを受けた人数は，$8\div\frac{12.5}{100}=64$(人)

90 点の人8人の合計点は $90\times8=720$(点)だから，全員の得点の合計は，$720\div\frac{18}{100}=4000$(点)

よって，求める平均点は，$4000\div64=62.5$(点)

3 (1) **【解き方】ある円が別の円に接しながら，その周りを回転する問題(または，ある円が別の円に接しながら，その内部を回転する問題)では，移動している円の中心が動いた長さに注目する。図ｉのように平らな面を転がっているときを考えるとわかりやすいが，円の中心が円周と同じ長さだけ動いたとき，円は1回転したことになる。**

この問題の円Bは，中心が $1\times2\times3.14=2\times3.14$(cm)動いたときに1回転する。

図 i

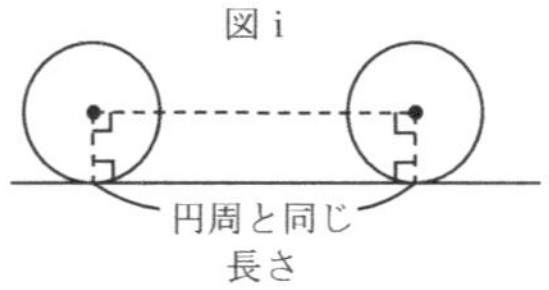

図 ii

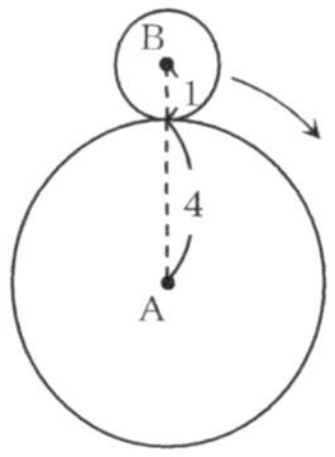

単位：cm

円Bの中心がえがく線は図ⅱのように半径5cmの円となる。

したがって，円Bの中心は元の位置にもどるまでに

$5\times2\times3.14=10\times3.14$(cm)動くから，円Bは $\frac{10\times3.14}{2\times3.14}=5$(回転)する。

なお，円Aの円周が円Bの円周の $\frac{8\times3.14}{2\times3.14}=4$(倍)だから円Bは4回転する，

という答えは，よくある間違《まちが》いである。確かに円Aの中心から見れば円Bは

4回転しているが，図ⅱのように真上から円Bを見ると，円B自体は5回転して見える。

(2) **【解き方】三角形ABCの面積から，三角形APR，BPQ，CQRの面積の和をひいて求める。その際，高さの等しい三角形の面積の比は，底辺の長さの比に等しいことを利用する。**

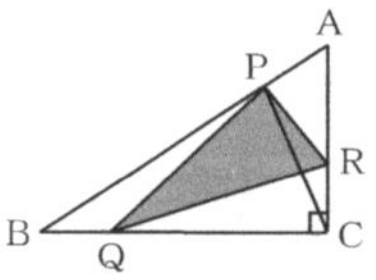

三角形ABCの面積は，$BC\times AC\div2=4\times3\div2=6$(cm²)

PCをひく。(三角形APCの面積)：(三角形ABCの面積)＝AP：AB＝1：5だから，

三角形APCの面積は，$6\times\frac{1}{5}=\frac{6}{5}$(cm²)

(三角形APRの面積)：(三角形APCの面積)＝AR：AC＝(3－1)：3＝2：3だから，

三角形APRの面積は，$\frac{6}{5}\times\frac{2}{3}=\frac{4}{5}$(cm²)

三角形BPCの面積は，(三角形ABCの面積)－(三角形APCの面積)＝$6-\frac{6}{5}=\frac{24}{5}$(cm²)

(三角形BPQの面積)：(三角形BPCの面積)＝BQ：BC＝1：4だから，三角形BPQの面積は，$\frac{24}{5}\times\frac{1}{4}=\frac{6}{5}$(cm²)

三角形CQRの面積は，$CQ\times RC\div2=3\times1\div2=\frac{3}{2}$(cm²)

よって，三角形PQRの面積は，$6-(\frac{4}{5}+\frac{6}{5}+\frac{3}{2})=6-3\frac{1}{2}=2\frac{1}{2}$(cm²)＝2.5(cm²)

4 (1) 所持金を 50 と 30 の最小公倍数である 150 とすると，A1個，B1個の金額はそれぞれ，150÷50＝3，150÷30＝5と表せるから，求める比は，3：5である。

(2) (1)をふまえる。Aを 35 個買った金額は 3×35＝105，Bを 18 個と 1500 円の商品Cを1個買った合計金額は，5×18＋1500 円＝90＋1500 円である。したがって，105－90＝15 が 1500 円にあたるから，商品Bの値段は $1500\times\frac{5}{15}=500$(円)，所持金は 500×30＝15000(円)である。

5 ⑴ **【解き方】人と自転車の幅は考えない。列車が歩く人に追いついてから追いこすまでの 15 秒間の様子，自転車に乗っている人に追いついてから追いこすまでの 45 秒間の様子は，それぞれ図ｉ，ⅱのようになる。**

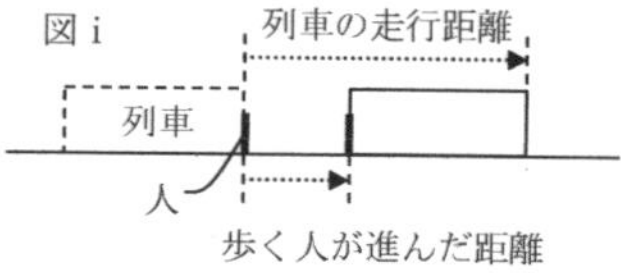

15 秒間＝$\frac{15}{60}$分間＝$\frac{15}{60\times60}$時間で歩く人は，$3\times\frac{15}{60\times60}=\frac{3\times15}{60\times60}$(km)進んだから，列車は$\frac{3\times15}{60\times60}$km＋(列車の長さ)だけ進んだ。

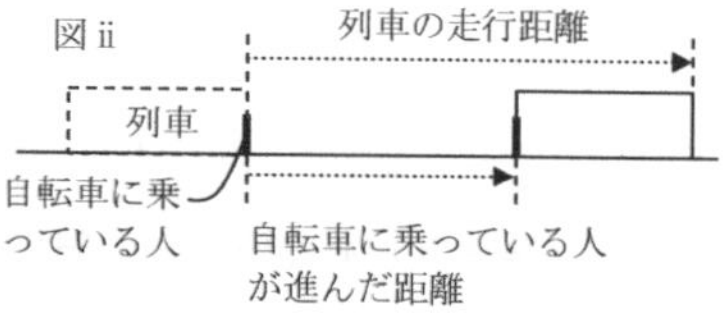

45 秒間＝$\frac{45}{60\times60}$時間で自転車に乗っている人は，$15\times\frac{45}{60\times60}=\frac{15\times45}{60\times60}$(km)進んだから，列車は$\frac{15\times45}{60\times60}$km＋(列車の長さ)だけ進んだ。

よって，45－15＝30(秒間)，つまり，$\frac{30}{60\times60}$時間で列車は，$\frac{15\times45}{60\times60}-\frac{3\times15}{60\times60}=\frac{15}{60\times60}\times(45-3)=\frac{15\times42}{60\times60}$(km)進んだから，求める速さは，$\frac{15\times42}{60\times60}\div\frac{30}{60\times60}=21$ より，時速 21 kmである。

⑵ ⑴をふまえる。列車は 15 秒間＝$\frac{15}{60\times60}$時間で $21\times\frac{15}{60\times60}=\frac{21\times15}{60\times60}$(km)進むから，列車の長さは，

$\frac{21\times15}{60\times60}-\frac{3\times15}{60\times60}=\frac{15}{60\times60}\times(21-3)=\frac{15\times18}{60\times60}=0.075$(km)，つまり，75mである。

6 ⑴ １辺が３cmの正方形で分けると，正方形がちょうど 12÷３＝４(個)できる。

⑵ １辺が３cmの正方形で分けると，７÷３＝２余り１より正方形が２個できて，縦３cm，横１cmの長方形が余る。余った長方形について，１辺が１cmの正方形で分けると，正方形がちょうど３÷１＝３(個)できる。よって，全部で２＋３＝５(個)である。

実際に分けると，右図のようになる。

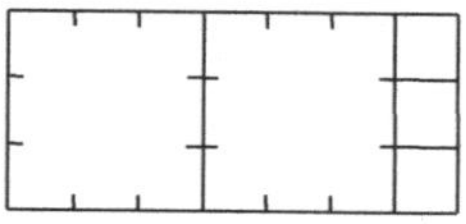

⑶ １辺が３cmの正方形で分けると，11÷３＝３余り２より正方形が３個できて，縦３cm，横２cmの長方形が余る。余った長方形は，△が５のときと同様に，１辺が２cmの正方形１個と，１辺が１cmの長方形２個に分けられる。よって，全部で３＋１＋２＝６(個)である。実際に分けると，右図のようになる。

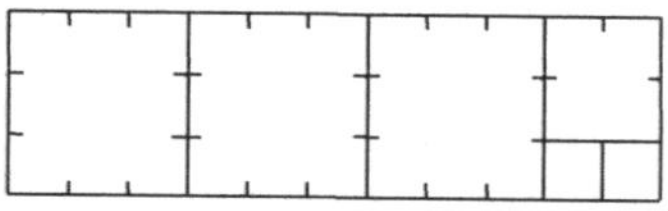

⑷ **【解き方】これまでの解説をふまえる。長方形の横の長さが３の倍数のときは１辺が３cmの正方形のみに分けられ，３の倍数より１大きい数のときは１辺が３cmの正方形と１辺が１cmの正方形３個に分けられ，３の倍数より２大きい数のときは１辺が３cmの正方形と１辺が２cmの正方形１個と１辺が１cmの正方形２個に分けられる。**

横の長さが３の倍数のとき，１辺が３cmの正方形 15 個に分けられるのだから，横の長さは３×15＝45(cm)

横の長さが３の倍数より１大きい数のとき，１辺が３cmの正方形は 15－３＝12(個)でき，その右横に縦３cm，横１cmの長方形が合わさるのだから，横の長さは３×12＋１＝37(cm)

横の長さが３の倍数より２大きい数のとき，１辺が３cmの正方形は 15－３＝12(個)でき，その右横に縦３cm，横２cmの長方形が合わさるのだから，横の長さは３×12＋２＝38(cm)

よって，考えられる△に入る数は，37，38，45 である。

7 ⑴ こぼれた水の量は，底面の半径が 10÷２＝５(cm)，高さが 16 cmの円柱の体積の５倍だから，

５×５×3.14×16×５＝2000×3.14＝6280(cm³)である。１cm³＝１mL だから，求める水の量は 6280mL である。

⑵ 水そうに残っている水の量は，20×20×40－6280＝16000－6280＝9720(cm³)であり，水そうの底面積は，20×20＝400(cm²)だから，水の深さは，9720÷400＝24.3(cm)である。

⑶ **【解き方】おもりの底面の直径が 10 cmであり，おもりの側面が水そうの底面につくように１つ入れたときに水の深さが 10 cmになったのだから，このときおもりはちょうど水に全部つかった状態となる。**

よって，残った水の量とおもりの体積の和は，底面が１辺 20 cmの正方形で高さが 10 cmの直方体の体積に等しい。

残った水の量は，20×20×10－５×５×3.14×16＝4000－1256＝2744(cm³)

よって，捨てた水の量は，9720－2744＝6976(cm³)，つまり，6976mL である。

■ ご使用にあたってのお願い・ご注意

（1）問題文等の非掲載

著作権上の都合により，問題文や図表などの一部を掲載できない場合があります。

誠に申し訳ございませんが，ご了承くださいますようお願いいたします。

（2）過去問における時事性

過去問題集は，学習指導要領の改訂や社会状況の変化，新たな発見などにより，現在とは異なる表記や解説になっている場合があります。過去問の特性上，出題当時のままで出版していますので，あらかじめご了承ください。

（3）配点

学校等から配点が公表されている場合は，記載しています。公表されていない場合は，記載していません。

独自の予想配点は，出題者の意図と異なる場合があり，お客様が学習するうえで誤った判断をしてしまう恐れがあるため記載していません。

（4）無断複製等の禁止

購入された個人のお客様が，ご家庭でご自身またはご家族の学習のためにコピーをすることは可能ですが，それ以外の目的でコピー，スキャン，転載（ブログ，ＳＮＳなどでの公開を含みます）などをすることは法律により禁止されています。学校や学習塾などで，児童生徒のためにコピーをして使用することも法律により禁止されています。

ご不明な点や，違法な疑いのある行為を確認された場合は，弊社までご連絡ください。

（5）けがに注意

この問題集は針を外して使用します。針を外すときは，けがをしないように注意してください。また，表紙カバーや問題用紙の端で手指を傷つけないように十分注意してください。

（6）正誤

制作には万全を期しておりますが，万が一誤りなどがございましたら，弊社までご連絡ください。

なお，誤りが判明した場合は，弊社ウェブサイトの「ご購入者様のページ」に掲載しておりますので，そちらもご確認ください。

■ お問い合わせ

解答例，解説，印刷，製本など，問題集発行におけるすべての責任は弊社にあります。

ご不明な点がございましたら，弊社ウェブサイトの「お問い合わせ」フォームよりご連絡ください。迅速に対応いたしますが，営業日の都合で回答に数日を要する場合があります。

ご入力いただいたメールアドレス宛に自動返信メールをお送りしています。自動返信メールが届かない場合は，「よくある質問」の「メールの問い合わせに対し返信がありません。」の項目をご確認ください。

また弊社営業日（平日）は，午前９時から午後５時まで，電話でのお問い合わせも受け付けています。

2025 春

株式会社教英出版

〒422-8054　静岡県静岡市駿河区南安倍３丁目 12-28

TEL　054-288-2131　　FAX　054-288-2133

URL　https://kyoei-syuppan.net/

MAIL siteform@kyoei-syuppan.net

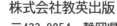

神奈川県

- ①[県立]
  - 相模原中等教育学校
  - 平塚中等教育学校
- ②[市立]南高等学校附属中学校
- ③[市立]横浜サイエンスフロンティア高等学校附属中学校
- ④[市立]川崎高等学校附属中学校
- ✿⑤聖光学院中学校
- ✿⑥浅野中学校
- ⑦洗足学園中学校
- ⑧法政大学第二中学校
- ⑨逗子開成中学校（1次）
- ⑩逗子開成中学校（2・3次）
- ⑪神奈川大学附属中学校（第1回）
- ⑫神奈川大学附属中学校（第2・3回）
- ⑬栄光学園中学校
- ⑭フェリス女学院中学校

新潟県

- ①[県立]
  - 村上中等教育学校
  - 柏崎翔洋中等教育学校
  - 燕中等教育学校
  - 津南中等教育学校
  - 直江津中等教育学校
  - 佐渡中等教育学校
- ②[市立]高志中等教育学校
- ③新潟第一中学校
- ④新潟明訓中学校

石川県

- ①[県立]金沢錦丘中学校
- ②星稜中学校

福井県

- ①[県立]高志中学校

山梨県

- ①山梨英和中学校
- ②山梨学院中学校
- ③駿台甲府中学校

長野県

- ①[県立]
  - 屋代高等学校附属中学校
  - 諏訪清陵高等学校附属中学校
- ②[市立]長野中学校

岐阜県

- ①岐阜東中学校
- ②鶯谷中学校
- ③岐阜聖徳学園大学附属中学校

静岡県

- ①[国立]静岡大学教育学部附属中学校（静岡・島田・浜松）
- ②
  - [県立]清水南高等学校中等部
  - [県立]浜松西高等学校中等部
  - [市立]沼津高等学校中等部
- ③不二聖心女子学院中学校
- ④日本大学三島中学校
- ⑤加藤学園暁秀中学校
- ⑥星陵中学校
- ⑦東海大学付属静岡翔洋高等学校中等部
- ⑧静岡サレジオ中学校
- ⑨静岡英和女学院中学校
- ⑩静岡雙葉中学校
- ⑪静岡聖光学院中学校
- ⑫静岡学園中学校
- ⑬静岡大成中学校
- ⑭城南静岡中学校
- ⑮静岡北中学校
- ⑯
  - 常葉大学附属常葉中学校
  - 常葉大学附属橘中学校
  - 常葉大学附属菊川中学校
- ⑰藤枝明誠中学校
- ⑱浜松開誠館中学校
- ⑲静岡県西遠女子学園中学校
- ⑳浜松日体中学校
- ㉑浜松学芸中学校

愛知県

- ①[国立]愛知教育大学附属名古屋中学校
- ②愛知淑徳中学校
- ③
  - 名古屋経済大学市邨中学校
  - 名古屋経済大学高蔵中学校
- ④金城学院中学校
- ⑤椙山女学園中学校
- ⑥東海中学校
- ⑦南山中学校男子部
- ⑧南山中学校女子部
- ⑨聖霊中学校
- ⑩滝中学校
- ⑪名古屋中学校
- ⑫大成中学校
- ⑬愛知中学校
- ⑭星城中学校
- ⑮名古屋葵大学中学校（名古屋女子大学中学校）
- ⑯愛知工業大学名電中学校
- ⑰海陽中等教育学校（特別給費生）
- ⑱海陽中等教育学校（Ⅰ・Ⅱ）
- ⑲中部大学春日丘中学校
- 新刊⑳名古屋国際中学校

三重県

- ①[国立]三重大学教育学部附属中学校
- ②暁中学校
- ③海星中学校
- ④四日市メリノール学院中学校
- ⑤高田中学校
- ⑥セントヨゼフ女子学園中学校
- ⑦三重中学校
- ⑧皇學館中学校
- ⑨鈴鹿中等教育学校
- ⑩津田学園中学校

滋賀県

- ①[国立]滋賀大学教育学部附属中学校
- ②[県立]
  - 河瀬中学校
  - 守山中学校
  - 水口東中学校

京都府

- ①[国立]京都教育大学附属桃山中学校
- ②[府立]洛北高等学校附属中学校
- ③[府立]園部高等学校附属中学校
- ④[府立]福知山高等学校附属中学校
- ⑤[府立]南陽高等学校附属中学校
- ⑥[市立]西京高等学校附属中学校
- ⑦同志社中学校
- ⑧洛星中学校
- ⑨洛南高等学校附属中学校
- ⑩立命館中学校
- ⑪同志社国際中学校
- ⑫同志社女子中学校（前期日程）
- ⑬同志社女子中学校（後期日程）

大阪府

- ①[国立]大阪教育大学附属天王寺中学校
- ②[国立]大阪教育大学附属平野中学校
- ③[国立]大阪教育大学附属池田中学校

④[府立]富田林中学校
⑤[府立]咲くやこの花中学校
⑥[府立]水都国際中学校
⑦清風中学校
⑧高槻中学校（A日程）
⑨高槻中学校（B日程）
⑩明星中学校
⑪大阪女学院中学校
⑫大谷中学校
⑬四天王寺中学校
⑭帝塚山学院中学校
⑮大阪国際中学校
⑯大阪桐蔭中学校
⑰開明中学校
⑱関西大学第一中学校
⑲近畿大学附属中学校
⑳金蘭千里中学校
㉑金光八尾中学校
㉒清風南海中学校
㉓帝塚山学院泉ヶ丘中学校
㉔同志社香里中学校
㉕初芝立命館中学校
㉖関西大学中等部
㉗大阪星光学院中学校

兵庫県

①[国立]神戸大学附属中等教育学校
②[県立]兵庫県立大学附属中学校
③雲雀丘学園中学校
④関西学院中学部
⑤神戸女学院中学部
⑥甲陽学院中学校
⑦甲南中学校
⑧甲南女子中学校
⑨灘中学校
⑩親和中学校
⑪神戸海星女子学院中学校
⑫滝川中学校
⑬啓明学院中学校
⑭三田学園中学校
⑮淳心学院中学校
⑯仁川学院中学校
⑰六甲学院中学校
⑱須磨学園中学校（第1回入試）
⑲須磨学園中学校（第2回入試）
⑳須磨学園中学校（第3回入試）
㉑白陵中学校
㉒夙川中学校

奈良県

①[国立]奈良女子大学附属中等教育学校
②[国立]奈良教育大学附属中学校
③[県立]（国際中学校
　　　　　青翔中学校
④[市立]一条高等学校附属中学校
⑤帝塚山中学校
⑥東大寺学園中学校
⑦奈良学園中学校
⑧西大和学園中学校

和歌山県

①[県立]（古佐田丘中学校
　　　　　向陽中学校
　　　　　桐蔭中学校
　　　　　日高高等学校附属中学校
　　　　　田辺中学校
②智辯学園和歌山中学校
③近畿大学附属和歌山中学校
④開智中学校

岡山県

①[県立]岡山操山中学校
②[県立]倉敷天城中学校
③[県立]岡山大安寺中等教育学校
④[県立]津山中学校
⑤岡山中学校
⑥清心中学校
⑦岡山白陵中学校
⑧金光学園中学校
⑨就実中学校
⑩岡山理科大学附属中学校
⑪山陽学園中学校

広島県

①[国立]広島大学附属中学校
②[国立]広島大学附属福山中学校
③[県立]広島中学校
④[県立]三次中学校
⑤[県立]広島叡智学園中学校
⑥[市立]広島中等教育学校
⑦[市立]福山中学校
⑧広島学院中学校
⑨広島女学院中学校
⑩修道中学校
⑪崇徳中学校
⑫比治山女子中学校
⑬福山暁の星女子中学校
⑭安田女子中学校
⑮広島なぎさ中学校
⑯広島城北中学校
⑰近畿大学附属広島中学校福山校
⑱盈進中学校
⑲如水館中学校
⑳ノートルダム清心中学校
㉑銀河学院中学校
㉒近畿大学附属広島中学校東広島校
㉓AICJ中学校
㉔広島国際学院中学校
㉕広島修道大学ひろしま協創中学校

山口県

①[県立]（下関中等教育学校
　　　　　高森みどり中学校
②野田学園中学校

徳島県

①[県立]（富岡東中学校
　　　　　川島中学校
　　　　　城ノ内中等教育学校
②徳島文理中学校

香川県

①大手前丸亀中学校
②香川誠陵中学校

愛媛県

①[県立]（今治東中等教育学校
　　　　　松山西中等教育学校
②愛光中学校
③済美平成中等教育学校
④新田青雲中等教育学校

高知県

①[県立]（安芸中学校
　　　　　高知国際中学校
　　　　　中村中学校

福岡県

①[国立]福岡教育大学附属中学校（福岡・小倉・久留米）
②[県立]
- 育徳館中学校
- 門司学園中学校
- 宗像中学校
- 嘉穂高等学校附属中学校
- 輝翔館中等教育学校

③西南学院中学校
④上智福岡中学校
⑤福岡女学院中学校
⑥福岡雙葉中学校
⑦照曜館中学校
⑧筑紫女学園中学校
⑨敬愛中学校
⑩久留米大学附設中学校
⑪飯塚日新館中学校
⑫明治学園中学校
⑬小倉日新館中学校
⑭久留米信愛中学校
⑮中村学園女子中学校
⑯福岡大学附属大濠中学校
⑰筑陽学園中学校
⑱九州国際大学付属中学校
⑲博多女子中学校
⑳東福岡自彊館中学校
㉑八女学院中学校

佐賀県

①[県立]
- 香楠中学校
- 致遠館中学校
- 唐津東中学校
- 武雄青陵中学校

②弘学館中学校
③東明館中学校
④佐賀清和中学校
⑤成穎中学校
⑥早稲田佐賀中学校

長崎県

①[県立]
- 長崎東中学校
- 佐世保北中学校
- 諫早高等学校附属中学校

②青雲中学校
③長崎南山中学校
④長崎日本大学中学校
⑤海星中学校

熊本県

①[県立]
- 玉名高等学校附属中学校
- 宇土中学校
- 八代中学校

②真和中学校
③九州学院中学校
④ルーテル学院中学校
⑤熊本信愛女学院中学校
⑥熊本マリスト学園中学校
⑦熊本学園大学付属中学校

大分県

①[県立]大分豊府中学校
②岩田中学校

宮崎県

①[県立]五ヶ瀬中等教育学校
②[県立]
- 宮崎西高等学校附属中学校
- 都城泉ヶ丘高等学校附属中学校

③宮崎日本大学中学校
④日向学院中学校
⑤宮崎第一中学校

鹿児島県

①[県立]楠隼中学校
②[市立]鹿児島玉龍中学校
③鹿児島修学館中学校
④ラ・サール中学校
⑤志學館中等部

沖縄県

①[県立]
- 与勝緑が丘中学校
- 開邦中学校
- 球陽中学校
- 名護高等学校附属桜中学校

もっと過去問シリーズ

北海道

北嶺中学校
7年分(算数・理科・社会)

静岡県

静岡大学教育学部附属中学校
(静岡・島田・浜松)
10年分(算数)

愛知県

愛知淑徳中学校
7年分(算数・理科・社会)
東海中学校
7年分(算数・理科・社会)
南山中学校男子部
7年分(算数・理科・社会)
南山中学校女子部
7年分(算数・理科・社会)
滝中学校
7年分(算数・理科・社会)
名古屋中学校
7年分(算数・理科・社会)

岡山県

岡山白陵中学校
7年分(算数・理科)

広島県

広島大学附属中学校
7年分(算数・理科・社会)
広島大学附属福山中学校
7年分(算数・理科・社会)
広島学院中学校
7年分(算数・理科・社会)
広島女学院中学校
7年分(算数・理科・社会)
修道中学校
7年分(算数・理科・社会)
ノートルダム清心中学校
7年分(算数・理科・社会)

愛媛県

愛光中学校
7年分(算数・理科・社会)

福岡県

福岡教育大学附属中学校
(福岡・小倉・久留米)
7年分(算数・理科・社会)
西南学院中学校
7年分(算数・理科・社会)
久留米大学附設中学校
7年分(算数・理科・社会)
福岡大学附属大濠中学校
7年分(算数・理科・社会)

佐賀県

早稲田佐賀中学校
7年分(算数・理科・社会)

長崎県

青雲中学校
7年分(算数・理科・社会)

鹿児島県

ラ・サール中学校
7年分(算数・理科・社会)

※もっと過去問シリーズは
国語の収録はありません。

教英出版
〒422-8054
静岡県静岡市駿河区南安倍3丁目12－28
TEL 054-288-2131
FAX 054-288-2133
詳しくは教英出版で検索
教英出版　検索
URL https://kyoei-syuppan.net/

⑥

一次A

大谷中学校

令和六年度入学試験

国語

注意

・テスト時間は六〇分です。
・問題冊子、解答用紙に受験番号を書きなさい。
・解答用紙に名前QRシールをはりなさい。
・解答用紙は折り曲げないでください。
・問題は一～三まであります。
・設問の都合上、本文を一部改めたところがあります。
・答えはすべて解答用紙に書きなさい。
・質問があるときは、だまって手をあげなさい。
・試験が終わったら、問題冊子、解答用紙を机の上に別々に置きなさい。

問いに字数指定がある場合は、句読点・記号も一字とします。

受験番号					

一

次の文章を読んで、後の問いに答えなさい。

お詫び
著作権上の都合により、文章は掲載しておりません。
ご不便をおかけし、誠に申し訳ございません。
教英出版

お詫び

著作権上の都合により、文章は掲載しておりません。
ご不便をおかけし、誠に申し訳ございません。

教英出版

お詫び

著作権上の都合により、文章は掲載しておりません。
ご不便をおかけし、誠に申し訳ございません。

教英出版

お詫び

著作権上の都合により、文章は掲載しておりません。
ご不便をおかけし、誠に申し訳ございません。

教英出版

お詫び

著作権上の都合により、文章は掲載しておりません。
ご不便をおかけし、誠に申し訳ございません。

教英出版

（馳星周『少年と犬』）

※ 義肢 … 病気や事故によって手足を失った人のために作られる人工の手足。

問一 （ A ）〜（ C ）にあてはまる体の一部を表す漢字を次からそれぞれ選び、記号で答えなさい。

ア 目　イ 鼻　ウ 口　エ 顔　オ 胸　カ 足

問二 X折れてくれた・Yあけすけに の本文での意味として最も適当なものを次の各群からそれぞれ選び、記号で答えなさい。

X 折れてくれた
ア 頑張ってくれた
イ ゆずってくれた
ウ 信じてくれた
エ 笑ってくれた

Y あけすけに
ア 言いづらそうに
イ 専門家のように
ウ うそとわかるように
エ つつみかくさずに

問三 1大好きな彼氏 とありますが、これは誰のことですか。本文からぬき出しなさい。

問四 2リハビリのための歩行とはまったく別物だ とありますが、どのようにちがうのですか。その説明として最も適当なものを次から選び、記号で答えなさい。

ア リハビリのための歩行は病院で多くの人と言葉を交わさなければならないが、マックスとの散歩は言葉がいらない。
イ リハビリのための歩行は特に楽しいものではないが、マックスとの散歩はお互いの思いやりが伝わって気分が良い。
ウ リハビリのための歩行は体力回復が目的であるが、マックスとの散歩は精神力を回復するためのものである。
エ リハビリのための歩行は周囲の自然を感じる余裕《よゆう》がないが、マックスとの散歩は花の匂いを嗅ぐこともできる。

問五 [3]「ごめんね。本当にごめんね」子犬に謝りながら、さすり続けた　とありますが、瑠衣が子犬に謝ったのはなぜですか。その理由として最も適当なものを次から選び、記号で答えなさい。

ア　人間の身勝手な行いによって酷い目にあった子犬を目《ま》の当たりにし、同じ人間として申し訳ないと思ったから。

イ　マックスとのんきに散歩していた自分と、命の危険にさらされていた子犬との境遇《きょうぐう》の違いに衝撃《しょうげき》を受けたから。

ウ　マックスがいなければ、川に捨てられている子犬たちの存在に気がつけなかった鈍感《どんかん》な自分が情けなくなったから。

エ　本来なら自分が走って宗徳さんを呼びに行くべきなのに、それができない自分のことをふがいないと感じたから。

問六 [4]マックスがいきなり家の中に飛び込んできて、宗徳さんのズボンの裾噛んで引っ張って行くんだもん　とありますが、美空たちはマックスの様子を見てどうしましたか。四十字以内で説明しなさい。

問七 [5]腹は決まってるんだな　とありますが、瑠衣がどのようなことを決めていると武は思っているのですか。説明しなさい。

問八 [6]マックスのメッセージ　とありますが、その内容を本文から一文でぬき出しなさい。

問九 ［　Ⅰ　］にあてはまる一文を本文から十五字以内でぬき出しなさい。

問十 本文全体を通して、マックスは瑠衣にとってどのような存在だと言えますか。最も適当なものを次から選び、記号で答えなさい。

ア　失意のどん底にいた瑠衣をいたわり、悪化していた祖母との関係を修復してくれる存在。

イ　希望を失っていた瑠衣をはげまし、瑠衣を楽天的で明るい性格に変えてくれる存在。

ウ　生きる気力を失っていた瑠衣の支えとなり、瑠衣を前向きに生きるように導いてくれる存在。

エ　落ち込んでいた瑠衣の心を明るくさせて、瑠衣と武との仲を取り持ってくれる存在。

7　図のような AB = 20 cm，BC = 30 cm の長方形 ABCD の辺上を点 P は毎秒 1 cm の速さで，A から B を通過し C まで動きます．点 M は CD のちょうど真ん中の点です．
このとき，次の問いに答えなさい．

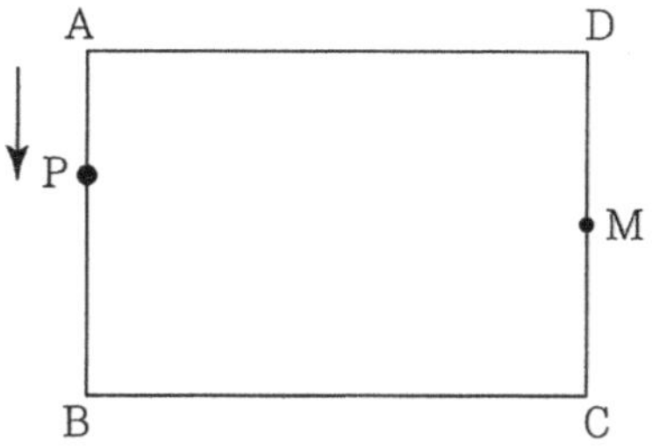

(1)　点 P が A を出発してから 5 秒後の四角形 APCM の面積は何 cm^2 ですか．

(2)　点 P が A を出発してから 35 秒後の四角形 APCM の面積は何 cm^2 ですか．

(3)　四角形 APCM の面積が 360 cm^2 になるのは，点 P が A を出発してから何秒後と何秒後ですか．

6 Aさんと B さんと C さんの 3 人が，池のまわりを同じ地点から同時に出発し，同じ方向に一定の速さで走り続けます．池のまわりを 1 周するのに，A さんは 7 分 30 秒，B さんは 12 分，C さんは 15 分かかります．

このとき，次の問いに答えなさい．

(1) A さんが 4 周したとき，C さんは何周しましたか．

(2) B さんが C さんに初めて追いつくのは，2 人が出発してから何分後ですか．

(3) A さんが B さんに初めて追いついてから，A さんが C さんに追いつくのは，A さんが B さんに追いついてから何分後ですか．

2024(R6) 大谷中　一次 A
K 教英出版

4 ある仕事を行うのに，Aさんと B さんとCさんの3人で行うと24分かかり，Aさんと B さんの2人で行うと30分かかります．また，Aさんが8分で行う仕事量は，B さんとCさんの2人が7分で行う仕事量と同じです．

このとき，次の問いに答えなさい．

(1) この仕事をCさんだけで終わらせるには何分かかりますか．

(2) この仕事を B さんだけで終わらせるには何分かかりますか．

(3) この仕事をAさんとCさんで終わらせるには何分かかりますか．

5 次のように，ある規則にしたがって，分数が並んでいます．

$$\frac{1}{85},\ \frac{2}{85},\ \frac{3}{85},\ \frac{4}{85},\cdots\cdots,\ \frac{81}{85},\ \frac{82}{85},\ \frac{83}{85},\ \frac{84}{85}$$

このとき，次の問いに答えなさい．

(1) 約分できる分数は全部で何個ありますか．

(2) $\frac{1}{5}$より大きく，$\frac{9}{17}$より小さい分数のうちで，約分できる分数は全部で何個ありますか．

5 次の文を読み，以下の問いに答えなさい。

地球上には数百万以上の種類の生物がすんでいます。同じ地域でも多種類の生物が，いろいろなかたちでおたがいに関係をもちながら，共に暮らしています。なかには異なる種類の生物の間で，両者にとって利益となるような行動や暮らしかたがみられることがあります。このような関係を相利《そうり》共生《きょうせい》といいます。

たとえば，ホンソメワケベラという小型の海水魚は，クエなどの大型の魚の口やえらぶた，ひれなどについた寄生虫を食べます。こうした魚は掃除魚《そうじうお》とよばれます。掃除魚にとっては寄生虫がえさになるので，掃除される側と掃除する側の両方が利益を得ることになります。

一方，共生する生物の片方だけが利益を得て，相手にとっては利益も不利益もない関係も知られています。これを片利《へんり》共生といいます。また，利益を得る生物の活動が共生する相手にとって不利益になる場合は寄生《きせい》といいます。

（問）本文中であげたほかにも，共生・寄生の例は多く知られています。相利共生，片利共生，寄生の例として適当なものを，次のア～カからそれぞれ２つずつ選び記号で答えなさい。

ア．ナマコとカクレウオ：ナマコのからだの中にカクレウオという魚がすみつく。カクレウオは天敵から身を守ることができる。

イ．サメとコバンザメ：サメのからだに小型のサメであるコバンザメがぴったりくっつく。

ウ．アリとアブラムシ（アリマキ）：アリはアブラムシ（アリマキ）から甘露《かんろ》（えさ）をもらう。テントウムシはアブラムシを食べるが，アリが近くにいると食べる量が減る。

エ．マメ科植物と根粒菌《こんりゅうきん》：マメ科植物の根には根粒とよばれる粒がみられ，この中に根粒菌とよばれる細菌《さいきん》（微《び》生物の一種）がすんでいる。根粒菌は植物の成長に必要な養分（肥料分）の一種であるアンモニアをつくり，植物にわたす。根粒菌が生活するために必要な栄養分は植物からもらう。

オ．ヤドリギと樹木：ヤドリギは緑色をしていて光合成をおこなうが，別の植物（樹木）の高い位置にある幹や枝に取りつく。また，根のようなつくりを樹木の中に差しこんで水や養分をうばう。

カ．ハリガネムシとカマキリ：ハリガネムシは針金のように細長い動物で，カマキリのからだの中で成長する。じゅうぶん成長すると，カマキリの脳にはたらきかけて水中に飛びこませ，カマキリの肛門《こうもん》から水中へ脱出《だっしゅつ》する。

6 次の文章を読んで，以下の各問いに答えなさい。なお，図１はセイロンベンケイソウの葉，図２はオオカナダモの葉のスケッチです。

大谷中学校の学校見学会に参加した泉《いずみ》さんと明《あかり》さんは，学校見学会で見かけた植物について話していました。

図１

泉：大谷中学校では，正門の前の道ぞいに（ａ）サクラがあったわ。入学式のころはきれいなサクラのトンネルのようになるって先輩《せんぱい》が言っていたわね。

明：校内ではテニスコート横の畑に，（ｂ）ジャガイモ，（ｃ）タマネギ，（ｄ）イチゴ，生物室の中では，（ｅ）セイロンベンケイソウ，（ｆ）オオカナダモ，（ｇ）サボテンがあったわ。

泉：そういえば，センターコートの横では（ｈ）ソテツを見かけたわ。

明：セイロンベンケイソウなんて初めて見たわ。葉のはしからたくさんの芽が出ていて，びっくりしたわ。

図２

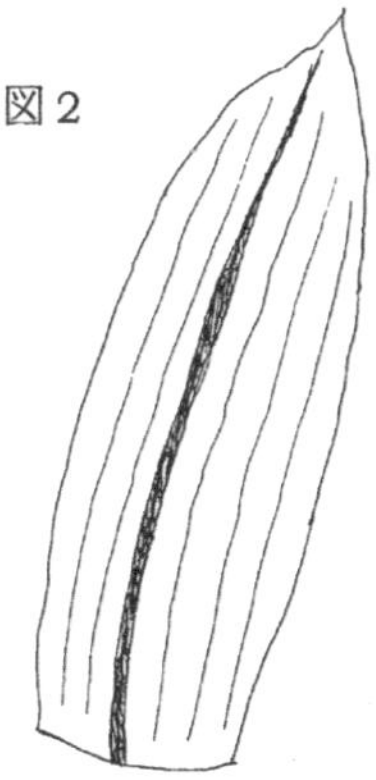

泉：本当ね。あのたくさんの小さな芽から，根が出てきて，それを植えるとプランターに生えていたような大きなセイロンベンケイソウになるって，先生がおっしゃっていたわね。

明：そうそう，それもびっくりよね。４つのプランターで育てられていたセイロンベンケイソウはどれも，はじめは一枚の葉とそのはしにできた芽を分けて育てたものだっておっしゃっていたわ。ということは，あの４つのプランターのセイロンベンケイソウはすべて，まったく同じ遺伝子をもつ（　①　）ということよね。

泉：ほんとう？！すごい！

（１）下線部（ａ）～（ｈ）はすべて種子植物です。図もヒントにして，被子《ひし》植物の単子葉類を下線部（ａ）～（ｈ）から２つ選び記号で答えなさい。

（２）裸子《らし》植物を下線部（ａ）～（ｈ）から１つ選び記号で答えなさい。

（３）下線部（ｄ）について，イチゴはおもに子房《しぼう》ではない部分を食べています。同じように子房でない部分を食べているくだものを，次のア～オから１つ選び記号で答えなさい。

ア．サクランボ　　イ．カキ　　ウ．モモ　　エ．ミカン　　オ．リンゴ

（４）文中の（　①　）に入る語句を，カタカナ４文字で答えなさい。

（5）セイロンベンケイソウのように，おもに種子でなく親のからだの一部から子ができる植物を，次のア～オから２つ選び記号で答えなさい。

ア．サツマイモ　　イ．ブロッコリー　　ウ．バナナ　　エ．キュウリ　　オ．ナス

（6）裸子植物の特徴《ちょう》を述べた次の文中の（　②　），（　③　）に適語を入れなさい。

「裸子植物は（　②　）がなく（　③　）がむき出しになっている。」

7 次の文を読んで，以下の各問いに答えなさい。ただし，割り切れない場合は，小数第２位を四捨五入して小数第１位まで答えなさい。

花子さんは，夏には見たことがないのに，冬になると窓に水てきがついているのをよく見かけることをふしぎに思っていました。このことを学校の先生にたずねて，冷たい空気はあたたかい空気よりもふくむことができる水蒸気の量が少ないので，ふくむことができない水蒸気は液体の水（水てき）になって窓や壁《かべ》につくことを知りました。空気1m^{3}中にふくむことのできる水蒸気の最大量をほうわ水蒸気量といい，下の表は各温度におけるほうわ水蒸気量を示したものです。

気温〔℃〕	0	2	4	6	8	10	12	14
ほうわ水蒸気量〔g/m^3〕	4.8	5.6	6.4	7.3	8.3	9.4	10.7	12.1
気温〔℃〕	16	18	20	22	24	26	28	30
ほうわ水蒸気量〔g/m^3〕	13.6	15.4	17.3	19.4	21.8	24.4	27.2	30.4

また，気温の高い夏は，水てきにならないで気体の水蒸気のまま空気中にふくまれているため，しめりけの多い空気になることを教えてもらいました。空気のしめりけの程度を表す値をしつ度とよび，次の式で求めることができます。

$$\text{しつ度〔\%〕} = \frac{\text{空気1m}^3\text{中にふくまれている水蒸気の量〔g/m}^3\text{〕}}{\text{その気温におけるほうわ水蒸気量〔g/m}^3\text{〕}} \times 100$$

（１）気温24℃で15.4gの水蒸気をふくんだ空気が1m^{3}あります。この空気にはあと何gの水蒸気をふくむことができますか。

（２）（１）の空気のしつ度は何%ですか。

（３）（１）の空気を冷やしていくと，何℃より低くなったとき水てきができはじめますか。

（４）（１）の空気1m^{3}の温度を4℃まで下げると水てきが何gできますか。

（５）（４）のとき，空気のしつ度は何%ですか。

8　次の文章を読んで，以下の各問いに答えなさい。

地球の表面は，十数枚に分かれた（　　）とよばれる岩石の板におおわれていて，年に数mm～数cmの速さで動いています。この（　　）の動きによって，大陸が動いていることがわかっています。

世界で最も高い山であるエベレストなど8000mを超《こ》える高さの山をふくむヒマラヤ山脈は，インド半島になる大陸がユーラシア大陸に衝突《しょうとつ》してできたといわれています。ヒマラヤ山脈にみられるイエローバンドといわれる地層は石灰岩でできており，かつて海底であったことを示しています。

（1）文中の（　　）にあてはまる語句を答えなさい。

（2）下線部について，以下の各問いに答えなさい。

①　石灰岩の主成分を答えなさい。

②　石灰岩は，生物の死がいがたい積し固まってできると考えられています。このような生物の例としてあてはまるものを，次のア～エから1つ選び記号で答えなさい。

ア．サンゴ　　イ．ホウサンチュウ　　ウ．クラゲ　　エ．シーラカンス

③　石灰岩であることを確かめるための方法として正しいものを，次のア～オから1つ選び記号で答えなさい。

ア．岩石にうすい塩酸をかけて酸素が発生する

イ．岩石にうすい水酸化ナトリウム水よう液をかけて二酸化炭素が発生する

ウ．岩石にうすい塩酸をかけて二酸化炭素が発生する

エ．岩石にうすい水酸化ナトリウム水よう液をかけて水素が発生する

オ．岩石にうすい硫酸《りゅうさん》をかけてちっ素が発生する

（3）ヒマラヤ山脈の地層からは，アンモナイトの化石が見つかっています。

①　アンモナイトが発見された地層がたい積した年代を，次のア～エから1つ選び記号で答えなさい。

ア．古生代より前　　イ．古生代　　ウ．中生代　　エ．新生代

②　アンモナイトの化石のような，地層がたい積した年代を示す化石を何といいますか。

③　①の時代を示す化石を，次のア～オから2つ選び記号で答えなさい。

ア．シソチョウ　　イ．三葉虫　　ウ．フズリナ　　エ．ビカリア　　オ．ステゴサウルス

3　あとの問いに答えなさい。

≪Ⅰ≫　次の年表を見てあとの問いに答えなさい。

年代	できごと	
１６００年	関ヶ原の戦いがおこる。	Ｘ
１６０３年	Ａ が江戸幕府を開く。	
１６１４年～１６１５年	大阪の陣で Ｂ がほろびる。	Ｙ
１６３５年	徳川家光が、参勤交代を制度化する。	
１６３７年	**Ｃ 天草・島原一揆**がおこる。	Ｚ
１６６９年	蝦夷地で Ｄ が戦いをおこす。	

（１）　年表中の空らん Ａ ・ Ｂ に入る人物の正しい組み合わせを、次のア～エから１つ選び、記号で答えなさい。

ア．Ａ　徳川家康　　Ｂ　武田氏
イ．Ａ　徳川家康　　Ｂ　豊臣氏
ウ．Ａ　徳川吉宗　　Ｂ　武田氏
エ．Ａ　徳川吉宗　　Ｂ　豊臣氏

（２）　年表中の下線部Ｃについて、この一揆の背景にある宗教と深い関わりのある文化財を、次のア～エから１つ選び、記号で答えなさい。

ア

イ

ウ

エ

（３）　年表中の空らん Ｄ に入る人物名をカタカナで答えなさい。

（４）　幕府による鎖国《さこく》の体制が完成する時期を、年表中のＸ～Ｚから１つ選び、記号で答えなさい。

≪Ⅱ≫　次の資料を読んで、あとの問いに答えなさい。

> 我々（板垣退助、後藤象二郎ら８名）がつつしんで、現在の政権がだれの手にあるかを考えると、天皇にあるでもなく、人民の手にあるでもなく、ただ官僚《かんりょう》だけがにぎっている。〈中略〉政治の方針は一定せず、政治も賞罰《しょうばつ》も情実に動かされ、言論もおさえられ、困っても苦しくてもそれを言うことができない。このような状態で国内がうまくおさまるはずがないことは、子どもにでもわかることである。いまのやり方を改めなければ、おそらく国家が崩壊《ほうかい》してしまうであろう。我々には愛国の気持ちをおさえることができない。現在の政治を救う方法は、広く天下の議論をおこす以外にはない。〈中略〉政府に対して租税《そぜい》をはらう義務のあるものは、その政府のすることに対して是非《ぜひ》を論ずる権利を持っている。

（５）　上の資料の内容に**あてはまらないもの**を次のア～エから１つ選び、記号で答えなさい。

ア．板垣退助らは、政府の政治を批判している。
イ．板垣退助らは、現在の政権が人民にも天皇にもないことを批判している。
ウ．板垣退助らは、国内がうまくおさまらない原因の一つに、言論がおさえられていることだと考えている。
エ．板垣退助らは、税をはらうことができないものも、議論に参加する権利を持っていると主張している。

（６）　上の資料が政府に提出されたのち、国民が政治に参加する権利の確立を目指す運動が各地に広がった。この運動の名称を漢字６字で答えなさい。

（７）　明治時代におこった次の出来事ａ～ｃについて、年代の古い順に並べたものを下のア～エから１つ選び、記号で答えなさい。

ａ　日清戦争　　　ｂ　大日本帝国憲法の制定　　　ｃ　日露戦争

ア．ａ　→　ｂ　→　ｃ　　　イ．ａ　→　ｃ　→　ｂ
ウ．ｂ　→　ａ　→　ｃ　　　エ．ｂ　→　ｃ　→　ａ

≪Ⅲ≫　次の資料は、１９２９年における鉱工業生産を１００としたとき、主要国の鉱工業生産指数の変化をまとめたものである。あとの問いに答えなさい。

	日本	ドイツ	イギリス	アメリカ	ソ連
１９２９年	100.0	100.0	100.0	100.0	100.0
１９３０年	94.8	85.9	92.3	80.7	130.9
１９３１年	91.6	67.6	83.8	68.1	161.3
１９３２年	97.8	53.3	83.5	53.8	183.4
１９３３年	113.2	60.7	88.2	63.9	198.4
１９３４年	128.7	79.8	98.8	66.4	238.3
１９３５年	141.8	94.0	105.6	75.6	293.4

（『明治以降　本邦《ほんぽう》主要経済統計』より）

（８）　上の資料から読みとれる内容として**あてはまらないもの**を、次のア～エから１つ選び、記号で答えなさい。

ア．日本、ドイツ、イギリス、アメリカの４か国の中で、日本が最もはやく鉱工業生産指数が回復している。

イ．ソ連は他の国のように鉱工業生産指数を落とすことなく、発展を続けた。

ウ．イギリスは１９３５年になっても、１９２９年の鉱工業生産指数まで回復することはなかった。

エ．アメリカの鉱工業生産指数が上昇《じょうしょう》すると、ドイツ・イギリスの鉱工業生産指数も上昇している。

（９）　１９２９年は世界恐慌《きょうこう》がおこった年である。この恐慌が最初におこった国として正しいものを、次のア～エから１つ選び、記号で答えなさい。

ア．アメリカ　　イ．イギリス　　ウ．ドイツ　　エ．ソ連

（１０）　次のａ～ｃは１９３５年以降におこった出来事を記したものである。年代の古い順に並べたものを、【選択肢】ア～エから１つ選び、記号で答えなさい。

a	b	c
現在の北京郊外《こうがい》の盧溝橋付近で始まった日中両軍の武力衝突《しょうとつ》をきっかけとして、日中戦争が始まった。	日本軍がアメリカの海軍基地を奇襲攻撃《きしゅうこうげき》したことによって太平洋戦争が始まった。	ソ連軍の侵攻《しんこう》によりドイツの首都ベルリンが陥落《かんらく》し、第二次世界大戦におけるヨーロッパでの戦争が終わった。

【選択肢】

ア．a → b → c　　イ．a → c → b

ウ．b → a → c　　エ．b → c → a

4　次の条文は、詩人の谷川俊太郎さんが日本語に訳した『世界人権宣言』の一部である。これを読んで、あとの問いに答えなさい。

第１条　みんな仲間だ
わたしたちはみな、生まれながらにして自由です。ひとりひとりがかけがえのない人間であり、その値打ちも同じです。だから**たがいによく考え、助けあわねばなりません**。

第２１条　選ぶのはわたし
わたしたちはみな、直接にまたは、代表を選んで自分の国の政治に参加できます。また、だれでもその国の公務員になる権利があります。みんなの考えがはっきり反映されるように、**選挙**は定期的に、ただしく平等に行なわれなければなりません。その投票の秘密は守られます。

第２９条　権利と身勝手は違う
わたしたちはみな、すべての人の自由と権利を守り、**住み良い世の中を作る為の義務**を負っています。自分の自由と権利は、ほかの人々の自由と権利を守る時にのみ、制限されます。

（アムネスティ日本ホームページより）

（１）　世界人権宣言は、１９４８年に国連が発表したものである。国連の機関のうち現在活動停止中のものを、次のア～エから１つ選び、記号で答えなさい。

ア．信託統治理事会　　イ．経済社会理事会
ウ．事務局　　エ．国際司法裁判所

（２）　次の表は、２０２２年～２４年の国連分担金（通常予算）の割合を示したものである。日本にあてはまるものを、次のア～エから１つ選び、記号で答えなさい。

順位	1	2	3	4	5	6	
国	ア	イ	ウ	ドイツ	イギリス	エ	その他
負担割合	22.0％	15.3％	8.0％	6.1％	4.4％	4.3％	39.9％

（外務省ホームページより）

（３）　１１ページの第１条の下線部に関して、日本は発展途上国に青年海外協力隊を派けんし、直接、技術指導を行っている。このような「政府開発援助」を略したものを、次のア～エから１つ選び、記号で答えなさい。

ア．ＯＤＡ　　イ．ＰＫＯ　　ウ．ＰＫＦ　　エ．ＳＤＧ

（４）　１１ページの第２１条の下線部に関して、選挙には４つの基本原則がある。その１つとして正しいものを、次のア～エから１つ選び、記号で答えなさい。

ア．間接選挙　　イ．普通選挙　　ウ．特殊選挙　　エ．制限選挙

（５）　１１ページの第２９条の下線部に関して、次のａ～ｃの国際会議を年代の古い順に並べたものを、下のア～エから１つ選び、記号で答えなさい。

ａ　地球サミット　　ｂ　国連人間環境会議　　ｃ　地球温暖化防止京都会議

ア．ｃ　→　ｂ　→　ａ　　イ．ｂ　→　ｃ　→　ａ
ウ．ａ　→　ｃ　→　ｂ　　エ．ｂ　→　ａ　→　ｃ

5 次の条文は1789年に出された『フランス人権宣言』の一部である。これを読んで、あとの問いに答えなさい。

第1条 人は生まれながらに、自由で平等な権利を持つ。
社会的な区別は、ただ公共の利益に関係のある場合にしかもうけられてはならない。

第2条 政治的結合（国家）の全ての目的は、自然でおかすことのできない権利を守ることにある。
この権利というのは、自由、財産、**A 安全**、および**B 圧政への抵抗**である。

第3条 [C] の源は、もともと国民の中にある。どのような団体や個人であっても、国民から出たものでない権利を使うことはできない。

第4条 自由とは、他人に害をあたえない限り、何事もできるということである。
したがって、それぞれの人が生まれながらの権利を行使することは、社会の他の人々の同様な権利を守るために生じる制限をのぞいては、まったく制限されない。そしてこの制限は、[D] によってしか定めることができない。

第5条 [D] には、社会に害がある行いのほかは、禁止する権利がない。[D] が禁止しない限り、何事をするのもさまたげられない。そしてどのような人も、[D] が命じないことを強制されることはない。

第6条 [D] は、総意の表明である。すべての市民は、自ら、または**E 代表者**を通じて、その作成にあずかる権利がある。[D] は、保護にせよ処罰《しょばつ》にせよ、万人に対して平等でなければならない。すべての市民は、法の目からは平等であるから、その能力にしたがい、かつその特性および才能以外の差別をのぞいて平等におおやけの位階（功績のある者に与えられる位）、地位および職務につくことができる。

（1） 条文中の下線部Aに関して、社会権に**あてはまらないもの**を、次のア～エから1つ選び、記号で答えなさい。

ア．生存権　　イ．勤労の権利　　ウ．団体交渉権　　エ．環境権

（2）　13ページの条文中の下線部Bに関して、日本国憲法では「裁判を受ける権利」のことを何というか、正しいものを次のア～エから1つ選び、記号で答えなさい。

ア．請求権　　イ．選挙権　　ウ．統帥権　　エ．自己決定権

（3）　13ページの条文中の空らん C にあてはまる語句は「国の政治の最終決定権」のことで、日本の明治時代には天皇がもっていたものである。この語句を漢字2字で答えなさい。

（4）　13ページの条文中の空らん D にあてはまる語句として正しいものを、次のア～エから1つ選び、記号で答えなさい。

ア．勅命《ちょくめい》　　イ．法律　　ウ．憲法　　エ．条約

（5）　13ページの条文中の下線部Eに関して、日本の国会の役割として**あてはまらないもの**を、次のア～エから1つ選び、記号で答えなさい。

ア．国政の調査　　イ．憲法改正の発議　　ウ．条約の締結　　エ．予算の議決

二

問一
A
B
C

問二
X
Y

問三

問四

問五
1
2
3

問六

問七

問八

問九

問十
①
②
③
④

三

A
①
②
③
④
⑤
⑥
⑦
⑧
⑨
⑩

B
①
②
③
④
⑤

C
①
②
③
④
⑤

D

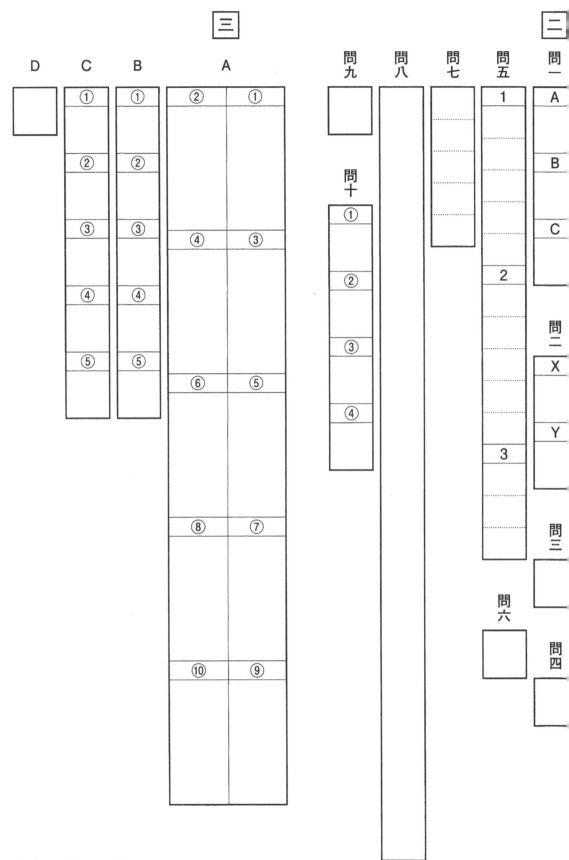

令和６年度入学試験

算　数　解　答　用　紙

一次Ａ

受験番号					

↓ここにシールをはってください↓

24A2
※120点満点
（配点非公表）

1

(1)		(2)		(3)		(4)	
(5)		(6)					

2

(1)	g	(2)	点	(3)	問	(4)	年後
(5)	秒						

3

【解答

一次A

令和6年度入学試験

理 科 解 答 用 紙

受験番号					

↓ここにシールをはってください↓

24A3

※80点満点
（配点非公表）

1

（1）			（2）	（3）	（4）
①	②	③			

2

（1）	（2）	（3）
		cm　と　cm の間

（4）

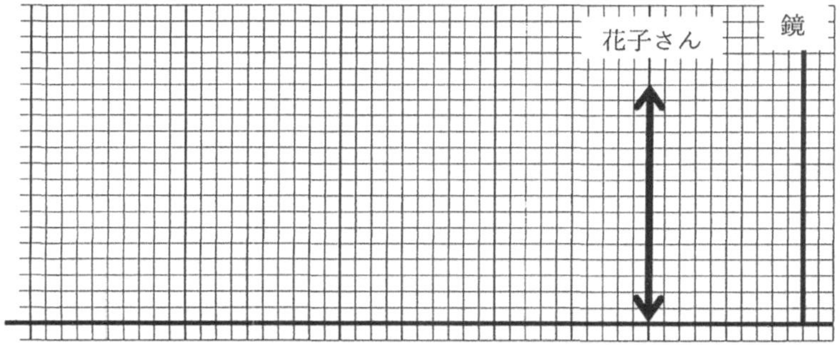

（1）	（2）	（3）	（4）	（5）

【解答

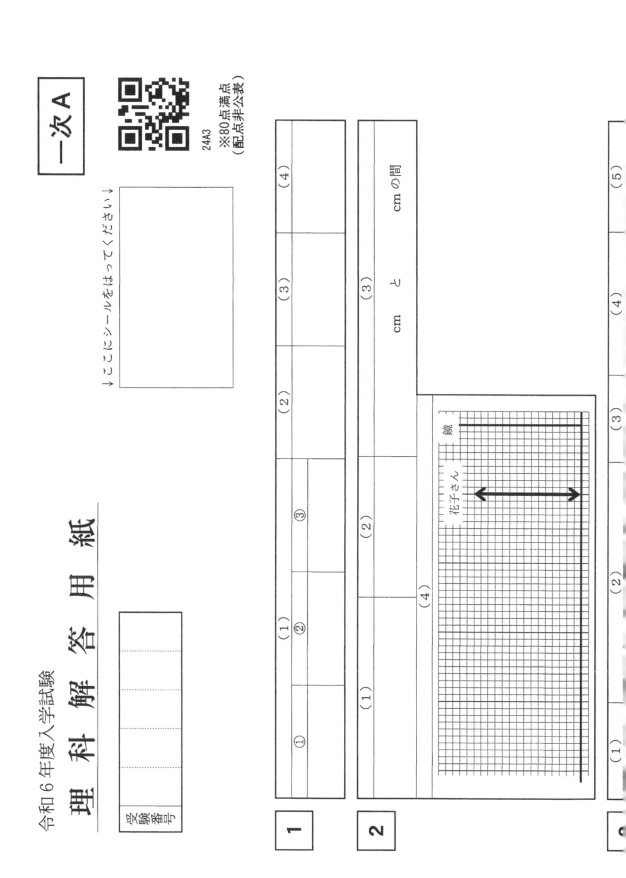

令和６年度入学試験

社 会 解 答 用 紙

受験番号					

一次A

↓ここにシールをはってください↓

24A4
※80点満点
（配点非公表）

1

（1）	P 山脈		Q 山脈		R 山脈	S 島	
（2）		（3）	記号	県名 県		（4）	
（5）		（6）	郷	（7）			

2

（1）		（2）		（3）	
（4）		（5）		（6）	
（7）		（8）		（9）	

【解答】

⑥

一次B

大谷中学校

令和六年度入学試験

国語

注意

・テスト時間は六〇分です。
・問題冊子、解答用紙に受験番号を書きなさい。
・解答用紙に名前QRシールをはりなさい。
・解答用紙は折り曲げないでください。
・問題は一～三まであります。
・設問の都合上、本文を一部改めたところがあります。
・答えはすべて解答用紙に書きなさい。
・質問があるときは、だまって手をあげなさい。
・試験が終わったら、問題冊子、解答用紙を机の上に別々に置きなさい。

問いに字数指定がある場合は、句読点・記号も一字とします。

受験番号					

[illegible]年度入学試験

国　語

大谷中学校

一

次の文章を読んで、後の問いに答えなさい。

1窓の外に奇妙《きみょう》な形の雲が広がっている。ドーナツ状の雲の中央に、たった今、離陸《りりく》してきた地方都市の街並みが見える。今泉圭介《いまいずみけいすけ》は膝《ひざ》に広げていた雑誌を前座席のポケットに入れた。頭上のシートベルト着用サインはまだついている。

2圭介が生まれて初めて飛行機に乗ったのは、今からもう二十年以上も前、小学校四年の春のことだった。

[A]楽しい家族旅行ではなく、横には、やはり初めて飛行機に乗る着物姿の祖母がおり、座席に正座してもいいものだろうか、と頻《しき》りに圭介に聞いてきた。

その前の晩、両親と兄は大阪へ出かけていた。大阪に住む父の従弟《いとこ》の結婚式《けっこんしき》だった。

圭介だけ家に残ったのは、週末に所属しているバスケット部の試合があり、最後の最後になってレギュラーメンバーに選ばれてしまったからだ。

両親は圭介だけ残していくのを当初は心配したのだが、家には祖母もいるし、[B]二泊《はく》のことだしと、結局あっさりと大阪行きを決めてしまった。

圭介も初めての飛行機に未練がないことはなかったが、四年生で唯一《ゆいいつ》自分だけがレギュラーになれた快挙のほうが勝《まさ》った。

大阪に着いた母から電話があったのは、その晩の八時を過ぎたころだった。すでに食事も済ませ、風呂《ふろ》にも入り、パジャマでテレビを見ていた圭介が電話に出ると、日ごろおっとりした母が声を上ずらせ、「圭ちゃん？　おばあちゃん、いる？　ちょっと代わって！」と言う。

「今、大阪に着いたよ～」ぐらいの電話だと思っていた圭介は、母の慌《あわ》てぶりに自分まで慌ててしまい、横で縫《ぬ》い物をしていた祖母の鼻にぶつけてしまうほど、強く受話器を差し出した。

「え？　なんて？　なんでまた……、どこで……」

祖母がそう呟《つぶや》きながら、震《ふる》える手で電話を撫《な》でる。心細くなった圭介は、横でじっと祖母が着ていた浴衣《ゆかた》の袖《そで》を握《にぎ》っていた。

兄の広志《ひろし》がバイクに撥《は》ねられ、大阪の病院に運ばれたという知らせだった。祖母は翌朝大阪へ向かうことを決め、隣《となり》に住む叔父《おじ》にチケットの購入《こうにゅう》と空港までの送迎《そうげい》を頼《たの》んだ。

翌朝早く、祖母はバスケット部の顧問《こもん》教師に電話を入れて事情を話した。電話を代わった圭介に、若い教師は、「しっかり、おばあちゃんを連れてけよ」と言った。

生まれて初めて乗った飛行機で、圭介は「お兄ちゃんが無事でありますように」と祈《いの》り続けた。空に近い分、願い事が叶《かな》うような気がしてならなかった。

幸い、兄は軽い怪我《けが》で済んだ。事故のショックで一時体温が下がったりしたらしいが、圭介が病院に着いたころには、「痛い、痛い」と顔をしかめながらも、美味《おい》しそうに搾《しぼ》りたてのリンゴジュースを飲んでいた。

その後、病室に結婚式を終えたばかりの新郎《しんろう》新婦や、まだ晴れ着姿の親戚《しんせき》たちが次々と駆《か》けつけて、3看護師も笑い出すほど妙な雰囲気《ふんいき》になってしまった。

病室の窓から、大空を横切る飛行機が見えた。空に近くも見えたし、さほど近くもないようにも見えた。

2024(R6) 大谷中　一次B
教英出版

飛行機の中で兄の無事を祈ったことを、圭介は誰《だれ》にも言わなかった。誰かに言うと、救ってくれた神様を裏切るような気がしたのだ。

考えてみれば、4それ以来、飛行機に乗ると、圭介は願い事をしてしまう。バスケットの試合で遠征《えんせい》したときは優勝を願い、大学受験に向かったときは合格を、好きになった女に告白する前に、用もないのにわざわざ札幌《さっぽろ》まで飛んだこともある。

あれから［　C　］二十年以上、叶った願いもあれば、もちろん叶わなかった願いもあるが、飛行機が離陸して、シートベルト着用のサインが消えると、圭介はほとんど習慣的に目を閉じ、心の中で手を合わせてしまう。

上昇《じょうしょう》を続けていた機体が、ふと力を抜《ぬ》いたように軽くなり、水平飛行になったことが分かった。次の瞬間《しゅんかん》、見上げていたシートベルト着用のサインが、乾《かわ》いた音と共に消える。

「ちょっと、ごめん」

目を閉じようとした瞬間、窓際に座《すわ》る妻から声をかけられた。寝《ね》つきを邪魔《じゃま》されたような気分で、「なんだよ？」と睨《にら》むと、シートベルトを外しながら、「ごめん、ちょっとトイレ」と立ち上がる。

さすがに足を跨《また》がせるわけにもいかず、圭介は自分もシートベルトを外し、狭《せま》い通路に立った。

妻を通すと、立ったついでに背伸《せの》びをした。なんとなく目を向けた後方座席に、首を伸ばしてこちらを見ている女の顔がある。前の座席にその顎《あご》をのせ、なぜかニヤニヤとこちらを見ている。一瞬、目が合ったが、［　D　］逸《そ》らしてしまった。女の顔に見覚えがあったのだ。

腕《うで》はまだ天井《てんじょう》に伸びていた。このまま下ろしても不自然、かと言って、これ以上伸ばしようがない。

伸ばしたままの腕を、肩《かた》の凝《こ》りをほぐしながら自然に下ろした。背後を振《ふ》り返れば、女はまだニヤニヤしながら、前の座席に顎をのせている。

妻がトイレからまだ戻《もど》らないことを確かめて、女の元へ向かった。幸い、機内は混んでおらず、通路を挟《はさ》んだ女の隣席《りんせき》が空いていた。

「ねぇ、ねぇ、今の人が奥《おく》さん？」

圭介が空席に座るとすぐに、女が身を乗り出してくる。

「そうだよ。それより、お前、いつ帰ってきたんだよ？」

「　I　」

「今、どこ？　東京？」

「そう」

「仕事は？」

「話すと長くなるよ」

「かいつまめよ」

「無理。かいつまめない。ほんとに長い話なんだもん。それより私たち何年ぶり？」

「えっと、俺《おれ》が転職したばっかりだったから、十年？」
「え、そんなもん？」
「そうだよ。そんなもんだよ。……そんなことより、今、何やってんだよ？」
「店、出した」
「店って、お菓子《かし》の？」
「当たり前じゃない。なんで、わざわざパリで菓子職人になって、東京でそば屋出すのよ」
「いや、そりゃそうだけどさ……」

妻と出会う前に、付き合っていた女だった。自分ではうまくいっていると思っていたのに、とつぜんパリでお菓子作りの勉強をすると言い出して、あっという間に旅立った。

転職したばかりで、追いかけていくわけにもいかず、夏休みを待って会いに行った。別れたつもりはなかったのだが、全寮制《ぜんりょうせい》の学校の宿舎から、粉まみれになって出てきた彼女《かのじょ》を見た瞬間、なぜかもう自分たちの関係は終わっているのだと悟《さと》った。

その後も電話のやりとりはあったが、卒業しても彼女は日本へ戻ってこなかった。

「ねぇ、まだあれやってんの？」
「あれって？」
「ほら、飛行機に乗ったら、いつもお願い事するって言ってたじゃない。ほら、あれいつ頃《ごろ》だったかな、一緒《いっしょ》に沖縄旅行に出かけたとき、飛行機の中で教えてくれたじゃない」

たしかにあのとき、彼女に話した。そして二人並んで、一緒に願った。何を願ったのかは聞かなかったが、きっと彼女も自分と同じことを願っていると思い込《こ》んでいた。十年ぶりに再会した彼女の指に、結婚指輪はないようだった。

「　Ⅱ　」
「おかげさまで大盛況《だいせいきょう》」

一瞬、どこにあるのか聞こうかと思ったが、聞いたところで行くこともないと思ってやめた。そんな気持ちに気づいたのか、「ほら、そろそろ戻らないと、奥さん、戻ってきちゃうよ」と笑う。

「別に見られてやましい関係じゃないだろ」
「そうだけど、あなただって奥さんの昔の恋人《こいびと》になんか、会いたくないでしょ？」

彼女が茶化《ちゃか》すので、「紹介《しょうかい》するよ」と圭介は平気な顔をした。すぐに彼女が、「私より奥さんのほうが美人だったから、イヤ」と笑う。
犬を追い払《はら》うように手を振るので、圭介は苦笑《くしょう》しながら立ち上がった。振り返らずに元の席に着くと、ちょうど妻が戻った。

「ねえ、空港からタクシーにする？　お兄さんの家に寄るんだったら、バスだとちょっと間に合わないかもよ」
「いいよ。直接ホテルで」
「それにしても、あんなに元気なおばあちゃんが6米寿《べいじゅ》のお祝いだもんねぇ。私たち、お互《たが》いに長生きの家系よねぇ。間違《まちが》いなく、あと五十年はあなたと一緒だわ」
　シートベルトを締《し》めながら、妻がわざとうんざりしたように首をふる。
「俺さ、飛行機に乗ると、いつも何か願い事するんだよ」
「　Ⅲ　」
「なんでって、ほら、空に近いから叶いそうだろ」
「何よ、それ」
「いいから、ちょっと一緒に何か願い事してみようぜ」
「　Ⅳ　」
「誰も見てないって」
「お願いしたいことなんてないもん」
「いいから。ほら、早く目とじて」
「いやだって」
　圭介が先に目をとじた。しばらくすると、呆《あき》れたように笑っていた妻の声が聞こえなくなる。
　こっそりと薄目《うすめ》を開けると、嫌《いや》がっていたくせに、妻も目をとじている。圭介はそれを確かめてから、もう一度ゆっくりと目をとじた。
　十年前、沖縄旅行の時には、彼女が何を願っているのか分からなかったが、7なぜか今、隣で妻が何を願っているのかが分かる。
「私たち、お互いに長生きの家系よねぇ、間違いなく、あと五十年はあなたと一緒だわ」

（吉田修一『あの空の下で』）

問一　1今泉圭介は膝に広げていた雑誌を前座席のポケットに入れた。頭上のシートベルト着用サインはまだついているとありますが、圭介が飛行機に乗った目的は何ですか。それがわかる部分を本文から一文でぬき出し、最初の五字を答えなさい。

問二 [2]圭介が生まれて初めて飛行機に乗ったのは、今からもう二十年以上も前、小学校四年の春のことだった について

（１）このとき圭介が飛行機に乗ったのはなぜですか。その理由として最も適当なものを次から選び、記号で答えなさい。

ア 大阪に住む父の従弟の結婚式に参加するため。
イ バスケットボールの試合で大阪に遠征するため。
ウ おばあちゃんを無事に結婚式会場へ連れて行くため。
エ 事故にあったお兄ちゃんのお見舞《みま》いに行くため。

（２）このできごとの回想はどこまでですか。本文からぬき出し、最後の五字を答えなさい。

問三 A ～ D にあてはまることばを次からそれぞれ選び、記号で答えなさい。

ア すでに　イ あいにく　ウ 思わず　エ たった　オ 必ず

問四 [3]看護師も笑い出すほど妙な雰囲気になってしまった とありますが、それはなぜですか。説明しなさい。

問五 [4]それ以来、飛行機に乗ると、圭介は願い事をしてしまう とありますが、どういうことですか。説明しなさい。

問六 「 Ⅰ 」～「 Ⅳ 」にあてはまる会話文を次からそれぞれ選び、記号で答えなさい。

ア 店、うまくいってんの？　イ 結婚してるの？　ウ 去年の夏
エ 今日も願い事するの？　オ 願い事？ なんで？　カ 今？ いやよ、恥《は》ずかしい

問七 [5]全寮制の学校の宿舎から、粉まみれになって出てきた彼女を見た瞬間、なぜかもう自分たちの関係は終わっているのだと悟った とありますが、圭介がそのように悟ったのはなぜですか。その理由として最も適当なものを次から選び、記号で答えなさい。

ア 転職したばかりで忙《いそが》しい中ようやく会いに行ったのに、彼女は圭介の大変さなどまったく理解しようとしていないことに気づかされたから。
イ 彼女とずっと一緒にいたいと思っていたのに、彼女は圭介との関係よりも自分の夢の実現に向かって突《つ》き進んでいるのだと気づかされたから。
ウ 彼女と結婚するために転職までしたのに、圭介に感謝もせずにパリでのんきにお菓子職人を目指している彼女の身勝手さに気づかされたから。
エ いつも圭介のためにおしゃれをしているきれいな彼女が好きだったのに、もはや見た目に気をつかうつもりはないのだと気づかされたから。

問八　[6]米寿のお祝い　とありますが、これは何歳《さい》のお祝いですか。最も適当なものを次から選び、記号で答えなさい。

ア　五十五歳　　イ　六十六歳　　ウ　七十七歳　　エ　八十八歳

問九　[7]なぜか今、隣で妻が何を願っているのかが分かる　とありますが、それはなぜですか。その理由として最も適当なものを次から選び、記号で答えなさい。

ア　夫婦として一緒に暮らしてきたので、妻の性格や考え方などを理解できるようになったと思っているから。

イ　妻の考え方を十分に理解しているので、妻を都合の良いように扱《あつか》えるようになったと思っているから。

ウ　同じ性格の女性と結婚したので、妻の考えていることは手に取るようにわかっていると思っているから。

エ　妻は圭介を大切にしているので、妻の願い事は圭介に関すること以外は考えられないと思っているから。

問十　この文章の表現の特徴《とくちょう》を説明したものとして最も適当なものを次から選び、記号で答えなさい。

ア　比喩《ひゆ》や象徴《しょうちょう》的な表現を多用することによって、複雑にからみあった人間模様を具体的に表している。

イ　複数の回想を入れることによって、圭介の価値観が年代によって変化していることを暗示している。

ウ　視点人物を圭介一人にすることによって、圭介にまつわるできごとや心情をわかりやすく描《えが》いている。

エ　会話文を中心として物語が展開することによって、登場人物の心情の変化を明らかにしている。

二

次の文章を読んで、後の問いに答えなさい。

これまで、北海道、カナダ、アラスカ、アルゼンチンのバルデス半島、ノルウェー北極圏《ほっきょくけん》のシャチのくらしについて紹介《しょうかい》してきました。ぼくが、シャチの観察にでかけたのは、これらの場所だけではありません。アメリカ・カルフォルニア州の沿岸、ニュージーランド、それに南極海と、野生のシャチが観察できる海を広く旅し、そのくらしを観察してきました。

こうしてわかってきたことは、それぞれの海にすむシャチたちが、自分たちがすむ海の環境《かんきょう》や、利用できる餌《えさ》生物にあわせて、独自のくらしをつくりあげていることです。そうしたくらしぶりは、それぞれの群れのなかで親から子どもへ、群れのなかまへと伝えられてきたもので、「　X　」とさえ呼べるものです。

では、なぜシャチの社会に、それぞれの群れに特徴《とくちょう》的なくらしぶりや文化が広く見られるのでしょうか。

じつは母子のつながりを中心に緊密《きんみつ》な群れをつくる彼《かれ》らにとって、「学習」が大きな意味をもちます。アルゼンチン、バルデス半島のシャチが海岸に乗りあげてオタリアをおそう行動も、ノルウェーのシャチがニシンの群れを尾《お》びれで強く打ちつけて失神させる行動も、すべて学習によって身につけられていくものです。

こうして学習によって身につけられる行動は――それが便利なものであれば――その群れのなかに広まっていきますが、そうなればなるほど他の群れとの交流が少なくなり、1群れ同士の間のちがいがより強くなっていく一面をもっています。

それは、日本にすむぼくたちはぼくたちに特有の、別の国にすむ人たちはその人たちに特有の――いまでは行き来がさかんになったために、それぞれの特色は多少失われぎみではありますが、――くらしぶりや生活習慣、伝統をもっているのと同じです。

これほどまでに、世界の各地でちがうくらしをするシャチたちですが、いまのところそれらすべてがシャチ（Orcinus orca）という一種にまとめられてきました。しかし、近年世界のシャチのくらしが明らかになるにつれて、2少しちがった考えもではじめています。

最近、南極海（南極大陸をとりまく海）にすむシャチの生態が、アメリカのロバート・ピットマン博士らによってくわしく調べられるようになってきました。この限られた海だけでさえ、3五つの異なるくらしをする群れがいることが明らかになってきました。そして、彼らは姿形さえそれぞれに特徴的なのです。

南極大陸のまわりには、海の水がこおってできた氷におおわれる場所があります。ある群れは、氷におおわれた場所からはなれて、広い海を泳ぎまわりながら、ミンククジラなど大型のクジラをおそってくらすもので「タイプA」と呼ばれます。姿形は世界の他の海で広く見られるシャチと似ています。

二番目の群れは「タイプB」と名づけられていますが、海をおおう氷の間を泳ぎまわり、氷の上で休むウェッデルアザラシなどをおそってくらしています。彼らの外見上の特徴は、何より目の上の白い模様（アイパッチ）が非常に大きいことで、それを見るだけでタイプBとわかるほどです。

三番目の群れは、上記タイプBと同様にアイパッチが大きいのですが、もう少し氷が開けた場所でペンギンや魚類を捕食《ほしょく》するもので、その大きさから「小さなB型」と呼ばれるものです。

四番目の群れは「タイプC」と呼ばれていますが、ロス海と呼ばれる南極大陸に大きく入り込《こ》んだ湾《わん》（もちろん氷でおおわれている）にすんで、魚類ばかりを食べてくらしています。南極大陸のまわりには、体長二メートルに達するライギョダマシと呼ばれる魚が群れをつくっており、それがこのシャチたちの格好のえものになっているようです。彼らの外見上の特徴は、アイパッチがずいぶん細く、〝キツネ目〟のように、後方にむけてつりあがっていることと、体がずいぶん小さいことです。

五番目の群れは「タイプD」と呼ばれるもので、観察例がまだ少なく、そのくらしは謎《なぞ》に包まれています。外見上の特徴は、額の部分が他のシャチたちより丸く大きくつきだしており、アイパッチが（タイプCにくらべても）さらに細く小さいことです。南極大陸から遠くはなれて大海原《おおうなばら》を泳ぎまわっているもので、おそらく沖《おき》にすむ魚類を中心に食べてくらしているのではないか、と考えられています。

先に、カナダからアラスカにかけての太平洋岸に、サケやマスを中心に魚ばかりを食べてくらしている群れ（レジデント）と、アザラシやイルカばかりをおそう群れ（トランジエント）が、おたがいに交流することなくすんでいることを紹介しました。この両者は、くらしぶりが完全にちがうにもかかわらず、外見はさほど大きく変わるところはありませんでした。しかし、南極海にすむこの五つの群れは、くらしぶりだけでなく、外見も大きく異なるのです。もちろん、おたがいの交流もありません。

現在はこうしたそれぞれの群れ、それぞれのグループのすべてが、同一の「シャチ」という種に属するものとされていますが、研究が進めば、それぞれが別の種であると考えられるようになる可能性もあります。いま言えることは、それぞれの群れが個性的で、かけがえのない存在であるということです。

シャチという動物が、地球上の海で健全に生きていくことが大事であることは言うまでもありませんが、それは「シャチ」という種が生き残ればいい、という意味ではありません。独自のくらしをする群れのそれぞれが（　Ｉ　）ことが何より大事なことです。

この本でも紹介した、アラスカ、プリンス・ウィリアム湾にすむATグループのシャチたちも例外ではありません。彼らは、現在の総計がわずか七頭。この七頭が、他の群れとはいっさい交流をもたず、自分たちならではのくらしをつづけています。彼らが将来にわたって生き残れるかが心配されていますが、彼らの将来がけっして明るいものではないことは言うまでもありません。

（中略）

じつはいま、シャチという動物が、海の生態系の頂点《ちょうてん》にいるために、4ほかのどの動物よりもこうむっているわざわいがあります。

5海の水には、濃度《のうど》は低くても、さまざまな汚染《おせん》化学物質がふくまれています。かつて都市で使用された化学物質もあれば、農薬や殺虫剤《さっちゅうざい》など農村で使われた化学物質もあります。そうした物質は、雨水にとけこみ、川の水にとけこみながら海に流れでたものです。一部の化学物質には、大気中にまいあがり、雨とともに海にとけこんだものもあります。

有害であることがわかった農薬や殺虫剤で、何年も前に使用が禁止されたものがあります。しかし、以前使用された物質が、そのまま分解されず、あるいは形を変えて、海のなかにたまりつづけているものも少なくありません。

海は広大ですから、それぞれの物質の濃度は、さほど高いものではないかもしれません。しかし、こうした物質は、プランクトンやそのほかの海の小生物に

7 図のように，1辺 30 cm の正三角形 ABC の辺上を，点 P は A から反時計回りに毎秒 2 cm の速さで，点 Q は C から時計回りに毎秒 3 cm の速さで同時に出発します．
このとき，次の問いに答えなさい．

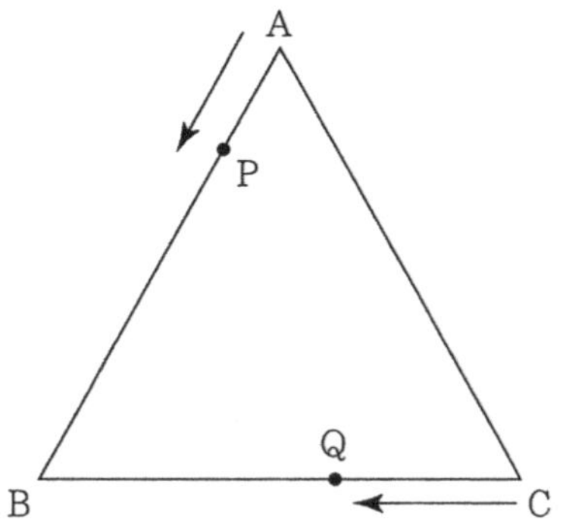

(1) 点 P と点 Q が 1 回目に重なるのは，出発してから何秒後ですか．

(2) 点 P と点 Q が 2 回目に重なるのは，出発してから何秒後ですか．

(3) 点 P と点 Q が C で 3 回目に重なるのは，出発してから何秒後ですか．

6 Aさんと Bさんは，P地点を出発し，Q地点へ向かいます．Aさんは毎分 50 m の速さで 30 分間歩いたあと，すぐに時速 30 km のバスに 9 分間乗り Q地点に着きました．Bさんは Aさんよりおくれて出発し，自転車に乗って時速 12 km で Q地点へ向かいました．
このとき，次の問いに答えなさい．

(1) P地点から Q地点までの道のりは何 km ですか．

(2) Aさんと Bさんが同時に Q地点に着いたとき，Bさんは Aさんより何分おくれて出発しましたか．

(3) Bさんは，Aさんを追いこしてから 15 分後に Aさんの乗ったバスに追いぬかれました．このとき，Bさんは Aさんより何分おくれて出発しましたか．

2024(R6) 大谷中　一次B
K 教英出版

4 50から100までの整数について，次の問いに答えなさい．

(1) 3で割り切れる整数は全部で何個ありますか．

(2) 7で割ると3余る整数は全部で何個ありますか．

(3) 3でも7でも割り切れる整数をすべて答えなさい．

5 次のように，ある規則にしたがって，数が並んでいます．

2，2，4，4，4，4，6，6，6，6，6，6，8，……

このとき，次の問いに答えなさい．

(1) 50番目の数は何ですか．

(2) 1番目から50番目までの数の和はいくつですか．

問四
1
2
3
4
5
6
7
8
9

問五

問六

問七
・

問八

問九

問十

問十一
①
②
③
④
⑤

三

A
①
②
③
④
⑤

B
1
2
3
4

C
①
②
③
④
⑤

D

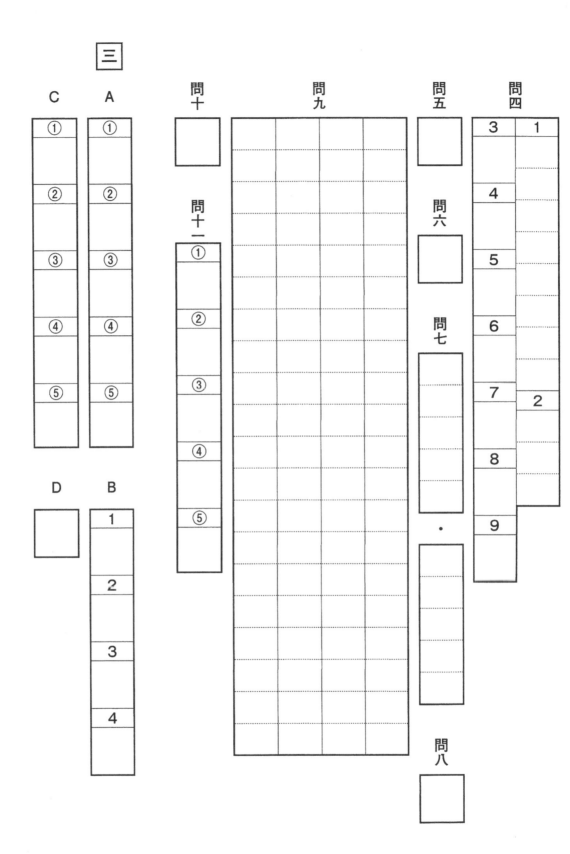

令和６年度入学試験

算 数 解 答 用 紙

一次Ｂ

受験番号					

↓ここにシールをはってください↓

24B2

※120点満点
（配点非公表）

1

(1)		(2)		(3)		(4)	
(5)		(6)					

2

(1)	枚	(2)	ページ	(3)	点	(4)	g
(5)							

【解答用

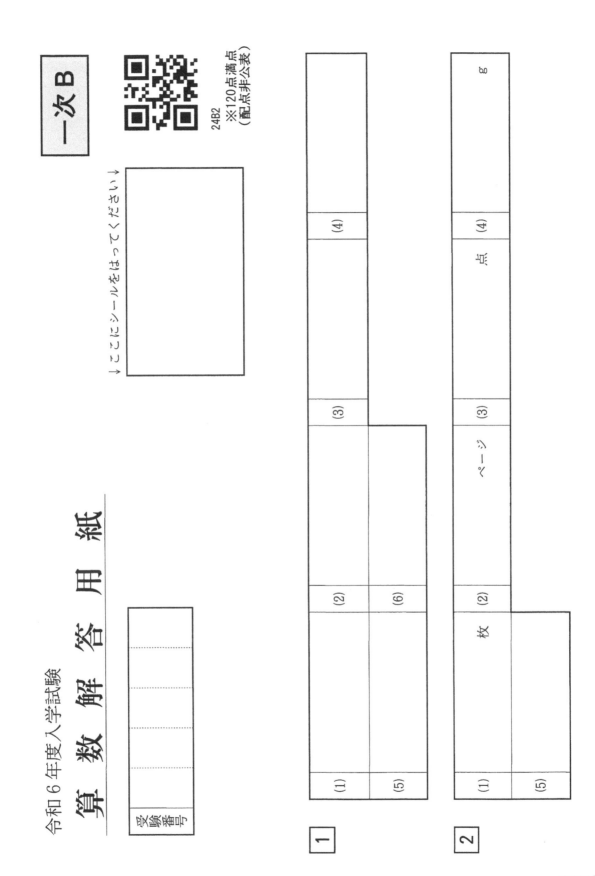

4

(1)	個	(2)	個	(3)	

5

(1)		(2)	

6

(1)	km	(2)	分	(3)	分

7

(1)	秒後	(2)	秒後	(3)	秒後

一次B

令和六年度

国語解答用紙

受験番号

24B1

※120点満点
（配点非公表）

↓ここにシールをはってください↓

一

問一

問二
1
2

問三
A
B
C
D

問四

問五

問六
Ⅰ
Ⅱ
Ⅲ
Ⅳ

問七

問八

問九

問十

3　次の問いに答えなさい.

(1)　図のように，長方形 ABCD の紙を，EF を折り目として折り返しました.
角 x の大きさは何度ですか.

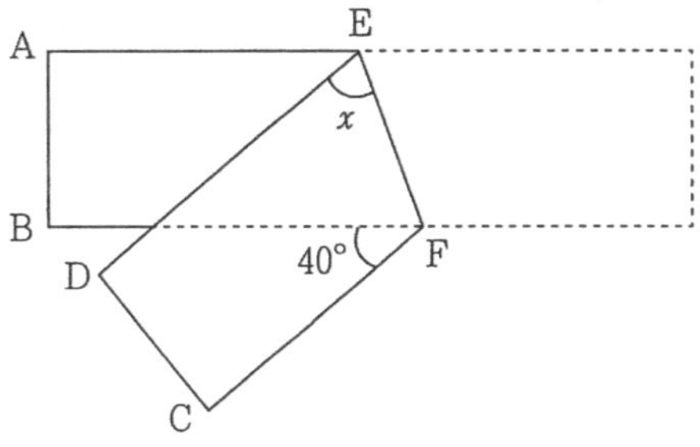

(2)　図のように，直径 4 cm の半円が 2 つあります.
かげをつけた部分の面積は何 cm^2 ですか.

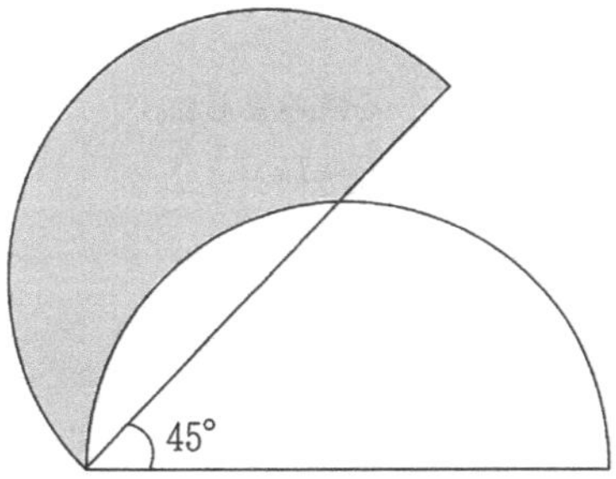

1　次の □ にあてはまる数を求めなさい．

(1)　$0.21 \times 0.8 \div 0.3 = \square$

(2)　$\left\{\left(\frac{1}{12} + \square\right) \times \frac{1}{2}\right\} + 3 = 6$

(3)　$1 - \frac{1}{2} + \frac{2}{3} \div \frac{3}{4} - \frac{4}{5} = \square$

(4)　$1.23 \times 41 + 12.3 \times 2.7 - 0.123 \times 180 = \square$

(5)　2 L の 55 ％は □ dL です．

(6)　2024 秒は □ 分 44 秒です．

2　次の問いに答えなさい．

(1)　折り紙を生徒に 3 枚ずつ配ると 10 枚余り，4 枚ずつ配ると 13 枚不足しました．このとき，折り紙は全部で何枚ありましたか．

(2)　ある本を 1 日目に全体の半分を読みました．2 日目は残りの $\frac{2}{3}$ を読みました．3 日目に残り 10 ページを読んで，読み終わりました．この本は全部で何ページありますか．

(3)　国語，算数，理科の 3 教科の平均点が 78 点で，社会も合わせた 4 教科の平均点が 80 点でした．このとき，社会の得点は何点でしたか．

(4)　8 ％の食塩水 300 g に水を加えると，6 ％の食塩水になりました．このとき，加えた水の量は何 g でしたか．

(5)　11 を 24 回かけてできる数の，十の位の数はいくつですか．

⑥

一次B

令和６年度入学試験

算　数

大　谷　中　学　校

注　意　・テスト時間は 60 分です.

・問題冊子，解答用紙に受験番号を書きなさい.

・解答用紙に名前 QR シールをはりなさい.

・解答用紙は折り曲げないでください.

・問題は 1 ～ 7 まであります.

・答えはすべて解答用紙に書きなさい.

・質問があるときは，だまって手をあげなさい.

・どの問題も，すぐ答えが出せるもののほかは，答えを出すための式や計算は問題冊子に残しておきなさい.

・試験が終わったら，問題冊子，解答用紙を机の上に別々に置きなさい.

・問題で円周率が必要なときは 3.14 とします.

・売買の問題でとくに指示がない場合，消費税は考えないものとします.

・問題にかいてある図は必ずしも正確ではありません.

受験番号					

よって体内にとりこまれると、それらを食べる動物により高い濃度でたまっていくことになります。一般《いっぱん》に、汚染化学物質は、食物連鎖《れんさ》のなかで、食べられるものより食べるものに、より高い濃度でたまっていきます。この現象は、6「生物濃縮《のうしゅく》」と呼ばれています。

とすれば、食物連鎖の頂点にいるシャチに、高い濃度でたまっていてもけっして不思議ではありません。じっさい、アメリカや日本など、産業活動のさかんな場所の沿岸に生息するシャチでは、地球上に生息するどの野生動物よりも多く、汚染化学物質を体のなかにためこんでいることがわかってきました。

この本の第1章で、カナダのジョンストン海峡《かいきょう》やアラスカの沿岸にサケやマスなど魚類ばかりを食べるシャチ（レジデント）と、アザラシやイルカばかりを食べるシャチ（トランジエント）がいることを紹介しました。この海にすむアザラシやイルカは、サケやマスなどの魚類を食べますから、アザラシやイルカを食べるシャチたちのほうが、サケやマスを食べるシャチたちにくらべて、汚染化学物質を高い濃度でためこんでいることも明らかになっています。

こうした汚染化学物質が体のなかに高い濃度でためこまれたとき、どんな悪い影響《えいきょう》があるか、完全に明らかになったわけではありません。しかし、ガンになったり、免疫《めんえき》がうまく働かなくなって、本来ならかからない病気にかかりやすくなったり、うまく子どもが産めなくなったりと、さまざまな影響があることがたしかめられています。

少し前のことですが、イギリスから新しい、悲しいニュースが届きました。ロンドン動物学会のポール・ジェプソン博士が報告したものですが、地中海や北海など西ヨーロッパの沿岸域では、すでにシャチがほとんど姿を消し、わずかに残っているポルトガル沿岸でさえ、この一〇年以上にわたって新しい子どもが誕《たん》生《じょう》していない――つまりは繁殖《はんしょく》能力を失ってしまったのではないか、というのです。原因は、シャチの体内に高い濃度でためこまれているPCBのせいです。

PCBは一九五〇年代に人工的に製造され、電気の絶縁体《ぜつえんたい》などに広く使われてきた物質です。ところが一九六八年には、PCBが食用油に混入し、これを摂取《せっしゅ》した人に肌《はだ》の異常やさまざまな障害をひきおこした「カネミ油症《ゆしょう》事件」がおこりました。そしてそれをきっかけに強い毒性《どくせい》が社会問題化して、一九七二年に製造が禁止されるようになった物質です。製造されなくなってからすでに四十数年経過したにもかかわらず、かつて使用されたものが地球上のあらゆる環境のなかに残りつづけ、シャチをはじめとしたさまざまな生物の健康を害しつづけているのです。

また、7シャチが自分の体に汚染化学物質をとりこんだとき、それが自分だけの問題でないことが、愛媛大学の田辺信介《たなべしんすけ》博士らの研究によって明らかになってきたのです。

メスが赤ちゃんをもったとき、そのメスがこれまで体内にためこんできた汚染化学物質の相当な量が、胎内《たいない》で赤ちゃんにうけわたされてしまうのです。赤ちゃんが生まれたときに、まだ自分でえものをとっていないにもかかわらず、すでに相当量の汚染化学物質を体にためこんでいるのです。

さらに、赤ちゃんシャチはお母さんからおっぱいをもらって育ちますが、おっぱいにもお母さんシャチがとりこんでいた汚染物質が、高い濃度でふくまれています。そして、赤ちゃんが自分でえものをとるようになったときには、さらに新たな汚染物質をとりこむことになります。

赤ちゃんシャチが成長して、次に自分が子どもをもつときには、自分が母親の胎内で汚染物質をうけついだように、自分の赤ちゃんに汚染物質をわたしてしまうことになります。しかも、自分自身がえものをとるようになってからも汚染物質をとりこみつづけるのですから、自分が母親からうけついだのよりも高い濃度で、自分の子どもにうけわたしをしてしまうことは容易に想像できます。シャチの母親が子どもに伝えるのは、独自の伝統やくらしかただけではなかったのです。

たとえいまこの瞬間《しゅんかん》、ぼくたち人間が汚染物質をいっさい海に流しださないようにしたとしても、また海水中の汚染物質の濃度がさほど高いものでないにしても、現時点でシャチの体に高い濃度でためこまれている汚染物質は、母親から子どもへとつたえられながら、気が遠くなるほどの長い期間にわたって、彼らの健康に大きな影《かげ》を落としつづけるのです。

生態系の頂点に立つシャチたちが健全に生きることができるかどうかは、彼らがすむ海が健全であるか、ひいてはぼくたちがすむ惑星《わくせい》が健全であるかどうかの、大きな指標でもあります。将来にわたって、世界の各地の海で生きるそれぞれのシャチたちが健全に生きつづけることができるかどうかは、[8]ぼくたち人間のふるまいにかかっていることを改めて心したいと思います。

（水口博也『世界の海へ、シャチを追え！』岩波ジュニア新書）

問一　「　X　」にあてはまることばを本文から漢字二字でぬき出しなさい。

問二　[1]群れ同士の間のちがいがより強くなっていく　とありますが、それはなぜですか。その理由として最も適当なものを次から選び、記号で答えなさい。

ア　群れの特徴的なくらしから外れると群れ自体が絶滅《ぜつめつ》してしまう可能性があるので、他の群れと交わることができないから。

イ　母子のつながりを中心に緊密な群れのルールをつくるので、他の群れから学習する交流は邪魔《じゃま》にしかならないから。

ウ　群れの中で生み出された行動が学習によって広まり、それぞれが独自性をもつことで他の群れと交わることが減少するから。

エ　母子のつながりでしか群れをつくれないシャチは、他の群れとの交流を通じて何かを学び得るということが苦手だから。

問三　[2]少しちがった考え　とありますが、この考えの内容を本文から十一字でぬき出しなさい。

問四 [3]五つの異なるくらしをする群れについて、次のようにまとめました。（　1　）・（　2　）にあてはまることばを本文から指定された字数でそれぞれぬき出しなさい。また、（　3　）～（　5　）にあてはまることばを後のア～オからそれぞれ選び、（　6　）～（　9　）にあてはまるシャチのイラストを後のキ～コからそれぞれ選び、記号で答えなさい。

タイプ	生息場所	食べ物	イラスト
タイプA	氷におおわれた場所からはなれて、広い海を泳ぎまわる。		カ
タイプB	（　1…八字　）を泳ぎまわる。	（　3　）	（　6　）
小さなタイプB	タイプBよりももう少し氷が開けた場所でくらす。	（　4　）	（　7　）
タイプC	南極大陸に大きく入り込んだ（　2…三字　）と呼ばれる湾にすんでいる。	（　5　）	（　8　）
タイプD	南極大陸から遠くはなれて広大な海域を泳ぎまわっている。		（　9　）

ア　ペンギンや魚類

イ　ライギョダマシなどの魚類

ウ　ウェッデルアザラシなど

エ　ミンククジラなどの大型のクジラ

オ　沖にすむ魚類が中心

カ

キ

ク

ケ

コ

問五 （ Ⅰ ）にあてはまることばを次から選び、記号で答えなさい。

ア 自分たちの群れだけは守っていける
イ 自分たちのくらしをつづけていける
ウ 他の群れと積極的に交流していける
エ 今とは異なる海域に進出していける

問六 [4]ほかのどの動物よりもこうむっているわざわい とありますが、「わざわい」とはどのようなことですか。その説明として最も適当なものを次から選び、記号で答えなさい。

ア シャチの生息する海のまわりで産業活動がさかんになったこと。
イ さまざまな汚染化学物質が海に流れ込んできていること。
ウ シャチの餌になる生きものが減って生態系が崩《くず》れていること。
エ 汚染化学物質を高濃度で体内にためこんでしまうこと。

問七 [5]海の水には、濃度は低くても、さまざまな汚染化学物質がふくまれています とありますが、汚染化学物質はどのようにして海の水にふくまれたのですか。本文から二十五字以内で二つぬき出し、それぞれ最初の五字を答えなさい。

問八 [6]生物濃縮 とは、どのような現象ですか。その説明として最も適当なものを次から選び、記号で答えなさい。

ア 汚染化学物質を体内にとりこんだプランクトンや海の小生物を食べる動物に汚染化学物質がより高い濃度でたまり、その動物を食べる動物の中でさらに高い濃度でたまるという食物連鎖の中で食べられるものより食べるものにさらに高い濃度で汚染化学物質がたまるという現象。
イ 汚染化学物質を体内にとりこんだプランクトンや海の小生物を食べる動物に汚染化学物質がより低い濃度でたまり、その動物を食べる動物の中でさらに低い濃度でたまるという食物連鎖の中で食べられるものより食べるものにさらに低い濃度で汚染化学物質がたまるという現象。
ウ 汚染化学物質を体内にとりこんだプランクトンや海の小生物を食べる動物に汚染化学物質がたまり、その動物を食べる動物にも同じようにたまるという食物連鎖の中で食べられるものと食べるものの大きさにかかわらずどちらにも同じ濃度で汚染化学物質がたまるという現象。
エ 汚染化学物質を体内にとりこんだプランクトンや海の小生物を食べる動物に汚染化学物質がたまるが、高い濃度でたまる動物と低い濃度でたまる動物があるという食物連鎖の中で食べられるものと食べるものにかかわらず生物の種類によって汚染化学物質の濃度に差が出るという現象。

問九 7シャチが自分の体に汚染化学物質をとりこんだとき、それが自分だけの問題でないことが、愛媛大学の田辺信介博士らの研究によって明らかになってきたのです　とありますが、「自分だけの問題ではない」と言えるのはなぜですか。八十字以内で説明しなさい。

問十 8ぼくたち人間のふるまいにかかっていることを改めて心したいと思います　とありますが、人間にどのようなふるまいが期待されていますか。その説明として**適当でないもの**を次から一つ選び、記号で答えなさい。

ア　海の生物環境を守るために、積極的に海洋生物の捕獲《ほかく》を行い、彼らがどのような環境下で生きているかを調査する。

イ　海洋生物に大きな影響を及《およ》ぼすので、プラスチック製品の使用をひかえたり、ごみを出さないようにしたりする。

ウ　海洋だけに限らず、地球全体の環境について考えた上で、一人ひとりが意識して地球全体を守る活動をする。

エ　科学技術を発展させ、海に流れ込む汚染化学物質の量を減らしたり無害化したりすることで、海の環境保全をめざす。

問十一　本文を読んだ生徒たちは、内容について話し合いをしました。次の発言について、本文の内容と合うものはア、合わないものはイと答えなさい。

①　雪さん —— シャチは、それぞれの群れをつくって独自の社会や文化を形成するなんて私たち人間と同じだね。他の群れとの交流が多くなれば、もっとたくさんの文化が生まれるらしいよ。

②　光さん —— そうだね。今は世界中にいるそれぞれの群れやグループのすべてが、同一の「シャチ」という種に属するものとされているけれど、今後は研究が進めばそれぞれが別の種であるとみなされる可能性もあるみたいだね。

③　泉さん —— 最も数が多くて強い群れを優先して保護しないといけないね。シャチは生態系の中でも上位に位置するから、種が絶滅することはないと思うけどな。有害な汚染化学物質の問題も、免疫力で実害がおさえられているみたいだし。

④　明さん —— 汚染化学物質といえば、ＰＣＢによる健康被害《ひがい》が気になったな。汚染化学物質はシャチの体内に確実にためこまれているみたい。今すぐ海水中の汚染化学物質の濃度が低くなれば、すぐにでも健康被害をなくせるのになあ。

⑤　清さん —— でも、たとえ今人間が汚染化学物質を全く海に流さなくなっても、今までにシャチの体内に高い濃度でためこまれた汚染化学物質は何代にもわたって悪影響を及ぼすんだよ。海洋汚染が生物に与《あた》える影響は深刻だよ。人間は自分たちの行動について考えないといけないね。

三

次のA～Dの問いに答えなさい。

A　次の□について、矢印の方向へと読むと四つの二字熟語ができるような漢字一字を答えなさい。

①
　　　場
　　　↓
都　→　□　→　体
　　　↓
　　　図

②
　　　考
　　　↓
名　→　□　→　外
　　　↓
　　　内

③
　　　回
　　　↓
修　→　□　→　元
　　　↓
　　　興

④
　　　体
　　　↓
保　→　□　→　児
　　　↑
　　　発

⑤
　　　目
　　　↓
登　→　□　←　記
　　　↓
　　　画

B　花子さんは、次のように漢字でしりとりをしました。次の[1]～[4]にあてはまる漢字一字をそれぞれ答えなさい。

勝[1]　↓　[1]益　↓　益[2]　↓　[2]眼鏡　↓　鏡[3]　↓　[3]所　↓　所[4]　↓　[4]効

C　次の――線部の表現が正しいものはア、誤っているものはイと答えなさい。

① 練習の成果を本番に生かせれるかが勝負だ。
② その写真、ぜひ私にも見せてください。
③ あの人は無事にここに来れるだろうか。
④ 英語ですらすら話せるようになりたい。
⑤ その仕事を私にやらさせてください。

D 花子さんは、大谷中学校への来校者のために、学校の最寄《もよ》り駅から学校までの道案内を作ることにしました。次の①～④の情報はどの順番に示すのがよいですか。最も適当なものを後から選び、記号で答えなさい。

① 最寄り駅の名前
② 最寄り駅の出口の目印になる建物
③ 最寄り駅から学校までの、徒歩での所要時間
④ 最寄り駅から学校までのルート上で目印になる建物

ア ①→④→③→②　イ ①→③→②→④　ウ ②→④→①→③　エ ③→②→①→④
オ ③→④→②→①　カ ④→②→①→③　キ ④→③→①→②

(10)	

3

(1)		(2)		(3)			
(4)		(5)		(6)			
(7)		(8)		(9)		(10)	

4

(1)		(2)		(3)		(4)	
(5)							

5

(1)		(2)		(3)	
(4)		(5)			

4

(1)	(2)	(3)		(4)
		図	方法	

5

相利共生		片利共生		寄生	

6

(1)		(2)	(3)	(4)			

(5)		(6)	
		②	③

7

(1)	(2)	(3)
g	%	℃

(4)	(5)
g	%

8

(1)	(2)		
	①	②	③

(3)			
①	②	③	

2024(R6) 大谷中　一次 A

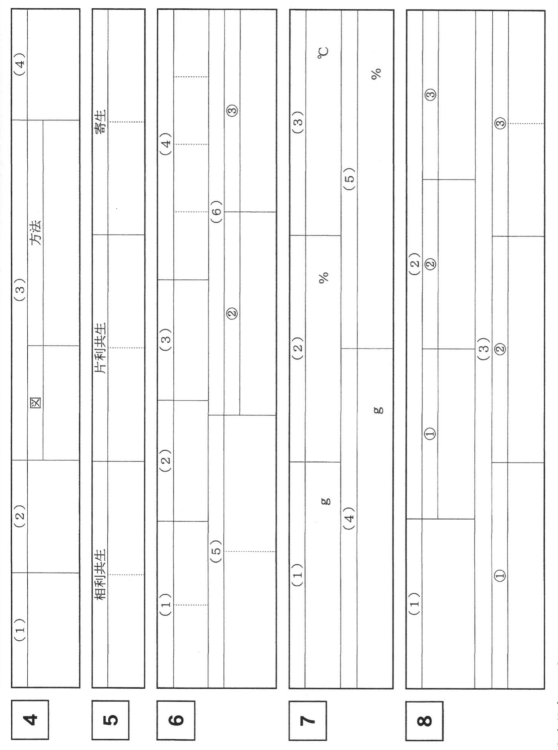

4

(1)	分	(2)	分	(3)	分

5

(1)	個	(2)	個

6

(1)	周	(2)	分後	(3)	分後

7

(1)	cm^2	(2)	cm^2	(3)	秒後と　　秒後

一次A

令和六年度

国語解答用紙

受験番号

※120点満点
（配点非公表）

24A1

↓ここにシールをはってください↓

一

問一
A
B
C

問二
X
Y

問三

問四

問五

問六

問七

問八

問九

問十

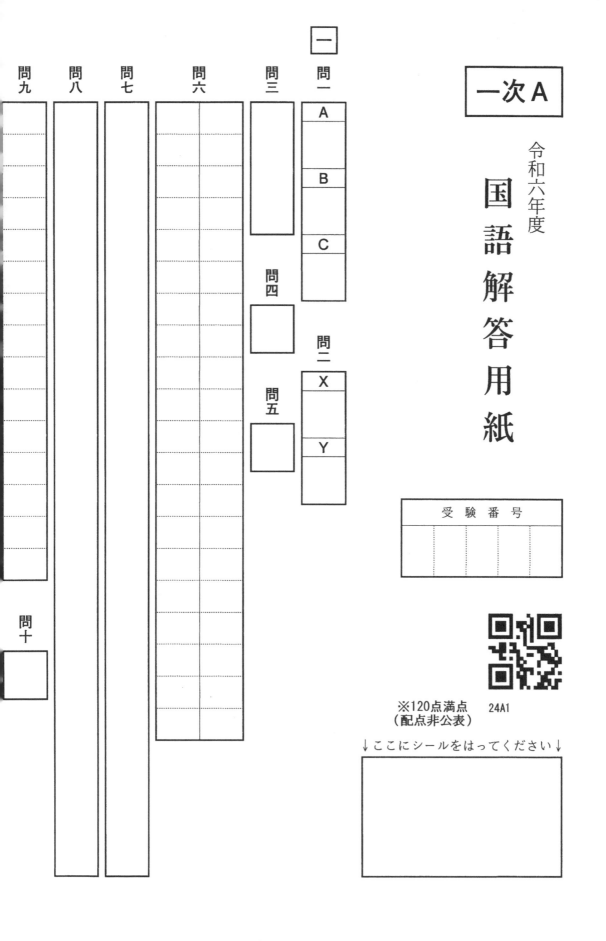

1　次の図１は、中部地方と関東地方の一部を示している。あとの問いに答えなさい。

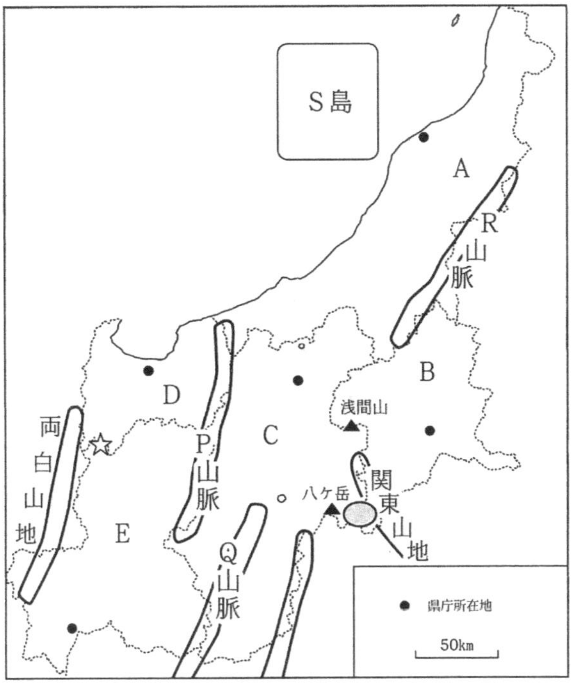

図１

（１）　図１中のＰ・Ｑ・Ｒ・Ｓにあてはまる山脈・島の名前を漢字で答えなさい。

（２）　図１中のＳ島の形として正しいものを、次のア～エから１つ選び、記号で答えなさい。ただし、縮尺は同じでない。

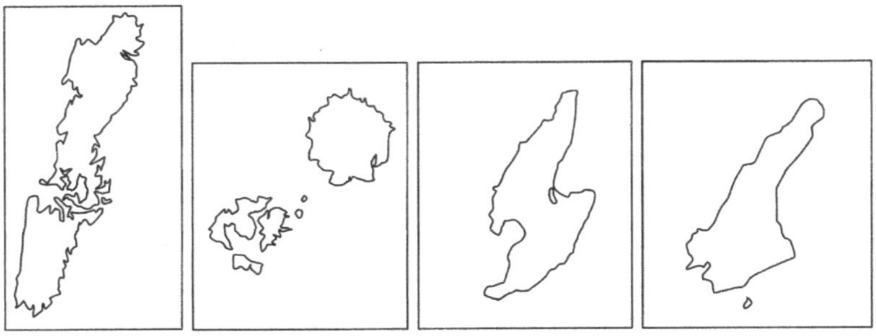

ア　　　イ　　　ウ　　　エ

（３）　図１中のＡ～Ｅのうち、「関東地方」にふくまれる県を１つ選び、記号と県名を答えなさい。

（４）　２ページの図２は、岐阜市、長野市、新潟市のいずれかの雨温図である。都市と雨温図の正しい組み合わせを、２ページの【選択肢《せんたくし》】ア～カから１つ選び、記号で答えなさい。

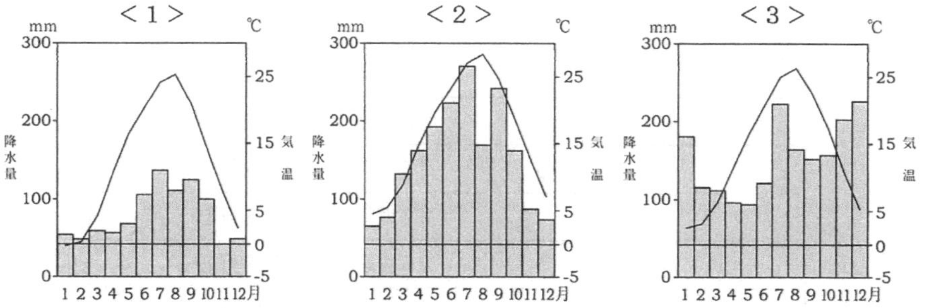

年平均気温：12.3℃
年降水量：965.1mm

年平均気温：16.2℃
年降水量：1860.7mm

年平均気温：13.9℃
年降水量：1845.9mm

図2　　雨温図

（『データブック　オブ・ザ・ワールド2023年版』より作成）

【選択肢】

	ア	イ	ウ	エ	オ	カ
新潟市	＜1＞	＜1＞	＜2＞	＜2＞	＜3＞	＜3＞
長野市	＜2＞	＜3＞	＜1＞	＜3＞	＜1＞	＜2＞
岐阜市	＜3＞	＜2＞	＜3＞	＜1＞	＜2＞	＜1＞

（5）　次の図3は、近畿地方へむけて出荷される、ある野菜の上位4県の月別数量（2021年度）で、1ページの図1中ので示した付近で盛んにさいばいされている。グラフのはん例①〜④は、茨城県、徳島県、長野県、兵庫県のいずれかである。長野県とこの野菜の性質の正しい組み合わせを、3ページの【選択肢】ア〜クから1つ選び、記号で答えなさい。

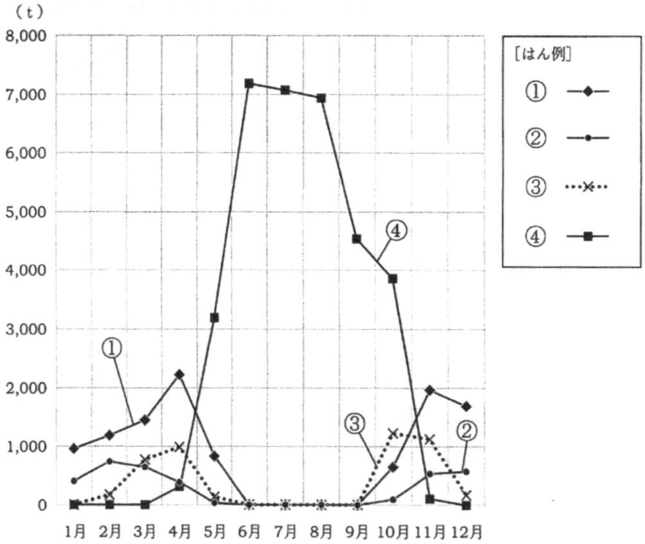

図3　　近畿地方へのおろし売数量上位4県の月別数量

（農林水産省「令和3年青果物おろし売市場調査報告（産地別）/野菜の主要消費地域別・産地別のおろし売数量およびおろし売価格」より作成）

【選択肢】

	はん例	ある野菜の性質
ア	①	２５度以上の夏日を好む
イ	②	２５度以上の夏日を好む
ウ	③	２５度以上の夏日を好む
エ	④	２５度以上の夏日を好む
オ	①	寒さにあまり強くない
カ	②	寒さにあまり強くない
キ	③	寒さにあまり強くない
ク	④	寒さにあまり強くない

（6）　次の写真１は、世界遺産「 X 郷・五箇《か》山の合掌《しょう》造り集落」で、１ページの図１中の☆で示した場所にある。空らん X にあてはまる地名を答えなさい。

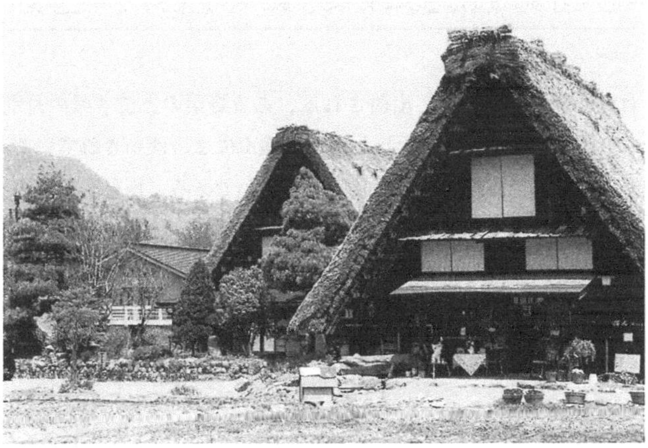

写真１

（7）　上の写真１の家屋の特ちょうについて述べた文章として正しいものを、次のア～エから１つ選び、記号で答えなさい。

ア．強い日差しをさえぎるため、地面までとどくような大きな屋根が特ちょうである。
イ．台風やたつ巻などの暴風で飛ばされないよう、重く分厚い屋根が特ちょうである。
ウ．積もった雪の重みで家屋がつぶれないよう、雪が落ちやすい角度の屋根が特ちょうである。
エ．近りんで産出するひのきをふんだんに用いた、寺社建築と同じ工法の屋根が特ちょうである。

2 あとの問いに答えなさい。

≪Ⅰ≫ 次の文章を読んで、あとの問いに答えなさい。

古代の人々の生活は道具とともに変化していった。縄文時代には煮《に》るための**A 土器**が作られ、季節が［ B ］になると狩《か》りをさかんに行った。弥生時代になると、**C 稲作《いなさく》**が広まり、金属器の**D 青銅器**や鉄器が使われ始めた。

（1） 下線部Aについて、縄文土器の特ちょうを説明した文章として正しいものを、次のア～エの中から1つ選び、記号で答えなさい。

ア．表面には漢字がきざまれていた。
イ．表面には縄目の文様がつけられていた。
ウ．表面は質素でかざりけが少ない。
エ．大陸から伝えられたのぼりがまで焼かれた。

（2） 文中の空らん［ B ］に入る季節を、下の図を参考にして漢字で答えなさい。

（小林達雄氏原図）

（3）　4ページの下線部Cについて、収かくした稲《いね》を保管するために造られた次の建物の名称《めいしょう》を漢字4字で答えなさい。

（4）　4ページの下線部Dについて、銅鐸として正しいものを、次のア～ウから1つ選び、記号で答えなさい。

ア

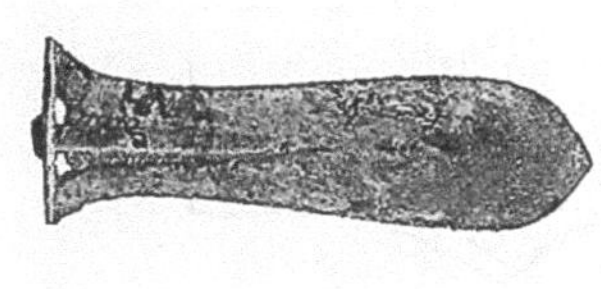

イ

ウ

≪Ⅱ≫　次の文章を読んで、あとの問いに答えなさい。

E 聖徳太子により遣隋使が派遣《はけん》され、さらにその後遣唐使が派遣《はけん》されて**F 律令政治**が整えられたが、唐がおとろえ、中国の影響《えいきょう》がうすれたころから、**G 藤原氏**による政治が行われるようになった。

（5）　文章中の下線部Ｅについて、この人物と関係が最も深い建築物を、次のア～エから１つ選び、記号で答えなさい。

ア

イ

ウ

エ

（6）　文章中の下線部Ｆについて、７０１年に制定された、日本における最初の本格的な律令の名称を漢字４字で答えなさい。

（7）　文章中の下線部Ｇに関して、藤原道長について述べた文章を次のア～エから１つ選び、記号で答えなさい。

ア

７８４年に長岡京に都を移したが、工事が思うように進まず、えき病も流行したために、再び７９４年に平安京に都を移した。坂上田村麻呂を征夷大将軍に任命し、蝦夷を征服《せいふく》し、東北地方を支配するために大軍を送った。

イ

朝ていの内乱である保元の乱と平治の乱に勝利して、勢力を広げた。後白河上皇の院政を補佐して、武士として初めて太政大臣となった。兵庫の港と瀬戸内航路を整備して、中国の宋との貿易を積極的に行った。

ウ

仏教の力を借りて国家を守るため、国ごとに国分寺・国分尼寺を建て、さらに都には東大寺を建てた。東大寺正倉院の宝物には、使用した愛用品が数多く残されている。

エ

天皇が幼いときは摂政、成長すると関白に就《つ》いて政治の実権をにぎる摂関政治を行った。子どもの頼通とともに大きな力をもった。当時の貴族が残した日記には栄華《えいが》をほこった様子が記されている。

≪Ⅲ≫　次の文章を読んで、あとの問いに答えなさい。

室町時代には、将軍の補佐役として管領が置かれた。足利義満は、後醍醐天皇が吉野に移って以来続いた H 時代を終わらせた。しかし、足利義政のころに将軍家や有力大名の対立から I がおこり、室町幕府の力はおとろえた。一方で、**J 農村や都市には自治が見られるようになり、発展した**。

（８）　文章中の空らん H にあてはまる語句を、次のア～エから１つ選び、記号で答えなさい。

ア．鎌倉　　　イ．安土・桃山　　　ウ．南北朝　　　エ．戦国

（９）　文章中の空らん I にあてはまる戦乱名を答えなさい。

（１０）　文章中の下線部Ｊについて、このころ力をつけた民衆の様子を説明した文章として正しいものを、次のア～エから１つ選び、記号で答えなさい。

ア

奈良県の柳生《やぎゅう》にある碑文《ひぶん》には、農民の宣言文として「正長元年ヨリサキ者（ハ）、カンヘ（神戸）四カンカウ（郷）ニオイメ（負い目）アルヘカラス（べからず）」とほられている。これは神戸の農民が、徳政（借金の帳消し）を宣言したものである。

イ

諸国の百姓《ひゃくしょう》は田の稲《いね》をかり取ったあと、そこに麦をまいている。これを田麦《たむぎ》と呼んで、領主らはその年貢《ねんぐ》を徴収《ちょうしゅう》しているということである。幕府は伝統的な租税《そぜい》の法により、このようなことをしてはならないとし、以後二毛作でとれる麦を課税の対象とすることを禁止した。

ウ

和歌山県の阿氏河荘《あてがわのしょう》の百姓《ひゃくしょう》たちが、地頭の横暴を十三条にわたって荘園領主に訴《うった》えた。地頭は、本来は年貢の徴収《ちょうしゅう》や、田地のことについては干渉《かんしょう》しないこととされていたが、承久の乱をすぎると、地頭が各地で横暴を働くようになった。

エ

国司の権限が強化されるようになると、国司の中にはたくさんの富をたくわえる者もあらわれた。尾張国の国司だった藤原元命は、この時期に非法を行った国司として有名だが、郡司や有力農民たちから、その非法を訴《うった》えられ国司をやめさせられることになった。

※一部現代の仮名づかいにしてある。

⑥

一次A

令和 6 年度入学試験

社　会

大　谷　中　学　校

注　意　・テスト時間は40分です。

・問題冊子，解答用紙に受験番号を書きなさい。

・解答用紙に名前 QR シールをはりなさい。

・解答用紙は折り曲げないでください。

・問題は 1 ～ 5 まであります。

・答えはすべて解答用紙に書きなさい。

・質問があるときは，だまって手をあげなさい。

・試験が終わったら，問題冊子，解答用紙を机の上に
別々に置きなさい。

受験番号					

4 おふろやトイレ用の洗剤《ざい》には，「まぜるな危険！」と書かれたものがあります。これらの洗剤は「塩素系洗剤」と「酸性洗剤」の２種類に分類され，それら２種類の洗剤が混ざると，「塩素」という人体に有害な気体が発生します。塩素および他の気体について，以下の各問いに答えなさい。

（１）塩素は，黄緑色の気体です。色がある（無色ではない）気体を，次のア～エから１つ選び記号で答えなさい。ただし，あてはまるものがない場合は「なし」と答えなさい。

ア．酸素

イ．水素

ウ．二酸化炭素

エ．アンモニア

（２）塩素は，プールの水のようなにおいのある気体です。においのある気体を，次のア～オから１つ選び記号で答えなさい。ただし，あてはまるものがない場合は「なし」と答えなさい。

ア．酸素

イ．水素

ウ．ちっ素

エ．二酸化炭素

オ．アンモニア

（３）塩素は，水にとけやすく，空気よりも重い気体です。塩素を発生させる実験を行ったとき，塩素を集める方法を表した図として最も適切なものを，次のア～ウから１つ選び記号で答えなさい。また，その方法の名前を答えなさい。

ア

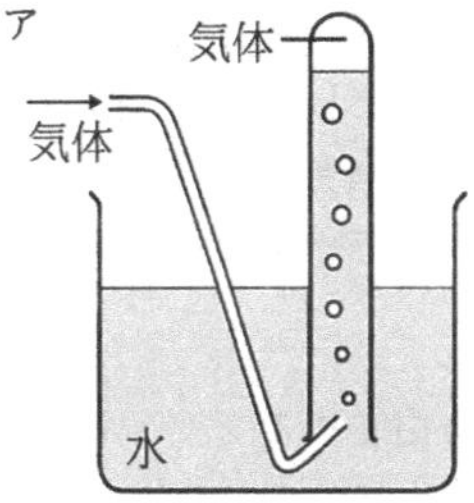

イ

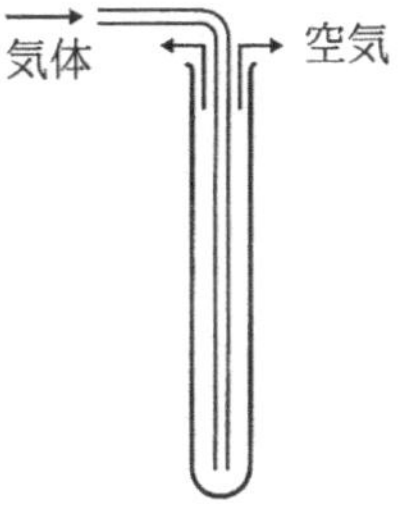

ウ

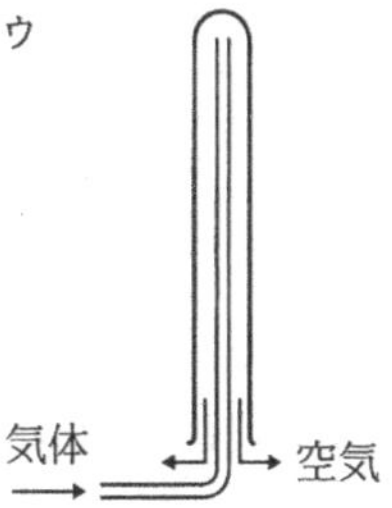

（４）塩素は人体に有害な気体ですが，消毒効果があるため，水道水やプールの水の消毒に用いられています。気体の利用に関する次の文章のうち，まちがいをふくむものを，次のア～エから１つ選び記号で答えなさい。

ア．水素は燃えても二酸化炭素を出さず，次世代エネルギー源として期待されている

イ．ちっ素は空気中に最も多くふくまれる気体であり，食品をいたみにくくするため，おかしのふくろにつめる気体として用いられている

ウ．酸素にはものを燃やすはたらきがないため，消火器につめるガスに用いられている

エ．二酸化炭素は強く冷やすとドライアイスとよばれる固体になり，保冷剤に用いられている

3 もののの燃え方について調べました。以下の各問いに答えなさい。

（1）図1のように，ろうそくのほのおの中にしめった割りばしを入れました。割りばしのこげ方はどのようになりますか。次のア～エから1つ選び記号で答えなさい。

ア.
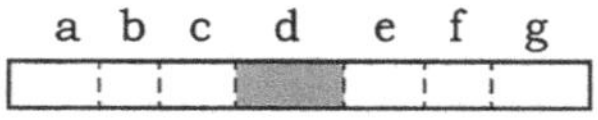

イ.
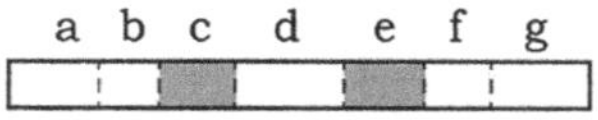

ウ.
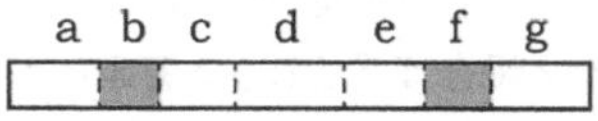

エ.
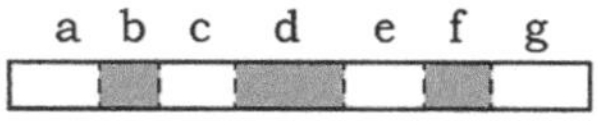

図1
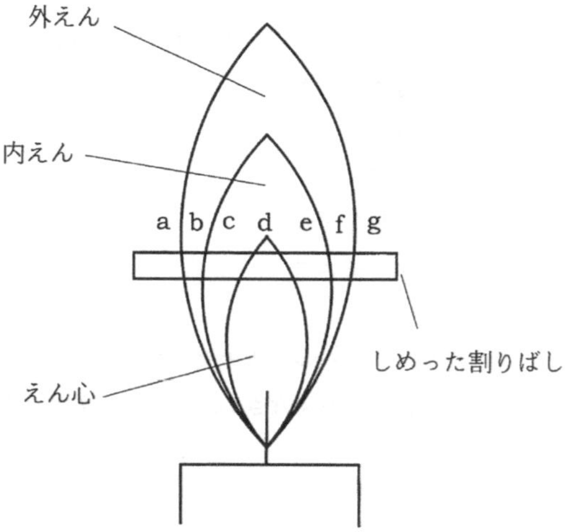

（2）ろうそくの周りの空気の流れは図2のようになっています。その理由を説明した次の文の①，②に入る最も適切な語句を（　　）の中から選び，○をつけなさい。

理由：空気はあたためられると体積が①（大き・小さ）くなるので，同じ体積の空気と比べると，あたたかい空気の方が重さが　②（重く・軽く）なるから。

図2

（3）図3のように，火のついたろうそくを入れたびんにふたをしました。どのようになりますか。次のア～ウから1つ選び記号で答えなさい。

ア．すぐに火が消える　　　　　　　イ．しばらくしてから火が消える

ウ．火は消えずに燃え続ける

図3

（4）（3）のびんからろうそくを取り出し，石灰水を入れてふると白くにごりました。次に，金属のマグネシウムを同じようにびんの中で燃やしてから取り出し，石灰水を入れてふると白くにごりませんでした。ろうそくのときと比べて，マグネシウムを燃やしたときは何という気体が発生していないと考えられますか。名前を答えなさい。

（5）次のア～オのうち，石灰水を入れてふると白くにごるものを2つ選び記号で答えなさい。

ア．酸素のみを入れたびんに，火のついたろうそくを入れてふたをした

イ．ちっ素のみを入れたびんに，火のついたろうそくを入れてふたをした

ウ．二酸化炭素のみを入れたびんに，火のついたろうそくを入れてふたをした

エ．酸素のみを入れたびんに，火のついたマグネシウムを入れてふたをした

オ．ちっ素のみを入れたびんに，火のついたマグネシウムを入れてふたをした

2 花子さんは図1のようにかべに取り付けている鏡の前に立って，自分の姿を見ています。以下の各問いに答えなさい。

ただし，花子さんの身長は150cmであり，花子さんと鏡の距《きょ》離《り》は1mであるとします。

図1

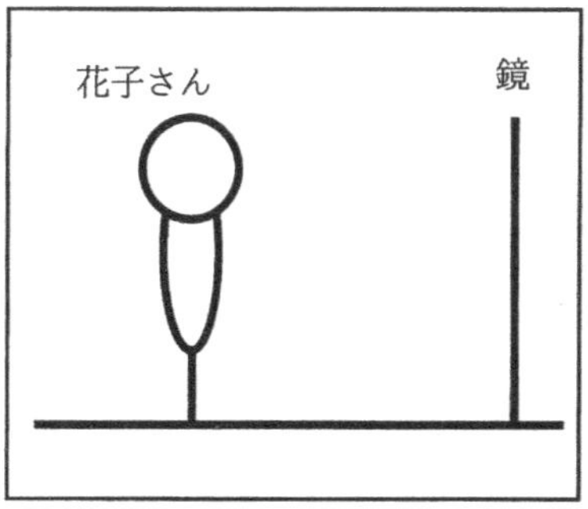

（1）次の文中にあてはまる語句を漢字２文字で答えなさい。

鏡で自分の姿を見ることができるのは，人に当たった光が鏡で（　　）するからである。

（2）いろいろな位置から自分の姿を見てみました。鏡にうつった自分の姿についてわかったこととして正しいものを，次のア～ウから１つ選び記号で答えなさい。

ア．鏡に近づくと，鏡にうつる自分の姿が大きく見えた

イ．鏡から遠ざかると，鏡にうつる自分の姿が大きく見えた

ウ．鏡に近づいても，遠ざかっても，鏡にうつる自分の姿の大きさは変わらなかった

（3）はじめの位置に立った状態で花子さんが全身を見ることができる最小の鏡は，かべの地面から何cmと何cmの間にありますか。ただし，花子さんの目は頭の先から10cm下にあるとします。

（4）はじめの位置に花子さんと花子さんより10cm身長の高いお母さんがならんでいます。お母さんが少しずつ後ろに下がっていったとき，花子さんから見てお母さんの全身が初めて（３）の鏡にうつるのは，どの位置に立ったときですか。図２の花子さんにならって，お母さんを矢印で示しなさい。ただし，図２では，図１の花子さんを矢印（↕）で表しています。

図2

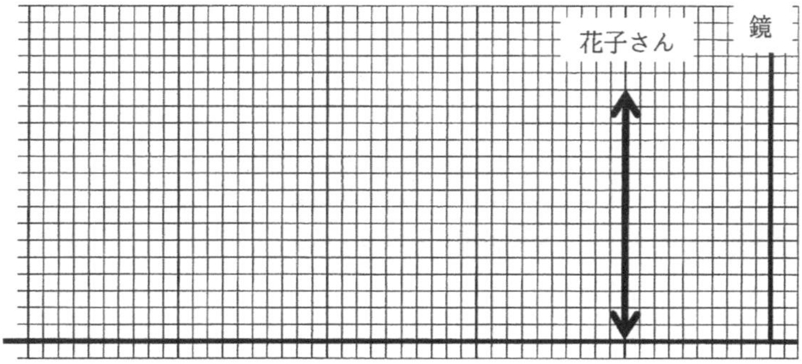

2024(R6) 大谷中　一次Ａ
教英出版

1 以下の各問いに答えなさい。

（1）次の文章の（　①　）～（　③　）のそれぞれにあてはまる語句や記号を答えなさい。
方位磁針のN極が（　①　）の方角を指すのは，地球が大きな磁石になっているからで，北極は磁石の（　②　）極になっていて（　③　）とよばれる力がはたらくからです。

（2）図１のように，南北の方向にピンと張った導線の下に方位磁針を置き，かん電池をつないで導線に電流を流すと方位磁針はどのようになりますか。次のア～クから１つ選び記号で答えなさい。

図１

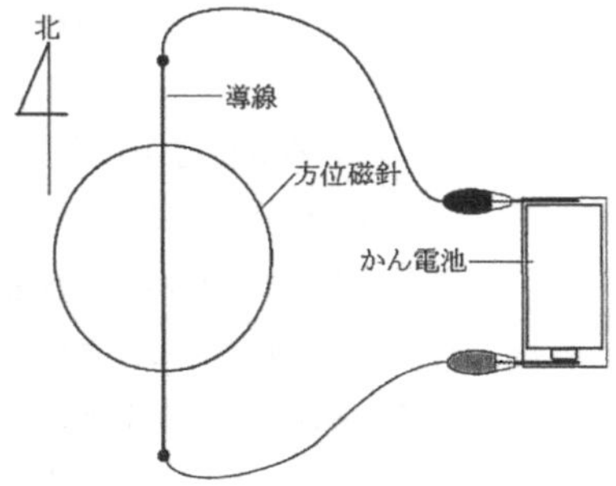

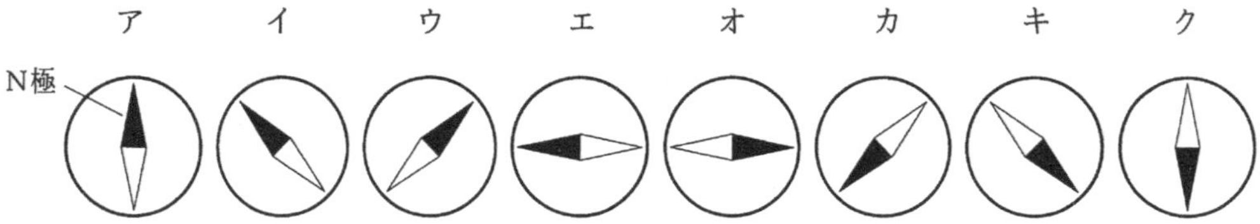

（3）図２のように，東西の方向にピンと張った導線の下に方位磁針を置き，かん電池をつないで導線に電流を流すと方位磁針はどのようになりますか。（２）のア～クから１つ選び記号で答えなさい。

図２

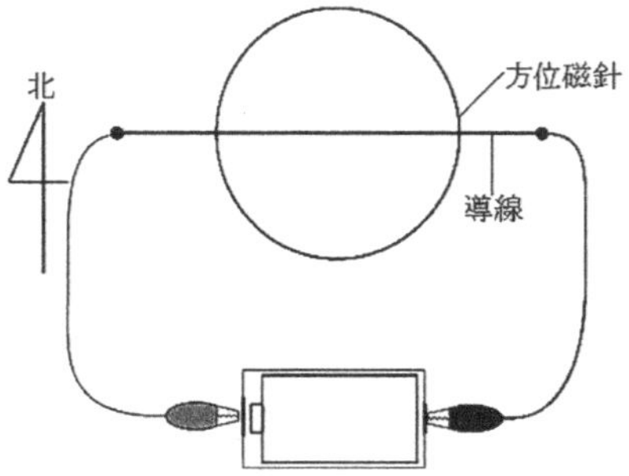

（4）図３のように，水平な台の上に方位磁針を置き，台と垂直になるようにピンと張った導線とかん電池をつないで電流を流しました。電池の数を増やして電流を大きくしても全く変化が見られない方位磁針はどれですか。A～Dから１つ選び記号で答えなさい。

図３

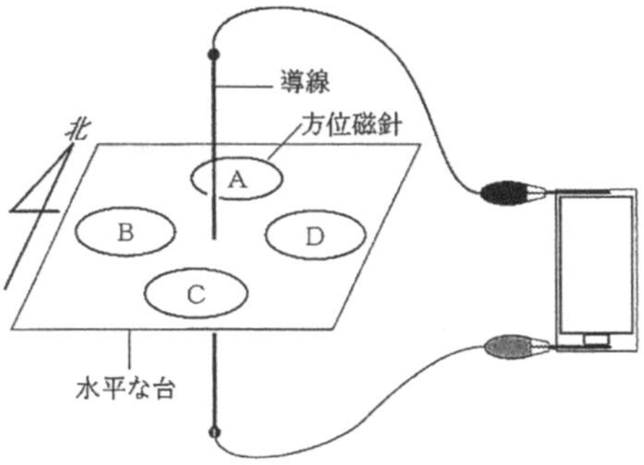

⑥

一次A

令和６年度入学試験

理　　　科

大　谷　中　学　校

注　意　・テスト時間は40分です。

・問題冊子，解答用紙に受験番号を書きなさい。

・解答用紙に名前 QR シールをはりなさい。

・解答用紙は折り曲げないでください。

・問題は 1 ～ 8 まであります。

・答えはすべて解答用紙に書きなさい。

・質問があるときは，だまって手をあげなさい。

・試験が終わったら，問題冊子，解答用紙を机の上に別々に置きなさい。

受験番号					

3 次の問いに答えなさい.

(1) 図のように，正八角形と二等辺三角形を組み合わせた図形があります.
角 x の大きさは何度ですか.

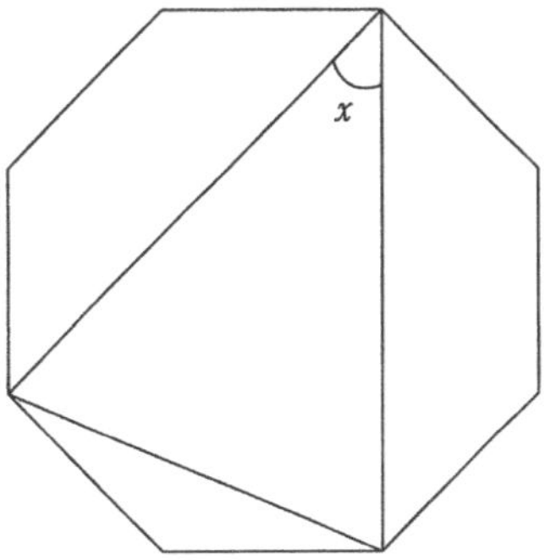

(2) 図のように，正方形と 2 つのおうぎ形を組み合わせた図形があります.
かげをつけた部分の面積の和は何 cm^2 ですか.

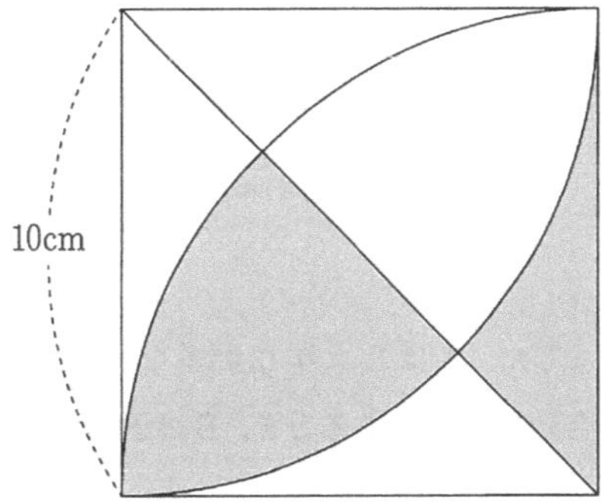

1 次の □ にあてはまる数を求めなさい．

(1) $20 + 24 \div (2 \times 11 - 10) = \square$

(2) $1\frac{1}{15} \div \frac{4}{5} - \frac{5}{6} = \square$

(3) $\{(20 + 15 \div 5) - 4\} \times 7 = \square$

(4) $1\frac{2}{3} + \left(5\frac{1}{5} - \square\right) \div 0.3 = 7$

(5) 定価 □ 円の商品を 2 割引きで 3 つ買ったとき，代金は 1920 円です．

(6) 117 と 126 の最小公倍数は □ です．

2 次の問いに答えなさい．

(1) 8 ％の食塩水と 5 ％の食塩水を混ぜ合わせると 7 ％の食塩水が 900 g できました．混ぜ合わせた 8 ％の食塩水は何 g ですか．

(2) あるテストを A，B，C，D，E の 5 人が受けました．A，B，C の点数はそれぞれ 82 点，70 点，47 点であり，5 人の平均点は 60 点でした．また B，D の合計点は 5 人の合計点の 40 ％でした．このとき，E は何点でしたか．

(3) あるテストを A，B，C の 3 人が受けました．A は B より 12 問多く正解し，B は C より 4 問多く正解しました．3 人の正解数の合計が 80 問であるとき，B の正解数は何問でしたか．

(4) 現在お母さんは 41 才，子どもは 13 才です．お母さんの年れいが，子どもの年れいの 2 倍となるのは何年後ですか．

(5) 毎秒 23 m の速さで走る全長 70 m の電車と，毎秒 17 m の速さで走る全長 150 m の電車が向かい合って走っているとき，出会ってから完全に離《はな》れるまでに何秒かかりますか．

⑥

一次A

令和６年度入学試験

算　数

大　谷　中　学　校

注　意　・テスト時間は 60 分です.

・問題冊子，解答用紙に受験番号を書きなさい.

・解答用紙に名前 QR シールをはりなさい.

・解答用紙は折り曲げないでください.

・問題は 1 ～ 7 まであります.

・答えはすべて解答用紙に書きなさい.

・質問があるときは，だまって手をあげなさい.

・どの問題も，すぐ答えが出せるもののほかは，答えを出すための式や計算は問題冊子に残しておきなさい.

・試験が終わったら，問題冊子，解答用紙を机の上に別々に置きなさい.

・問題で円周率が必要なときは 3.14 とします.

・売買の問題でとくに指示がない場合，消費税は考えないものとします.

・問題にかいてある図は必ずしも正確ではありません.

受験番号					

二 次の文章を読んで、後の問いに答えなさい。

お詫び
著作権上の都合により、文章は掲載しておりません。
ご不便をおかけし、誠に申し訳ございません。
教英出版

お詫び

著作権上の都合により、文章は掲載しておりません。
ご不便をおかけし、誠に申し訳ございません。

教英出版

（宇根豊『日本人にとって自然とはなにか』ちくまプリマー新書）

※　百姓　…　ここでは農家のこと。原文のままの表記をしている。

問一 [A] ～ [C] にあてはまることばを次からそれぞれ選び、記号で答えなさい。

ア ところが　イ あるいは　ウ むしろ　エ ですから

問二 X果たして・Yことさらに の本文での意味として最も適当なものを次の各群からそれぞれ選び、記号で答えなさい。

X 果たして
ア もちろん
イ ますます
ウ すっかり
エ ほんとうに

Y ことさらに
ア ときどき
イ わざわざ
ウ おいおい
エ しぶしぶ

問三 1その藪の中の花には私のまなざしは向けられません とありますが、それはなぜですか。その理由として最も適当なものを次から選び、記号で答えなさい。

ア 藪の中に生えている草花は、道端に生えている草花の種類とは異なるので貧相に感じるから。
イ 藪は耕す人がいなくなった田畑にできるので、藪を見るともの寂しいという感情が働くから。
ウ 放棄された田畑が藪になった場所には、花が咲いていても嫌だという無意識の感情が働くから。
エ いつも通る田舎道は十分に「自然」を感じられるが、藪に対しては「人工」を感じるから。

問四 2「自然は大切だ。自然は破壊してはいけない」というときの自然 とありますが、この具体例として**適当でないもの**を次から一つ選び、記号で答えなさい。

ア 多様な生物が独自の進化を遂《と》げている島
イ 古くから形成された独自の地形をもつ海岸線
ウ めずらしい生物が生息する森林
エ ふだんよく目にする道端に咲く野の花

問五 3村に住んでいると、ある日突然に蛙の鳴き声が村中に響きわたります。六月上旬の夜のことです とありますが、この時期に蛙が鳴く理由を筆者はどのように考えていますか。その考えをまとめた次の文の（ 1 ）～（ 3 ）にあてはまることばを、本文からそれぞれ指定された字数でぬき出しなさい。

田植えによって田んぼの水が温まって干上がらなくなり、（ 1…五字 ）が発生してお玉杓子が生まれ育つための条件が整い、（ 2…五字 ）ようになると、求愛のために（ 3…三字 ）が鳴き出すから。

問六　（　Ｉ　）にあてはまることばを次から選び、記号で答えなさい。

ア　事実　　イ　因果　　ウ　利害　　エ　季節

問七　[4]自然に、あるがままでいいのです　とありますが、筆者は自然とはどのようなものだととらえていますか。本文から三十字以内でぬき出し、最初の五字を答えなさい。

問八　[5]なぜ田んぼの風は涼しいのか　とありますが、田んぼの風が涼しくなる理由を説明しなさい。

問九　[6]そんな意識　とは、どのような意識ですか。その説明として最も適当なものを次から選び、記号で答えなさい。

ア　四季折々の様々な自然が生み出す生き物に目を向け、気持ちよくなろうとする意識。

イ　四季折々の様々な自然を自然なまま感じながら、それを科学的に解明しようとする意識。

ウ　四季折々の様々な自然に目をとめ、それを「自然な現象」として満喫しようとする意識。

エ　四季折々の様々な自然の現象に対し、なぜその現象が起こるのか追究していこうとする意識。

問十　本文の内容に合うものはア、合わないものはイと答えなさい。

①　都会の道端にも田舎と同じ草が生えることがある。

②　田んぼと畑の気温を比べると田んぼの方が涼しい。

③　自然破壊により東日本で赤とんぼが少なくなった。

④　百姓が仕事をするためには科学的な説明が必要だ。

三

次のA～Dの問いに答えなさい。

A　次の――線部のカタカナをそれぞれ漢字に改めなさい。

① 学問をオサめる。
② 国をオサめる。

③ コウカな買い物をする。
④ 飛行機がコウカを始めた。

⑤ 映画館で話題のタイサクを見る。
⑥ 災害に備えてタイサクする。

⑦ ゲンキンで支払《しはら》う。
⑧ 土足ゲンキン。

⑨ この店は朝十時にカイテンする。
⑩ 球がカイテンしながら飛ぶ。

B　次の――線部のカタカナを漢字に改めたとき、その漢字をふくむものを後の各群からそれぞれ選び、記号で答えなさい。

① トウ分の多いくだもの

ア はげしいトウ論が行われる。　イ コーヒーに砂トウを入れる。

ウ 徒トウを組んでたてこもる。　エ トウ北地方の天気を調べる。

② 彼《かれ》はセイ実な人だ。

ア セイ意をつくして説明する。　イ 机の上をセイ理する。

ウ 負けずぎらいなセイ格だ。　エ 天気は快セイです。

③ 新カン線に乗って出かける。

ア 旅行のカン事になる。　イ 駅で週カン誌を買う。

ウ 本のカン頭をかざる文章。　エ 自動車学校の教カン。

④ 兄のチュウ告にそむいた。

ア 宇チュウ飛行士になる。　イ けんかをチュウ裁する。

ウ 規則をチュウ実に守る。　エ 周囲からチュウ目される。

⑤ 熱心に指ドウする。

ア 労ドウ環境《かんきょう》をととのえる。　イ 公園にドウ像がたつ。

ウ 学校の食ドウに行ってみる。　エ 新しいシステムをドウ入する。

C　次の各文の（　）にあてはまることばを後からそれぞれ選び、記号で答えなさい。

①（　）正しいとは限らない。

②（　）勝てるかもしれない。

③（　）本当のことを言わないのか。

④（　）負けても得られるものはある。

⑤（　）私を連れて行ってください。

ア　どうして　　イ　もしかしたら　　ウ　必ずしも　　エ　たとえ　　オ　どうか

D　次の文章を読んで、ユキさんとノゾミさんがいっしょに暮らしていた期間として最も適当なものを後から選び、記号で答えなさい。

小学六年生になったばかりのユキさんは、両親の海外赴任《ふにん》のため、阿倍野《あべの》にあるおばあさんの家に預けられることになりました。おばあさんと暮らし始めて半年後に、ユキさんのおばさんが体調をくずして入院することになったため、いとこにあたる高校三年生のヒカリさんとその四歳《さい》年下のノゾミさんもおばあさんの家でいっしょに暮らすことになりました。ヒカリさんは半年後、大学進学のため北海道へ引っ越していきました。その一年後、ノゾミさんは高校入学を機に、再び実家に戻《もど》って自宅療養《りょうよう》中のお母さんと暮らすことになりました。

ア　六か月　　イ　一年　　ウ　一年六か月　　エ　二年　　オ　二年六か月

⑤

一次A

大谷中学校

令和五年度入学試験

国語

注意

・テスト時間は六〇分です。
・問題冊子、解答用紙に受験番号を書きなさい。
・問題は一〜三までであります。
・設問の都合上、本文を一部改めたところがあります。
・答えはすべて解答用紙に書きなさい。
・質問があるときは、だまって手をあげなさい。
・試験が終わったら、問題冊子、解答用紙を机の上に別々に置きなさい。

問いに字数指定がある場合は、句読点・記号も一字とします。

受験番号					

一

次の文章を読んで、後の問いに答えなさい。

お詫び

著作権上の都合により、文章は掲載しておりません。
ご不便をおかけし、誠に申し訳ございません。

教英出版

お詫び

著作権上の都合により、文章は掲載しておりません。
ご不便をおかけし、誠に申し訳ございません。

教英出版

お詫び

著作権上の都合により、文章は掲載しておりません。
ご不便をおかけし、誠に申し訳ございません。

教英出版

お詫び

著作権上の都合により、文章は掲載しておりません。
ご不便をおかけし、誠に申し訳ございません。

教英出版

お詫び
著作権上の都合により、文章は掲載しておりません。
ご不便をおかけし、誠に申し訳ございません。
教英出版

（太田忠司『夜想曲』）

問一　[1]健太君が、うちのステラを連れ出したんです　とありますが、健太がステラを連れ出したのはなぜですか。「私」の考えを、本文の（　中　略　）より前の部分から連続する二文でぬき出し、最初の六字を答えなさい。

問二　[2]首根っこを掴んで揺すりたい衝動に駆られた　とありますが、どういうことですか。その説明として最も適当なものを次から選び、記号で答えなさい。

ア　杉岡がなかなか話そうとしないので早く答えさせたいと思っているということ。
イ　杉岡の秘密にふれてしまうような気がして不安になっているということ。
ウ　杉岡がまともに話を聞こうとしないことに腹が立っているということ。
エ　杉岡がうそをついてごまかすだろうと決めつけてあせっているということ。

問三　[3]そういうこと　が指す内容を、解答らんに合う形で説明しなさい。

問四　＝＝部X・Yを用いた例文として**適当でないもの**を次からそれぞれ一つずつ選び、記号で答えなさい。

X　途方に暮れ
ア　帰りに道に迷ってしまい途方に暮れた。
イ　あの人は途方に暮れた表情をしていた。
ウ　途方に暮れていた私を助けてくれた。
エ　途方に暮れないようによく寝《ね》た。

Y　闇雲に
ア　なくしたものを闇雲に探す。
イ　おこられたので気分が闇雲になった。
ウ　闇雲に考えても問題は解決しない。
エ　闇雲にうわさ話を信じこんではいけない。

問五　[4]フリスビーを思いっきり投げられる場所　とありますが、健太がこのような場所にいると「私」が思いついたのはなぜですか。説明しなさい。

問六　（　A　）～（　E　）には「ステラ」か「きなこ」のいずれかが入ります。「きなこ」が入るものを**すべて**選び、記号で答えなさい。

問七　［Ⅰ］～［Ⅳ］にあてはまることばを次からそれぞれ選び、記号で答えなさい。

ア　ステラは、きなこじゃないと思う
イ　ステラはステラだということだ
ウ　ステラはフリスビーが好きだった
エ　フリスビーをやりたかったの

問八　5君は、いつものように実験したかったんだな　とありますが、ここから「私」は健太の性格を見ぬいていたことがわかります。その「健太」の性格を示している部分を本文から二十字以内でぬき出し、最初の五字を答えなさい。

問九　6健太は寂しそうにしゃがみ込み、ステラの首筋を撫でた　とありますが、このときの健太の心情として最も適当なものを次から選び、記号で答えなさい。

ア　「私」の返答にまったく納得《なっとく》することができず、ステラを連れ出すのに失敗してしまったことをとても残念がっている。
イ　「私」の返答を理解し納得できたわけではないが、きなこにはもう会えないということを何となく察して寂しさを感じている。
ウ　きなこだけでなく、せっかく仲良くなれたステラまで奪われたような気持ちになり、寂しさと孤独《こどく》感にうちひしがれている。
エ　「私」の返答が煮《に》え切らないことから、きなこがすでにこの世にいないと確信し、少しでも心を落ち着かせようとしている。

7 図のような長方形 ABCD があります．点 P は頂点 B を出発して毎秒 2 cm の速さで辺 BC 上を往復し，点 Q は点 P と同時に頂点 D を出発して毎秒 3 cm の速さで辺 DA 上を往復します．このとき，次の問いに答えなさい．

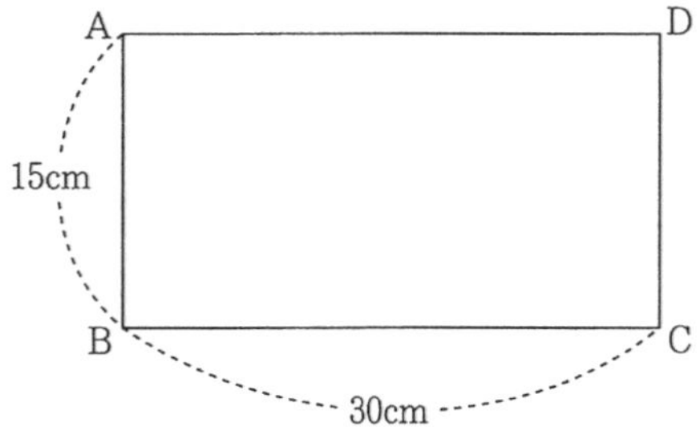

(1) 点 P が頂点 B を出発してから 4 秒後の三角形 APQ の面積は何 cm^2 ですか．

(2) 初めて三角形 BPQ が直角三角形になるのは，出発してから何秒後ですか．

(3) 初めて三角形 BPQ が BQ = PQ の二等辺三角形になるのは，出発してから何秒後ですか．

6 静水時の速さが時速 20 km の船があります．この船が，ある川の上流の A 地点と下流の B 地点を往復します．上りは 60 分かかり，下りは 40 分かかります．このとき，次の問いに答えなさい．

(1) 川の流れの速さは時速何 km ですか．

(2) この川の A 地点から B 地点までの距離《きょり》は何 km ですか．

(3) この船と同じ速さの船が A 地点と B 地点からそれぞれ同時に出発したとき，すれ違《ちが》うまでに何分かかりますか．

2023(R5) 大谷中　一次A
教英出版

4　Aさんが1人で行うと20分，Bさんが1人で行うと30分，Cさんが1人で行うと15分かかる仕事があります．

このとき，次の問いに答えなさい．

(1)　AさんとBさんが2人でこの仕事を仕上げました．2人が仕事を行ったのは何分間ですか．

(2)　この仕事をAさんが最初に1人で10分間行った後，Bさんが残りの仕事を仕上げました．Bさんが仕事を行ったのは何分間ですか．

(3)　この仕事をAさんが最初に1人で5分間行った後，BさんとCさんが2人で5分間行います．さらにその残りを3人で仕上げました．3人が同時に仕事を行ったのは何分何秒間ですか．

5　[1]，[2]，[3]，[4]，[5]，[6]のカードが1枚ずつあります．

6枚のカードのうち，3枚を使って3けたの整数をつくります．

このとき，次の問いに答えなさい．

(1)　3けたの整数は何通りできますか．

(2)　3けたの整数のうちで，奇《き》数は何通りできますか．

(3)　6枚のカードを3枚ずつに分け，3けたの整数を2個つくります．2個の整数の和の中で，最も大きな数はいくつですか．

7 次の体内の不要物の排《はい》出について述べた文章を読み，以下の各問いに答えなさい。

ヒトのからだでは，（　①　）という器官で（　②　）がつくられます。まず，（　①　）に流れこんだ血液の一部がろ過されて（　②　）のもとになる液体になります。次に（　②　）のもとになる液体から水分や栄養分，塩分などの体に必要な物質が，血液中に取りもどされて，残ったものが（　②　）になります。

運動して汗をかくと水分だけでなく塩分も失われて，体内の水分量や塩分の濃《のう》度が変化します。このとき，排出する（　②　）の中の水分量や，とけている物質の濃度を調節したりして，<u>体内の水分量や，血液中にとけている物質の濃度がほぼ一定になる</u>ようにしています。

（1）文章中の（　①　），（　②　）に入る語句をそれぞれ答えなさい。

（2）つくられた（　②　）が一時的にためられる，筋肉でできた袋《ふくろ》のような器官を何といいますか。

（3）（　②　）に多くふくまれる物質で，食物として食べたタンパク質に由来するものは何ですか。

（4）（3）の物質が作られる器官を何といいますか。

（5）健康なヒトの場合，体外に排出される水分の量は（　②　）にふくまれるものが一番多くなります。では，二番目と，三番目に排出する水分量が多いものを，次のア～エからそれぞれ１つずつ選び記号で答えなさい。

ア．なみだ　　イ．あせ　　ウ．呼吸　　エ．血液

（6）下線部について，次のＡ～Ｃの後しばらくの間に，（　②　）にふくまれる塩分の量と水の量は，どのようになると考えられますか。上の文章から考えて，右表の③～⑥に結果を書きなさい。ただし，Ａ～Ｃを行う直前と比べて増える場合は○，減る場合は×を書くこととします。

Ａ：塩からいものをたくさん食べたとき

Ｂ：水分を取らずに運動してたくさんのあせをかいたとき

Ｃ：暑いので大量の水を飲みすぎてしまったとき

	塩分の量	水の量
A	③	
B	④	⑤
C		⑥

（7）冬になり気温が下がると，「とりはだ」がでます（大阪では「さむいぼ」，「さぶいぼ」ともいいます）。「とりはだ」がでる理由として最も適切なものを，次のア～エから１つ選び記号で答えなさい。

ア．毛穴の筋肉を縮《ちぢ》ませることで，筋肉で多くの熱を発生させて体をあたためようとしている

イ．皮ふの近くにある血管を広げて，あたたかい血液が早く体内を回れるようにしている

ウ．皮ふの表面にある筋肉を縮ませることで，残っているあせをしぼりだし，あせの温度で体の表面をあたためようとしている

エ．毛を立てる筋肉を縮ませることで，体の中の熱をにがさないようにしている

6 6つのビーカーA～Fに同じこさの塩酸を20cm^{3}ずつとり，それぞれに同じこさの水酸化ナトリウム水よう液を表のように体積を変えて加えました。その後，加熱して水をすべて蒸発させ，残った固体の重さを調べました。以下の各問いに答えなさい。

ビーカー	A	B	C	D	E	F
塩酸〔cm^3〕	20	20	20	20	20	20
加えた水酸化ナトリウム水よう液〔cm^3〕	5	10	15	20	25	30
蒸発後残った固体〔g〕	0.5	X	1.5	2	2.3	2.6

（1）水を蒸発させる前のAのビーカーは，酸性，中性，アルカリ性のどれですか。

（2）表のXにあてはまる数字を答えなさい。

（3）水を蒸発させる前，ビーカーA～Fの液をリトマス紙で調べると，赤と青のリトマス紙の両方とも変化しないものはどれですか。A～Fの記号で答えなさい。

（4）ビーカーFに残った固体2.6g中，水酸化ナトリウムは何gふくまれていますか。

（5）この実験に使った水酸化ナトリウム水よう液5cm^{3}には，何gの水酸化ナトリウムがとけていますか。

5 マッチをすって火をつけ，その炎《ほのお》を観察しました。以下の各問いに答えなさい。

図1

（1）火のついたマッチを上向きに持つと炎の向きは右の図1のようになります。マッチをななめ下向きに持つと炎の向きはどうなりますか。次のア～エから1つ選び記号で答えなさい。

ア．

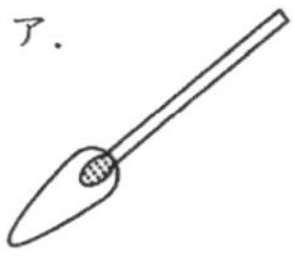

イ．

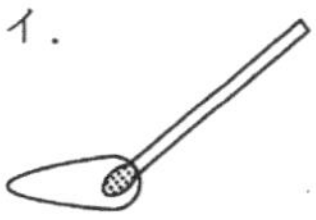

ウ．

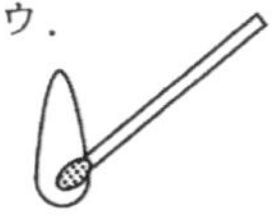

エ．

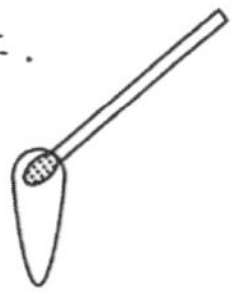

（2）右の図2のようにガラスのびんを用意し，火のついたマッチを入れると，しばらくして火が消えました。図3は，空気中の気体の体積の割合を表しています。マッチを入れて火が消えた後のびんの中の，酸素と二酸化炭素の体積の割合の組み合わせとして正しいものを，下の表のア～エから1つ選び記号で答えなさい。

図2

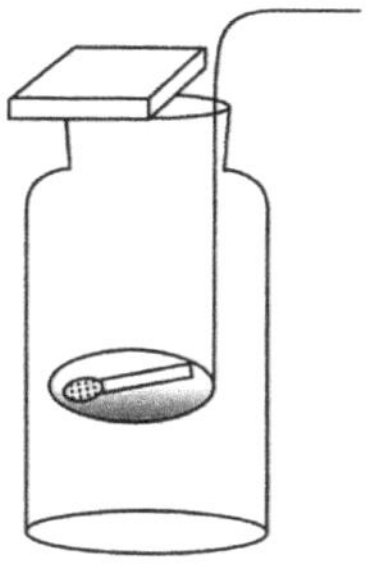

	酸素	二酸化炭素
ア	25%	0.01%
イ	25%	3%
ウ	17%	0.01%
エ	17%	3%

図3

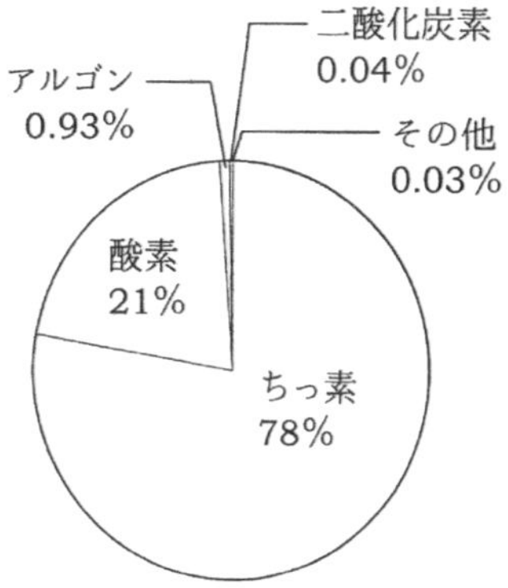

（3）（2）のときよりもガラスのびんの中の酸素の割合を多くして，火のついたマッチを入れました。（2）の場合と比べてマッチの火はどうなりますか。次のア～ウから1つ選び記号で答えなさい。

ア．よく燃える

イ．同じ

ウ．燃え方が弱い

（3）表の中の①と②にあてはまる文章を，次のア～ウからそれぞれ１つずつ選び記号で答えなさい。

ア．もとの字よりも小さい像がうつった

イ．もとの字よりも大きい像がうつった

ウ．もとの字と同じ大きさの像がうつった

（4）表の中の③と④にあてはまる文章を，次のア～オからそれぞれ１つずつ選び記号で答えなさい。

ア．レンズを直接のぞきこむと，もとの字よりも小さい倒立像が見えた

イ．レンズを直接のぞきこむと，もとの字よりも小さい正立像が見えた

ウ．レンズを直接のぞきこむと，もとの字よりも大きい倒立像が見えた

エ．レンズを直接のぞきこむと，もとの字よりも大きい正立像が見えた

オ．レンズを直接のぞきこんでも，像は見えなかった

（9）　１１ページの下線部Ｆについて、下図のように障がい者や高齢者《こうれいしゃ》らが暮らしやすいように、あらゆる障《しょう》へきを取りのぞくような考えを何というか。カタカナ６字で答えなさい。

（１０）　１１ページの下線部Ｇについて、下図の施設《しせつ》を利用した発電方法を答えなさい。

≪Ⅱ≫

D 社会保障制度は、**E 日本国憲法**第２５条に規定されている「すべて国民は、健康的で文化的な最低限度の生活を営む権利を有する。」にもとづくものである。わが国の社会保障制度は、年金保険や医療《いりょう》保険などの社会保険、生活保護などの公的扶助《ふじょ》、**F 障がい者福祉《ふくし》**などの社会福祉《ふくし》、**G 環境衛生《かんきょうえいせい》**の改善などの公衆衛生《こうしゅうえいせい》、以上４つを柱としている。

（6）　下線部Dについて、日本で、社会保障費の財源を補うため、２０１９年１０月に税率が１０％に引き上げられた税の名を答えなさい。

（7）　下図①・②は、１９７０年と２０１９年における日本の年齢《ねんれい》別人口をあらわしたグラフである。このグラフから読みとれることの正しい組み合わせを下の選択肢《せんたくし》ア～エから１つ選び、記号で答えなさい。

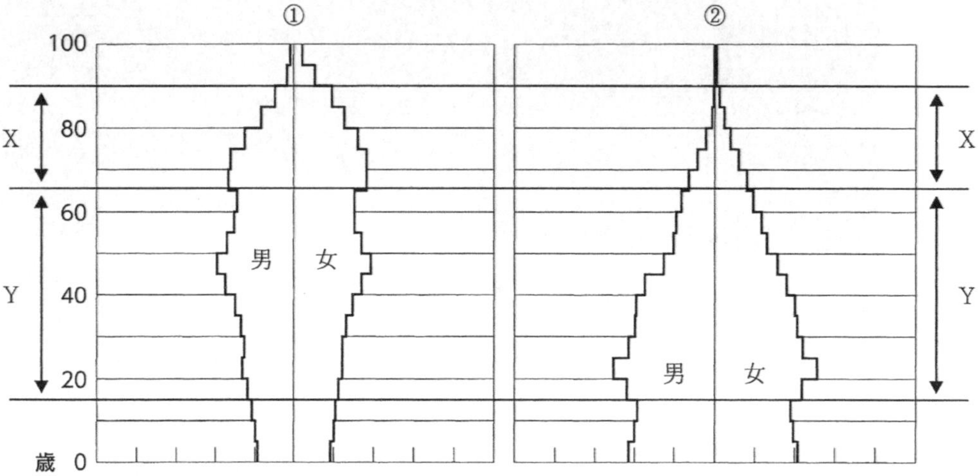

（日本国勢図会／２０２０年）

a　社会における働き手となって税金を納める層はXである。

b　社会における働き手となって税金を納める層はYである。

c　１９７０年のグラフが①で、２０１９年のグラフが②である。

d　１９７０年のグラフが②で、２０１９年のグラフが①である。

【選択肢《せんたくし》】

ア．a・c　　イ．a・d　　ウ．b・c　　エ．b・d

（8）　下線部Eについて、納税の義務、勤労の義務とともに日本国憲法が定める国民の義務について述べた下の文章の空らんに入る語句を答えなさい。

普通［　　　］を受けさせる義務

4　次の文章を読んで、あとの問いに答えなさい。

≪Ⅰ≫

国の権力は、**A 立法・行政・司法の三権に分けられ**、立法は［B］、行政は**C 内閣**、司法は裁判所という独立した機関によって担当されており、この三権は、いろいろなかたちでたがいに関係し合っている。

また主権者である国民が、常に政治のあり方を注意深く見つめ、よりよい政治が行われるよう、自分たちの考えを立法権・行政権・司法権に反映させるしくみがととのえられている。

（1）　下線部Aのように、この３つの権力を別々の機関が持つことによって、お互いに監視《かんし》し合うシステムを何というか答えなさい。

（2）　文章中の空らん［B］に入る語句を答えなさい。

（3）　下線部Cについて、内閣の最高責任者の役職名を答えなさい。

（4）　下図は令和３年１０月に実施《じっし》された第４９回衆議院議員総選挙の世代別の選挙関心度と投票参加率の中でも、特に４０歳《さい》未満の世代について抽出《ちゅうしゅつ》した表である。

下図の表中の空らん［X］・［Y］にあてはまる数字をそれぞれ答えなさい。

世代	投票率（%）
３０歳《さい》代	47.12
２０歳《さい》代	30.96
［X］歳《さい》・［Y］歳《さい》	32.28
全年代を通して	55.93

（資料　第４９回衆議院議員総選挙の世代別の投票率）

（5）　民主政治の精神をわかりやすく表した「人民の、人民による、人民のための政治」という言葉を残したアメリカ大統領をア～エから１人選び、記号で答えなさい。

ア．リンカン（リンカーン）　　イ．コロンブス　　ウ．ワシントン　　エ．ケネディ

≪Ⅲ≫

１９３１年９月、関東軍は、奉天郊外《ほうてんこうがい》の柳条湖《りゅうじょうこ》で日本の管理下にある南満州鉄道の線路を爆破《ばくは》した。関東軍は爆破を中国軍のしわざとして軍事行動を起こし、［ G ］が始まった。中国政府はこれを日本の侵略行為《しんりゃくこうい》であると主張した。国民政府からの訴《うった》えをうけて、［ H ］はイギリス人リットンを団長とする調査団を派遣《はけん》した。１９３３年、［ H ］はリットン報告書にもとづいて、満州における中国の主権を認め、占領地《せんりょうち》から日本軍が撤兵《てっぺい》するよう勧告《かんこく》した。これに対し、日本の代表団は総会の場から退場し、その後、日本は［ H ］から脱退《だったい》した。

（８）　文章中の［ G ］［ H ］にあてはまる語句の組み合わせとして適切なものを、ア～エから１つ選び記号で答えなさい。

ア．G　日清戦争　　H　国際連盟　　イ．G　日清戦争　　H　国際連合

ウ．G　満州事変　　H　国際連盟　　エ．G　満州事変　　H　国際連合

（９）　下の新聞記事の内容を年代順に並びかえたものを下の選択肢《せんたくし》ア～カから１つ選び、記号で答えなさい。

a

首相遂に兇手に倒る
昨夜十一時廿六分絶命
輝ける一生
臨時總理大臣は
高橋藏相が兼攝
今曉二時親任式擧行
犬養總裁は
黨葬に決定
後繼總裁
高橋翁

（犬養毅首相の暗殺に関する記事）

b

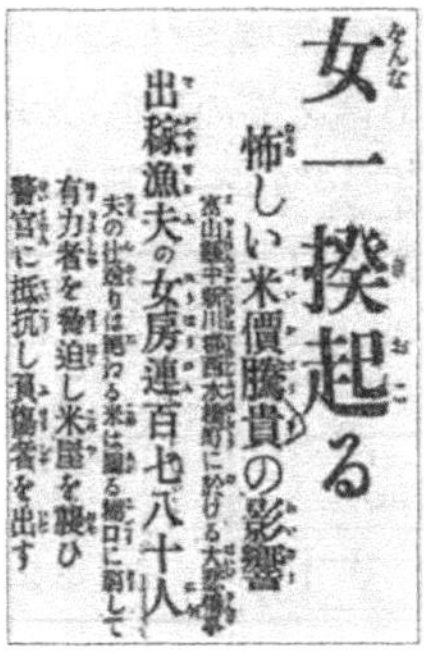
女《をんな》一揆起《おこ》る
怖しい米價騰貴の影響
富山縣中新川郡西水橋町に於ける大騒擾
出稼漁夫の女房連百七八十人
夫の仕送りは絶わる米は騰る糊口に窮して
有力者を脅迫し米屋を襲ひ
警官に抵抗し負傷者を出す

（米騒動に関する記事）

c

湯川博士にノーベル賞
日本人初めての受賞

（日本人初のノーベル賞受賞に関する記事）

【選択肢《せんたくし》】

ア．a　→　b　→　c　　イ．a　→　c　→　b

ウ．b　→　a　→　c　　エ．b　→　c　→　a

オ．c　→　a　→　b　　カ．c　→　b　→　a

（１０）　戦後、日本の民主化を指導した連合国軍最高司令官総司令部の略称《りゃくしょう》をアルファベット３字で答えなさい。

≪Ⅱ≫

新政府は、欧米《おうべい》列強に追いつくために富国強兵を目指した。「強兵」のため、徴兵《ちょうへい》令に基づく国民による軍隊をつくり出すとともに、「富国」を目指して、**D 殖産興業《しょくさんこうぎょう》政策を展開した**。政府は、**E お雇《やと》い外国人**による指導の下、欧米の技術や制度を取り入れて近代化を進めようとした。

新政府は殖産興業《しょくさんこうぎょう》政策を金融《きんゆう》面から支えるため、まず1871年に新貨条例を公布して、円・銭・厘を単位とする十進法の硬貨を発行した。さらに、翌1872年には**F 国立銀行条例**を出して、民間に紙幣《しへい》の発行を認めた国立銀行を成立させた。

(5)　下図の工場は、フランス人の指導の下で、フランスから輸入した300台の機械を設置して、国産生糸の生産（製糸業）の発展に大きく貢献《こうけん》した工場である。下線部Dのために、1872年、群馬県に開設された下図の工場の名を答えなさい。

(6)　下線部Eのうち、札幌《さっぽろ》農学校の初代教頭をつとめ、植物学や自然科学を教えた下図の人物名を答えなさい。

(7)　下線部Fについて、新貨条例や国立銀行条例などの諸制度の改革を実施《じっし》し、のち、第一国立銀行を設立するなど、日本経済の基礎《きそ》を築いた人物の肖像画《しょうぞうが》が用いられている紙幣《しへい》をア～エから1つ選び、記号で答えなさい。

ア

イ

ウ

エ

3 次の文章を読んで、あとの問いに答えなさい。

≪Ⅰ≫

5代将軍徳川綱吉の時代には政治が安定し経済が大きく発展した。この時代を[A]時代と呼んでいる。経済が発展すると、上方の都市を中心に、経済力を持った町人による新しい文化が生まれた。この文化を[A]文化という。文学では、井原西鶴・**B 近松門左衛門**・松尾芭蕉が新たな作風を生み出した。

徳川家斉が11代将軍になると、田沼意次を解任し、新たに白河藩主の松平定信を老中に就任させ、政治改革を行わせた。この改革を寛政の改革という。定信は民間に対しても政治批判を禁止し、出版統制を行うなど厳しく風紀をとりしまったため、**C 人々の反感を買った**。その後、将軍と対立したこともあり、1793年に定信は老中を解任された。

（1） 文章中の[A]にあてはまる語句を答えなさい。

（2） 下線部Bについて、近松門左衛門の代表作『曽根崎心中』を上演している様子をえがいた図をア～ウから1つ選び、記号で答えなさい。

ア

イ

ウ

（3） 下線部Cについて、松平定信を批判してよまれた歌をア～エから1つ選び、記号で答えなさい。

※問題の都合上、一部仮名づかいにしている。

ア．白河の　清きに魚も　すみかねて　もとのにごりの　田沼恋《こい》しき

イ．泰平《たいへい》の　眠《ねむ》りをさます　上喜撰《じょうきせん》　たった四はいで　夜も寝《ね》られず

ウ．この世をば　わが世とぞ思ふ　望月の　欠けたることも　なしと思へば

エ．上からは　明治だなどと　いふけれど　治明（おさまるめい）と　下からは読む

（4） 江戸時代に起こった次の出来事を年代順に並びかえたものを下の選択肢《せんたくし》ア～カから1つ選び、記号で答えなさい。

a　キリスト教徒の天草四郎を中心に大規模な一揆《いっき》が起こった。

b　徳川吉宗が享保の改革を行った。

c　大老井伊直弼が、安政の大獄により反対派の公家・大名や尊王攘夷派の藩士を多数処罰《しょばつ》した。

【選択肢《せんたくし》】

ア．a → b → c　　イ．a → c → b

ウ．b → a → c　　エ．b → c → a

オ．c → a → b　　カ．c → b → a

問三

問四

問五

問六

問七

問八

・ ・

問九

1

2

Ⅰ Ⅱ

三

A

① ② ③ ④ ⑤

B

① ② ③ ④

C

① ② ③ ④ ⑤

D

歳

令和５年度入学試験

算 数 解 答 用 紙

一次A

受験番号					

↓ここにシールをはってください↓

23A2

※120点満点
（配点非公表）

1

(1)		(2)		(3)		(4)	
(5)		(6)					

2

(1)	円	(2)	ページ	(3)		(4)	g
(5)	秒						

3

(1)	度	(2)	cm^2

令和５年度入学試験

理　科　解　答　用　紙

一次Ａ

受験番号					

↓ここにシールをはってください↓

23A3

※80点満点
（配点非公表）

1

（1）	（2）	（3）	（4）	（5）	（6）

2

（1）			（2）
①	②	③	

（3）	（4）	（5）
	→ →	

3

（1）	（2）		
	図１	図２	図３
→ →			

【解答

令和５年度入学試験

社 会 解 答 用 紙

受験番号					

一次A

↓ここにシールをはってください↓

23A4
※80点満点
（配点非公表）

1

（1）	大陸	（2）		（3）			
（4）	X	Y	（5）	記号	都市名　市		
（6）		（7）		（8）			
（9）		（10）					

2

（1）		（2）		（3）	
（4）		（5）		（6）	
（7）		（8）		（9）	

⑤

一次B

大谷中学校

令和五年度入学試験

国語

注意

・テスト時間は六〇分です。
・問題冊子、解答用紙に受験番号を書きなさい。
・問題は［一］～［三］まであります。
・設問の都合上、本文を一部改めたところがあります。
・答えはすべて解答用紙に書きなさい。
・質問があるときは、だまって手をあげなさい。
・試験が終わったら、問題冊子、解答用紙を机の上に別々に置きなさい。

問いに字数指定がある場合は、句読点・記号も一字とします。

受験番号					

一

次の文章を読んで、後の問いに答えなさい。

――変わっていない、記憶《きおく》の中に眠《ねむ》っていた道と。ビーマンはそう感じた。この道を通って、自分は今、懐《なつ》かしい場所へ帰ってゆくのだ。（　A　）。

二年前にあの事故が起きなければ、今でも家族四人で住んでいたはずの家。だいぶ古い建物だったけれど、自分や妹がそこで生まれ、そこで育った大切な家だった。

それを見たからといって、[1]過去にもどれるわけではない。ただ、自分の記憶をしっかり確かめたいと思った。授業で習った※「アイデンティティ」を確認《かくにん》するために。

降りた停留所は、駅前のにぎわいとはかけはなれた静かなところだった。舗装《ほそう》道路から路地に入ると、土に草が生えた道をなだらかに下ってゆく。家と家の間隔《かんかく》は広く、路地の向こうには畑と森が見えた。歩いている人の姿はほとんどない。セミの鳴き声だけが、どこからともなく聞こえてきた。

「ここがきみの生まれたところ？」

［　Ⅰ　］。

「ふーん。ぼくたちの街とそんなに変わらないね」とプーが言った。

「そうかな。おれはそうは思わないけど」

「だって静かじゃないか。セミの声しか聞こえない。空気も澄《す》んでいる」

［　Ⅱ　］。

枝葉が大きく茂《しげ》ったクスノキの下に、駄菓子《だがし》屋が一軒《いっけん》あった。人の通りが少ないから、客もいない。まるでアニメ映画『となりのトトロ』に出てくるシーンみたいだとワンコは思った。

ビーマンはよく、学校帰りに近所の友だちとここに立ち寄った。暑い時期にはアイスキャンディをかじりながら、クスノキの木陰《こかげ》で休んだ。夏の前半はアブラゼミの暑苦しい声が、頭上からふってきた。

ちょっと立ち寄って、冷たいものでも口にしようか、と思った。なじみだった店のおばあさんにあいさつし、[2]大きくなった自分を見てもらうのも……。

入り口の土間から、そっと中をのぞいてみた。奥《おく》のレジの横には、見たことのないおじさんがいた。本でも読んでいるようだ。いつものおばあさんは、どうしたのか。

［　Ⅲ　］。

三人は、気をつかって、ビーマンと少し距離《きょり》を置き、だまって様子を見つめていた。

「すぐそこなんだ。あと二、三分」

そう言うと、みんな同じような笑顔《えがお》でうなずいた。

あと二、三分この路地を行き、左手の角を曲がった二軒目が自分の家だ。

炎天下《えんてんか》の路上で、首筋の汗《あせ》をぬぐう。足を止めると、3心臓の鼓動《こどう》がかなり速くなっているのがわかった。一度、大きく深呼吸をしてから歩き出した。

左手に、くすんだ灰色の民家が見えてきた。おとなりの村山さんの家だ。

風変わりなおじいさんが一人で住んでいて、めったに家から出ず、近所の人と口をきいたこともない。幼いころのビーマンには、なんとなく「お化け屋敷《やしき》の老人」のように感じられたものだ。

村山さんの家の横を、左に曲がった。すぐそこに、懐かしいわが家が、ある——はずだった。

「うっ」と、うめき声がもれた。そんなばかな——。

全身が金縛《かなしば》りにあったように、固まってしまった。

目の前に、なにもない空間が、（　X　）広がっていた。建物はなく、地面がむき出しになっている。最近になって取りこわし、きれいに整地されたのだろうか。土の色が、耕した畑のように茶色っぽく、浮《う》いて見えた。

4ビーマンはその前に立ちつくし、しばらく動くことができなかった。そのうち肩《かた》が震《ふる》えだしたのが、背後からもわかった。

「ボクたち、さっきの店で待ってるね」

ワンコが言って、二人の男子と駄菓子屋のほうに引き返した。

楽しい旅の最後に待っていたのが、こんな場面だったとは。想像していなかった展開に、心の整理がつかなかった。

汗に混じって、涙《なみだ》が頬《ほお》を流れる。日向《ひなた》で直射日光を浴び続け、全身から汗がふき出していたが、5暑さは感じなかった。

そうやって、どれほどの時間たたずんでいただろうか。

視界に一頭の犬が現れた。はっとして意識がもどった。見ると、柴犬《しばいぬ》だった。

「ハル」

思わず名を呼んだ。

※松島の夜に、テントの外で鳴いていたのは子犬だった。プーは大きな犬だったと言い、どちらが夢か現《うつつ》だったのか、よくわからなかった。しかし今、自分の前でおすわりをしているのは、子犬ではなく、成犬だった。赤い首輪をはめている。

事故と葬儀《そうぎ》のあわただしい日々の間に、気がつくと行方《ゆくえ》不明になっていたハル。もし生きていたら、ちょうどこのくらいの大きさに成長していたのではないか。

「ハル」ともう一度呼んでみた。

犬はワンと吠《ほ》えて、ビーマンのほうに近寄ってきた。成犬なのに、まだ左の耳が少し垂れていた。かつてのハルの特徴《とくちょう》と同じだ。
おまえはあれから、どこか別の家で飼われていたのか？
頭をなで、顔に自分の頬をすりつけてみた。懐かしい犬の匂《にお》いが鼻先に漂《ただよ》った。
そうやって戯《たわむ》れていたとき、道の反対側から「レオ」という呼び声が聞こえた。
犬はすぐに反応し、そちらに駆《か》けていった。
「ハル！」
ビーマンは三度目の声かけをした。すると犬はいったん立ち止まり、再度小さく吠えてから走り去った。
はたしてほんとうにハルだったかどうかは、わからなかった。しかしビーマンは、さびしさより、ささやかな充足感《じゅうそくかん》を覚えた。
ハルであったなら、生きていてくれてよかった。ハルでなかったとしても、あの犬は、ここで自分がハルとすごした日々を、（　Y　）思い出させてくれた。
元気で生きろよ——。ビーマンは犬が消えたほうを見て、心につぶやいた。

ようやく暑さの感覚が、からだにもどってきた。
リュックからタオルと、緑色のネット状の袋《ふくろ》を取り出し、まず全身の汗をタオルでふいた。それから袋を開き、中のものを手のひらに並べた。小さな球根の粒《つぶ》だ。
それを握《にぎ》りしめて、整地された区画の端《はし》まで歩いた。そこにしゃがみこむ。土のやわらかそうなところを探し、人差し指を第二関節まで、まっすぐ入れて穴を作った。
それを二十センチほどの間隔で三度くり返すと、その穴に、かつて母に教えられたとおりのやり方で、小粒の球根を落とした。
「とがったほうを下にして植えるの。穴の深さは、指をさして第二関節くらいまで」
母の声も言葉も、しっかり耳に残っていた。まるできのうのことのように。
ビーマンが持ってきた球根は、昔、家の庭に咲《さ》いていたのと同じアネモネだった。母がいちばん愛した花だ。今回、家にほかの人が住んでいたら、そして花がなくなっていたら、庭のすみに、迷惑《めいわく》にならない程度の数の球根を植えてこようと思っていた。数は三個。父と母と、妹の分と。
もし来年、花を咲かせても、まだ更地《さらち》のままだったらそこだけ目立ち、だれかに抜《ぬ》かれてしまうかもしれない。その可能性は、昔の家が残っていた場合でも、変わらなかったかもしれない。
もうここは、自分の領域ではないのだ。かつては自分の領域だったという事実は、記憶の中にしか存在しない。——ビーマンはそんなふうに考えた。
ふーっと一つ、大きな息を吐《は》いた。そして球根を植えた穴に、まわりのやわらかい土を入れた。それで作業終了《しゅうりょう》だ。6やがて花が咲くかどうかは、もう自分のかかわるところではない。
　ビーマンは手の土を払《はら》い、その場に立ち上がった。
　さよなら。
　口には出さず、心で念じた。
　しばらく頭を下げてから、来た道にもどった。
　そのとき、今までの静けさがうそのように、子どもたちの声が聞こえてきた。何人もの姿がわらわらと現れ、勢いよく坂道を下ってきた。
　小学校のほうから来たところを見ると、登校日か、プールの練習日だったのだろう。自分にも覚えがあった。
　子どもたちは歓声《かんせい》をあげながら、まっすぐこちらに走ってきた。ビーマンは道の端によけて、彼《かれ》らの姿を見守った。
「あ、曽根《そね》、沼田《ぬまた》。長谷川《はせがわ》も」
　思わず声が出た。かつての同級生の顔が、一団の中にチラッと見えた。
　――見えた気がした。もしかしたら、自分の顔もあったのではないか。
　子どもたちはビーマンの前を走り、すばやく駆け抜け、そのまま森のほうに消えていった。まるで一瞬《いっしゅん》の幻《まぼろし》だったかのように。
　クスノキの下の駄菓子屋。無くなっていた実家。ハルによく似た犬。そして地元の子どもたち。自分が生地に帰ってきて確認したのは、これだけだった。
　……これだけ確認できれば、もう十分ではないか。なぜなら、自分には今、新しい、大切なものがあるからだ。
　名古屋で失ったものもあれば、名古屋をはなれて得たものもある。生きてゆくとは、そういうことなのかもしれない。だったら、7新たに得たものを、もっとよく見てみよう。大切にしよう。
　ビーマンはそんな思いにかられ、小さく自分にうなずいた。
　路地の向こうに、長い年月親しんだクスノキと駄菓子屋が見えてきた。そのかたわらで、アイスキャンディの棒を持った三人が、手を振《ふ》っていた。こちらも手をあげ、彼らのところまで走った。
「待たせてごめん。悪かった。」とビーマンは謝った。
「もういいの？　ぼくたちは全然かまわないよ」
　プーがそう言うと、ワンコは袋に入ったままのアイスを差し出した。
「きみの分も買っといたけど、もうだいぶ溶《と》けちゃった。食べる？」
「サンキュー。溶けかけたアイスも、うまいもんだよな」

ビーマンは、もらった袋を少しだけ切って、溶けた部分を口に流しこんだ。
「うめえ、この汁《しる》。最高！」
本気で喜ぶビーマンの顔を見て、他のメンバーは屈託《くったく》のない笑顔を見せた。
「まだ余裕《よゆう》があるって。グッチが電車と、あそこのバス停の時刻表を調べてくれた。だから――」
プーが言いかけたところで、ビーマンが顔の前で手を振った。
「ありがとう。でもいいんだ。もう気がすんだから。帰ろう。おれたちの街へ」
まるでプーのように、明るく率直《そっちょく》な言い方だった。
おれたちの街――。ビーマンがそんな表現をするのも、初めて聞いた。
「それでいいなら、ぼくたちは反対しないけど」とグッチが言った。

（本田有明『ここではない、どこか遠くへ』）

※　アイデンティティ　…　自分が自分であること。さらにはそうした自分が、他者や社会から認められているという感覚のこと。
※　松島の夜　…　以前ビーマンたちは宮城県の松島を訪れている。

問一　（　A　）には、「感動して目に涙《なみだ》が浮かんでくる」という意味を持つ慣用句をふくんだことばが入ります。あてはまるものを次から選び、記号で答えなさい。

ア　目尻《めじり》がぐっと下がった
イ　目頭《めがしら》がふっと熱くなった
ウ　目をじっと見張った
エ　目をきらりと光らせた

問二　1過去にもどれるわけではない　とありますが、ここでいう「過去」の思い出にあたる部分を、本文の 降りた停留所は、……自分の家だ。 の中からぬき出し、最初と最後の三字を答えなさい。

問三 [I]～[III] にあてはまるものを次からそれぞれ選び、記号で答えなさい。

ア　ビーマンはだまったまま路地を歩いた
イ　迷ったあげく、声をかけるのはやめた
ウ　ワンコの問いかけに、ビーマンは無言でうなずいた

問四 [2]大きくなった自分を見てもらうのも……　の「……」にはどのようなことばがあてはまると考えられますか。最も適当なものを次から選び、記号で答えなさい。

ア　いいかもしれないな　　イ　気がひけるな　　ウ　やめたほうがいいな　　エ　変な感じだな

問五 [3]心臓の鼓動がかなり速くなっているのがわかった　とありますが、この時のビーマンの気持ちを次のようにまとめました。（　1　）～（　4　）にあてはまることばを、本文からそれぞれ指定された字数でぬき出しなさい。

自分の（　**1…八字**　）を確認するために（　**2…一字**　）年前まで家族（　**3…一字**　）人で住んでいた（　**4…七字**　）を訪れようと思っていたが、いざもうすぐそこに着くという時になると、ひどく緊張《きんちょう》してしまった。

問六 （　X　）・（　Y　）にあてはまることばを次からそれぞれ選び、記号で答えなさい。

ア　ぼんやり　　イ　のんびり　　ウ　しっかり　　エ　ぽっかり　　オ　ぎっしり

問七 [4]その前に立ちつくし、しばらく動くことができなかった　とありますが、そのときの様子をたとえている部分を本文から一文でぬき出し、最初の五字を答えなさい。

問八 [5]暑さは感じなかった　とありますが、それはなぜですか。説明しなさい。

問九 6やがて花が咲くかどうかは、もう自分のかかわるところではない　とありますが、このときのビーマンの気持ちはどのようなものですか。その説明として最も適当なものを次から選び、記号で答えなさい。

ア　思い出の家がなくなってしまった以上、もう自分にとっては何の関係もない場所なので、花がどうなってもかまわないと思う冷めた気持ち。

イ　この場所で花が咲くかどうかについては、自分ができることはもう何もないので、あとは花の生命力にまかせるしかないと祈《いの》るような気持ち。

ウ　思い出の場所でやりたかったことができたので、もうこの場所に思い残すことは何もなく、自分の思いに区切りをつけられたという気持ち。

エ　球根を植えたことで、亡《な》くなった家族を思い出の場所に無事連れてくることができたという満足感でいっぱいになり、うれしいと思う気持ち。

問十 7新たに得たものを、もっとよく見てみよう。大切にしよう　とありますが、この気持ちを象徴《しょうちょう》したことばをビーマンの発言から六字でぬき出しなさい。

7 図のように，長方形 ABCD があり，

AE = EB = BF = 2 cm，FC = 4 cm です．

このとき，次の問いに答えなさい．

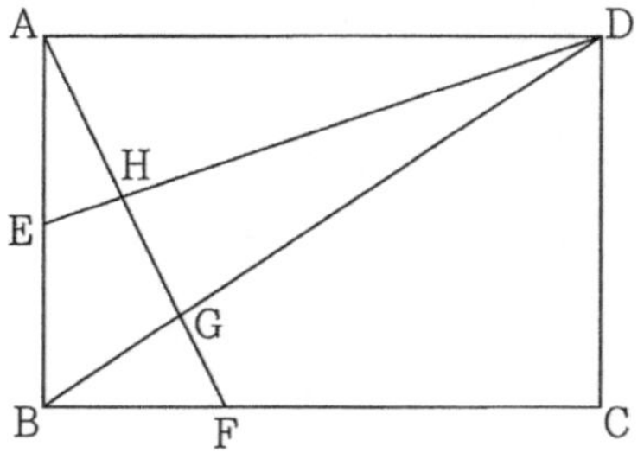

(1) AG：GF を最も簡単な整数の比で答えなさい．

(2) AH：HF を最も簡単な整数の比で答えなさい．

(3) 三角形 DHG の面積は何 cm^2 ですか．

6 図のように，ある規則にしたがって数を並べていきます．
このとき，次の問いに答えなさい．

	1列目	2列目	3列目	4列目	…
1行目	1	4	9	16	…
2行目	2	3	8	15	…
3行目	5	6	7	14	…
4行目	10	11	12	13	…
⋮	⋮	⋮	⋮	⋮	…

(1) 上から 1 行目，左から 10 列目の数は何ですか．

(2) 上から 40 行目，左から 40 列目の数は何ですか．

(3) 2023 は上から ［ア］ 行目，左から ［イ］ 列目にあります．
［ア］ と ［イ］ に入る数を答えなさい．

2023(R5) 大谷中　一次B
教英出版

4 長さが 90 m の上り列車が，時速 54 km の速さで進んでいます．この列車がトンネルに入り始めてから，トンネルを完全に抜《ぬ》け出すまでに 2 分 34 秒かかりました．
このとき，次の問いに答えなさい．

(1) この列車は 1 秒間に何 m 進みますか．

(2) このトンネルの長さは何 m ですか．

(3) 上り列車が，長さが 150 m の下り列車と，出会ってから完全にすれ違《ちが》い終わるまでに，6 秒かかりました．下り列車の速さは時速何 km ですか．

5 袋《ふくろ》の中に赤玉 2 個，緑玉 2 個，青玉 1 個が入っています．袋の中から玉をいくつか取り出して，左から順に 1 列に並べます．ただし，同じ色の玉は区別がつかないものとします．
このとき，次の問いに答えなさい．

(1) 袋の中から玉を 2 個取り出すとき，1 列に並べる方法は何通りありますか．

(2) 袋の中から玉を 3 個取り出すとき，1 列に並べる方法は何通りありますか．

(3) 袋の中から玉を 4 個取り出すとき，1 列に並べる方法は何通りありますか．

問六

問七

時間

問八

問九

三

A

①

十

②

十

③

十

B

①

・

②

・

③

・

④

・

C

①

②

③

④

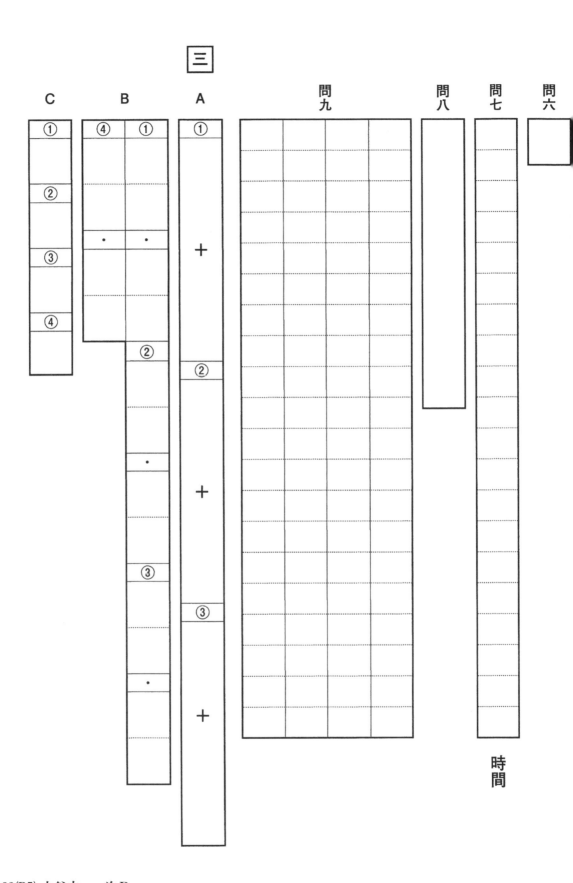

令和５年度入学試験

算 数 解 答 用 紙

一次B

受験番号					

↓ここにシールをはってください↓

23B2

※120点満点
（配点非公表）

1

(1)		(2)		(3)		(4)	
(5)		(6)					

2

(1)	円	(2)	点	(3)	度	(4)	g
(5)	m						

3

(1)	度	(2)	cm^2

【解答用

(1)	m	(2)	m	(3)	時速　　km

5

(1)	通り	(2)	通り	(3)	通り

6

(1)		(2)		(3)	ア	イ

7

(1)	：	(2)	：	(3)	cm^2

一次B

令和五年度

国語解答用紙

受験番号

23B1

↓ここにシールをはってください↓

※120点満点
（配点非公表）

一

問一

問二 〜

問三
Ⅰ
Ⅱ
Ⅲ

問四

問五
1
2
3
4

問六
X
Y

問七

問八

問九

問十

二

問一 〜

問二
X
Y
Z

問三

問四

3　次の問いに答えなさい．

(1)　図のように，正方形と正三角形を組み合わせた図形があります．角 x の大きさは何度ですか．

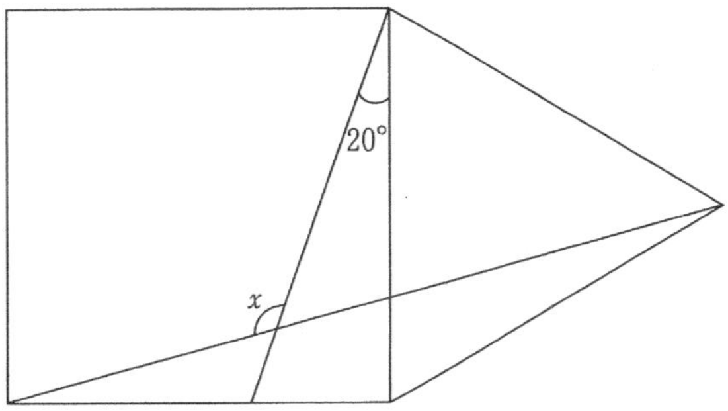

(2)　次の図形を，直線 ℓ のまわりに 1 回転させてできる立体の表面積は何 cm^2 ですか．

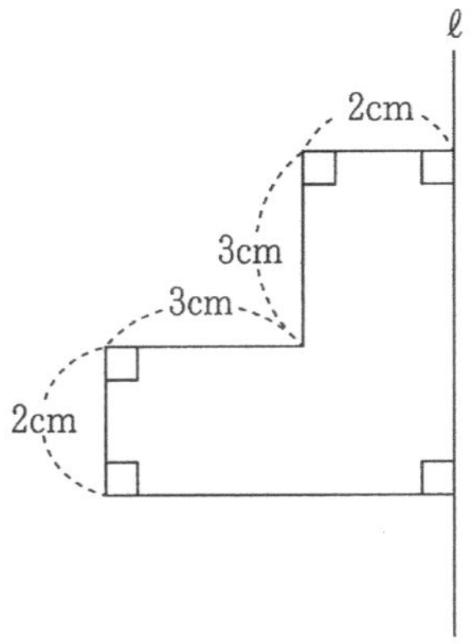

1　次の □ にあてはまる数を求めなさい．

(1)　$53 + 7 \times 4 - 54 \div 9 =$ □

(2)　$1 - \frac{1}{2} + \frac{2}{3} \div \frac{3}{4} - \frac{4}{5} =$ □

(3)　$\frac{1}{3} + \left(\frac{5}{7} - \frac{3}{14}\right) \times 4\frac{2}{3} =$ □

(4)　$\left(\frac{1}{12} + \square\right) \times \frac{1}{2} + 3 = 6$

(5)　0.6 時間と 0.8 分を合計すると □ 秒になります．

(6)　$\frac{71}{35}$ より大きく $\frac{43}{21}$ より小さい数のうち，分子が 214 である分数の分母は □ である．

2　次の問いに答えなさい．

(1)　1 本 60 円のえんぴつを 8 本と，1 冊 120 円のノート 6 冊を買うために 2000 円をしはらったとき，おつりはいくらですか．

(2)　5 回のテストのうち，4 回の得点は，68 点，71 点，82 点，89 点でした．
5 回の得点の平均が 81 点のとき，残り 1 回の得点は何点ですか．

(3)　時計が 10 時 50 分のとき，長針と短針がつくる小さいほうの角の大きさは何度ですか．

(4)　8 %の食塩水と 5 %の食塩水を混ぜ合わせると 7 %の食塩水が 900 g できました．
8 %の食塩水を何 g 混ぜ合わせますか．

(5)　兄は毎分 84 m，弟は毎分 60 m の速さで同時に家を出発し学校へ向かいました．兄が学校に着いてから 6 分後に弟が学校に着きました．家から学校までの道のりは何 m ですか．

5

一次B

令和5年度入学試験

算　数

大　谷　中　学　校

注　意　・テスト時間は60分です.
・問題冊子，解答用紙に受験番号を書きなさい.
・問題は 1 ～ 7 まであります.
・答えはすべて解答用紙に書きなさい.
・質問があるときは，だまって手をあげなさい.
・どの問題も，すぐ答えが出せるもののほかは，答えを出すための式や計算は問題冊子に残しておきなさい.
・試験が終わったら，問題冊子，解答用紙を机の上に別々に置きなさい.

・問題で円周率が必要なときは3.14とします.
・売買の問題でとくに指示がない場合，消費税は考えないものとします.
・問題にかいてある図は必ずしも正確ではありません.

受験番号					

二

次の文章を読んで、後の問いに答えなさい。

1時間を水の流れに喩《たと》えるというのはどういうことか。「いま」はすぐに「いま」でなくなる、未《いま》だ「いま」でないものが次々に「いま」になる。「いま」とは現在であり、「いま」でなくなったものは過去であり、「いま」になるものは未来である。その未来から現在、そして過去への変化を、川の流れのように考えるということである。

しかし、時間はそもそもそのように、未来から現在へと流れ来たり、現在から過去へと流れ去るものなのだろうか。

たしかに時を測るとき、わたしたちはまず時計を見る。時計の時間は数量化された時間であり、その均質な時間の経過が時計の針とそれが刻む円形に配された数とで示される。それは言ってみれば、空間化された時間、点の連続としての時間である。しかし、時間がどのように体験されるかという視点から時間を眺《なが》めてみれば、それは移りゆくもの、過ぎゆくものであり、そのようなものとして、たとえば「時間がなかなか経《た》たない」とか「もう時間になったの？」「あっというまに過ぎたね」「さあ、いよいよこれからだね」というふうに感じられる。そういう緩急《かんきゅう》をもったものとして、それは水の流れに喩えられる。

では、ひとはこうした流れのなかでその流れとしての時間をどのようにとらえているのか。そこでいま橋の上から川の流れを見下ろしているシーンを想像してみる。橋の上から川の流れを見下ろすには二つのやり方がある。上流の側の欄干《らんかん》にもたれ、向こうからやってくる流れを見るのと、下流の側の欄干にもたれ、足《あし》許《もと》から向こうへ去ってゆく流れを見るのとである。言いかえると、まだないものがこちらに来るのと、足許にあるものがだんだん見えなくなってゆくのとである。

時間を水の流れのように感じるにしても、だから、向こうからやってくる水を見ながらと言うのと、向こうへ去ってゆく水を見ながらと言うのとでは、同じ流れであっても趣《おもむき》はずいぶん異なる。流れは（　X　）流のほうを見やっているときには「まだない」が「いま」となることとして感じられ、（　Y　）流のほうを見やっているときには「いま」が「もうない」となることとして感じられる。

人生の「上り坂」にあるひとはたいてい（　Z　）流のほうに向かって水を眺める。これからやってくる先の時間のことばかり考え、それとの関係で自分がいまやるべきことを決める。いずれ消えゆくものについてはよくよく考えないで、気を取り直して、次になすべきことを考える。そう、プロジェクトである。プロジェクトの「プロ」というのは、「前方に」「先に」「前もって」を意味するラテン語の接頭辞pro-である。プロジェクトも、もとはと言えば「前に投げる」という意味だ。そこである企業《きぎょう》プロジェクトを開始するときにひとがすることを列挙してみると、2おもしろいことに気づく。

まず、利益（プロフィット）の見込《みこ》み（プロスペクト）を立てる。立てば計画（プログラム）に入る。そしてそれにしたがって生産（プロデュース）を開始する。売りさばき、やがて約束（プロミス）手形で支払《しはら》いを受ける。そして利潤《りじゅん》の計算をして、企業活動として進展（プログレス）があれば、さらに販売促進《はんばいそくしん》（プロモーション）に努める。そして一段落したところで、推進者には昇進《しょうしん》（プロモーション）が待っている……。「プロ」のオンパレードである。これほどまでに仕事は「前向き」である。プロ、プロ、プロ、プロ。いつも前方ばかりを向いている。つまり、時の流れのいわば上流をしかと見つめながら、他よりいちはやく流れ来るもの（トレンド）を摑《つか》んだものが勝ちなのである。

これらの背景には、知識の増大、心理への接近、合理性の開花、道徳性の向上、技術力の増大、貧困からの解放といった、啓蒙《けいもう》主義的ないしは進歩主義的な歴史意識がある。さまざまな文明的な価値が人類の歴史のなかで累進《るいしん》的に増大してゆくという時代感覚であり、時代はよりよい未来に向けていま前進しつつあるという歴史感覚である。

ちなみに、そういう前のめりの時間感覚を純化したのがネオマニー（新しもの好き）の心性である。ネオマニーは、未知のものにもっとも近いフロント（先《せん》端《たん》）にいま自分がいるという感覚を生きようとする。前のめりの「いま」がこのようなひとたちにとっては、フロント（最前線）と感じられる。流行を追うひとたち、アヴァンギャルド（前衛的）なひとたちがかつて、その感覚を「ナウい」と表現したのも、いま何かが終わり、別の何かが始まるという、そういう※分水嶺《ぶんすいれい》として現在を感じていたいという思いがかれらを貫《つらぬ》いていたからである。分水嶺と感じるというのは、流れ来ることと流れ去ることとの境への強烈《きょうれつ》な意識であり、発端《ほったん》と終焉《しゅうえん》とのその境目に自分がいるという意識である。そういう強い「物語」をかれらは生きようとしてきた。

これに対して、3いまどきの若いひとたちはたぶん、そのようには時間を感じない。そんな「前向き」の生活がひとの時間をどんなに貧しくしているかを、せかせかして余裕《よゆう》のない親たちの生活を見て知っている。先を見ても、荒《あ》らされた畑ばかりが見えて、自分が一から拓《ひら》くような土地は見えない。だからすぐに「ぜんぶ見えちゃっている」とうそぶく。そして橋の上に立っても、流れ去る水ばかり見る。そして、前方をこれ以上見ても詮《せん》ない定年まぎわの初老のひとのように、こうつぶやく。「なんかもう済んだ感じ」「自分ももうそんなに若くない」、と。なんとも切ない光景だが、逆に、だから「いま」という時間を大事にしようと思いつめているようでもある。ともあれ、未来との関係で現在を位置づけるという生き方はもうできない、ここで何かをしなければもうぜんぶ終わってしまう……という、せっぱつまった感情が、思春期と呼ばれる人生の時期にせり出してきていることはたしかだ。「流れ」の喩えを下敷《したじ》きにして人生を見ると、人生の光景はさしあたってそのようなものとして浮《う》かび上がってくる。

4若者がまるで初老のひとのような台詞《せりふ》をはくのに対して、老いのただなかにあるひとは、意外にもせかせかしている。時間がたっぷりあるはずなのに、逆にまわりの者が苛立《いらだ》つほどにせっかちだ。不思議なことである。歳《とし》をとると、出来事が個別性を失ってパタン化してくるということがあるのかもしれない。だからその出来事がいつだったか思い出せないということがあるのかもしれない。

〈時《とき》〉という言葉は「とく」という動詞からきていると言われる。〈時〉は、「疾《と》く」という、速《すみ》やかさを意味すると同時に、「解く」という、ほどけ、あるいはほどかれのことでもあるらしい。齢《とし》を重ね、やがて時がほどけてゆく、ばらけてゆくということについて、精神科医の中井久夫さんがある論文のなかでおもしろい指摘《してき》をしている。

二十《はたち》歳のひとにとって十年の差は大きい。それは人生の半分にあたるからだ。が、六十歳《さい》の人間にとって二十歳のときと三十歳のときとの十年の差は、通ってきた道の六分の一である。そして九十歳ともなれば、それらはほぼ同じ遠さであろう。つまり、5人間の記憶《きおく》というのは、縦並びから横並びへと徐々《じょじょ》に変わってゆく。記憶は、若いあいだは何がどの年に起こったかが克明《こくめい》に記録されるクロノロジー（年代記）のかたちをとるが、やがてだいたいあの頃《ころ》というふうに前後の秩《ちつ》序《じょ》だけがはっきりしているパースペクティヴ（遠近法）に移行し、最後は遠近もさだかでない一枚のピクチュア（絵）になる、というのだ。

たしかに、老いのなかにたっぷりと浸《ひた》っているひとは、直前のこと、一昔前のことはすっかり忘れはてているのに、子どもの頃のことはおどろくばかり克明に憶《おぼ》えている。話はいつも同じだが、イメージはいつまでも鮮烈《せんれつ》であるらしい。そんなばらばらの鮮烈なイメージが、〈時〉の移ろいからも離脱《りだつ》して、「一枚のピクチュア」のように同時的に並ぶ図。ここには、[6]〈時〉をリニアに流れるものとしてとらえるのとはまったく別の感受性がある。始めと終わりで区切られる直線の時間ではなく、ぐるぐる循環《じゅんかん》する円環の時間、輪廻転生《りんねてんしょう》の時間でもなく、別の「いま」が折り重なり、散乱している、そんな時間である。

〈時〉がばらけてゆくというのは、自分が、いや世界そのものがばらけてゆくということでもある。世界がそのようにばらけていって、「一枚のピクチュア」のようになったとき、世界はきっと、自分にとって意味のあることばかりが充満《じゅうまん》していながら、しかしどこか不気味な光景として現われてくるだろう。じっさい、過去のあるイメージが意識のなかに現われることを拒《こば》み、それを無意識のなかに圧《お》しつめてきたわたしたちのそれじたい無意識の操作が、あるとき不意にむきだしになることがある。そのとき、異なる「いま」の散乱のなかで、壮年《そうねん》期まで必死で紡《つむ》いできた物語がばらけ、これまで意識したこともなかった別の下絵が浮き上がってくる。そのことによって、わたしたちはこれまでの「わたし」の外に出る。そう、恍惚《こうこつ》と訳されるエクスタシス（脱自《だつじ》）である。老いを迎《むか》え、〈時〉の移ろいをたっぷりと感じたあと、わたしたちはこのようなかたちで、ついに水面をともに漂《ただよ》うひとたちとも切れて、最後は〈時〉の外に出てしまうのかもしれない。

その一方で、老いるとせっかちになるというのも、時間の仕組みを考えれば、それほど不思議なことではない。「ああ、夢だった」と口にすることで、夢を見ていた「さっき」と夢から醒《さ》めている「いま」がそれぞれに、[7]時としてのかたどりを得る。「ああ、さっぱりした」と言うことで、湯に浸《つ》かっていた「さっき」と湯から上がっている「いま」とが、〈時〉として区切られる。言葉によって行為《こうい》を切り分け、そのことで時間の推移がはっきりしたかたちをとるようになる。いつ終わるともなくだらだらとつづくおしゃべりが、「あっ、電車の時間だ」「そろそろ仕事に戻《もど》らないと」という言葉でようやっと区切りがつくのと、それはよく似ている（大森荘蔵『時間と自我』、中島義道『時間論』参照）。場面を切り換《か》えること、別の行為に移ること。シーンが変換《へんかん》するというそういうチャンスが、職から離《はな》れると生まれにくくなる。〈時〉を区切るそのきっかけが「外」からはなかなか訪れない。だから、だらだら、いつになっても終わらない。だからまた、[8]ついいらいらするのだろう。

行為の変換、次の行為への移行のなかで、時間は「さっき」「いま」「これから」というかたどりを得る。つまり、〈時〉は駆《か》られ、そして流れはじめる。

（鷲田清一『わかりやすいはわかりにくい？　―臨床哲学講座』ちくま新書）

※　分水嶺　…　分かれ目。

問一　[1]時間を水の流れに喩える　とありますが、これは時間をどのようなものとしてとらえていますか。本文から三十字以内でぬき出し、最初と最後の三字を答えなさい。

問二　（　X　）〜（　Z　）には、「上」または「下」が入ります。どちらかをそれぞれ答えなさい。

問三　2おもしろいことに気づく　とありますが、ここで筆者はどのようなことを「おもしろい」と言っているのですか。その説明として最も適当なものを次から選び、記号で答えなさい。

ア　企業プロジェクトを開始するときにひとがすることを列挙すると、「プロ（前方に）」ばかりになるということ。

イ　企業プロジェクトの背景には、時代はよりよい未来に向けていま前進しつつあるという感覚があるということ。

ウ　流行を追う人たちは、流行の発端と終焉との境目に自分がいるという意識を持っていたということ。

エ　いまどきの若い人たちは、未来との関係で現在を位置づけるという生き方がもうできないということ。

問四　3いまどきの若いひとたちはたぶん、そのようには時間を感じない　とありますが、「いまどきの若いひとたち」の時間に対する考え方とはどのようなものですか。最も適当なものを次から選び、記号で答えなさい。

ア　未来との関係で現在を位置づける生き方をしながら、流れ去る時間にも目を向けるべきだと考えている。

イ　未来を見つめる「前向き」の生活が、かえってひとの時間を貧しくしていると考えている。

ウ　流れ来ることと流れ去ることの境目に自分がいると感じ、「いま」という時間を無意味だと考えている。

エ　前のめりの時間感覚をもち、時代はよりよい未来に向けていま前進しつつあると考えている。

問五　4まるで初老のひとのような台詞　とは、どのような台詞ですか。「　」もふくめて、本文から二つぬき出しなさい。

問六　5人間の記憶というのは、縦並びから横並びへと徐々に変わってゆく　とありますが、どういうことですか。その説明として**適当でないもの**を次から一つ選び、記号で答えなさい。

ア　若いときは何がどの年に起こったかが克明に覚えているが、年をとるにつれて、だんだん前後の順番もさだかでなくなるということ。

イ　年老いていくと、直前のことや一昔前のことは忘れているのに、子どもの頃のことはおどろくほど克明に憶えているということ。

ウ　年老いていくと、昔の記憶の前後の秩序があいまいになり、ばらばらの鮮烈なイメージとして同時的に並べて考えているということ。

エ　若いときは時間を直線でとらえているが、年をとるにつれて、時間をぐるぐる循環する円環としてとらえるようになるということ。

問七　[6]〈時〉をリニアに流れるものとしてとらえるのとはまったく別の感受性がある　とありますが、「まったく別の感受性」でとらえた時間とはどのような時間ですか。解答らんに合うように本文から二十字以内でぬき出しなさい。

問八　[7]かたどりを得る　と同じ意味を表すことばを、本文からぬき出しなさい。

問九　[8]ついいらいらする　とありますが、それはなぜですか。八十字以内で説明しなさい。

三

次のA～Cの問いに答えなさい。

A 次の各文には、二つのことばを組み合わせたことば（複合語）があります。どのようなことばの組み合わせでできているか答えなさい。

（例）大谷さんが階段を登りはじめた。　→　登る　＋　はじめる

① 友だちを見送る。

② 草原を走り回る。

③ 眠りかけた子どもを起こす。

B 次の読み方をする二字熟語を、後のⅠ群・Ⅱ群の漢字を組み合わせて二つずつ作りなさい。ただし、Ⅰ群の字が上、Ⅱ群の字が下になります。

① 音・音読み　② 訓・訓読み　③ 音・訓読み　④ 訓・音読み

Ⅰ群　…　消・雨・真・身・学・客・楽・逆

Ⅱ群　…　足・転・具・印・屋・内・綿・者

C 次のことばの意味を後からそれぞれ選び、記号で答えなさい。

① たしなめる　② こざかしい　③ はびこる　④ しおらしい

ア　りこうぶっていて、生意気な様子。わるがしこい。

イ　よくないものの勢いがさかんになる。

ウ　おとなしくてかわいい。いじらしい。

エ　悪いところを改めるように注意する。

3

(1)		(2)		(3)			
(4)		(5)		(6)			
(7)		(8)		(9)		(10)	

4

(1)		(2)					
(3)		(4)	X	Y		(5)	
(6)		(7)		(8)			
(9)		(10)					

2023(R5) 大谷中　一次A
教英出版

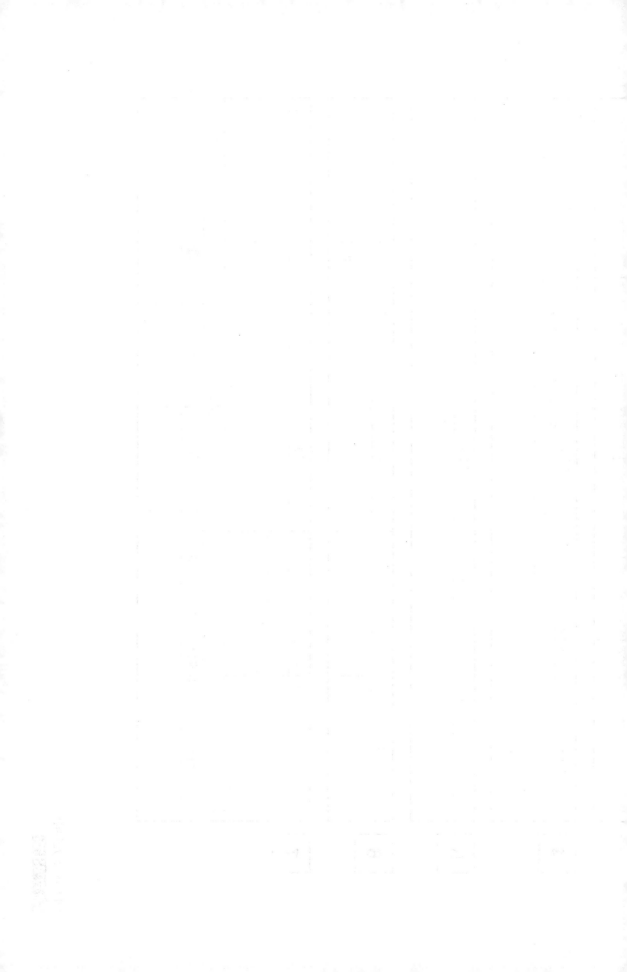

4

(1)	(2)	(3)		(4)	
		①	②	③	④

5

(1)	(2)	(3)

6

(1)	(2)	(3)	(4)	(5)
			g	g

7

(1)		(2)	(3)	(4)
①	②			

(5)		(6)				(7)
2番目	3番目	③	④	⑤	⑥	

(1)	分間	(2)	分間	(3)	分　秒間

5

(1)	通り	(2)	通り	(3)	

6

(1)	時速　km	(2)	km	(3)	分

7

(1)	cm^2	(2)	秒後	(3)	秒後

一次A

令和五年度

国語解答用紙

受験番号

23A1

↓ここにシールをはってください↓

※120点満点
（配点非公表）

一

問一

問二

問三

本当は

けれども、

ということ。

問四

X

Y

問五

問六

問七

Ⅰ

Ⅱ

Ⅲ

Ⅳ

問八

問九

二

問一

ⓐ

ⓑ

ⓒ

ⓓ

ⓔ

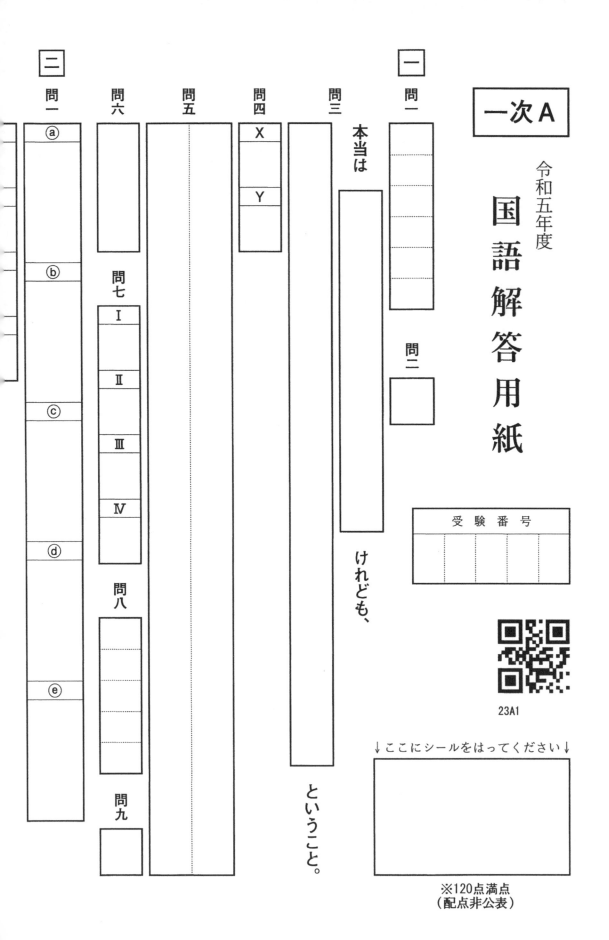

1　図を見て、あとの問いに答えなさい。

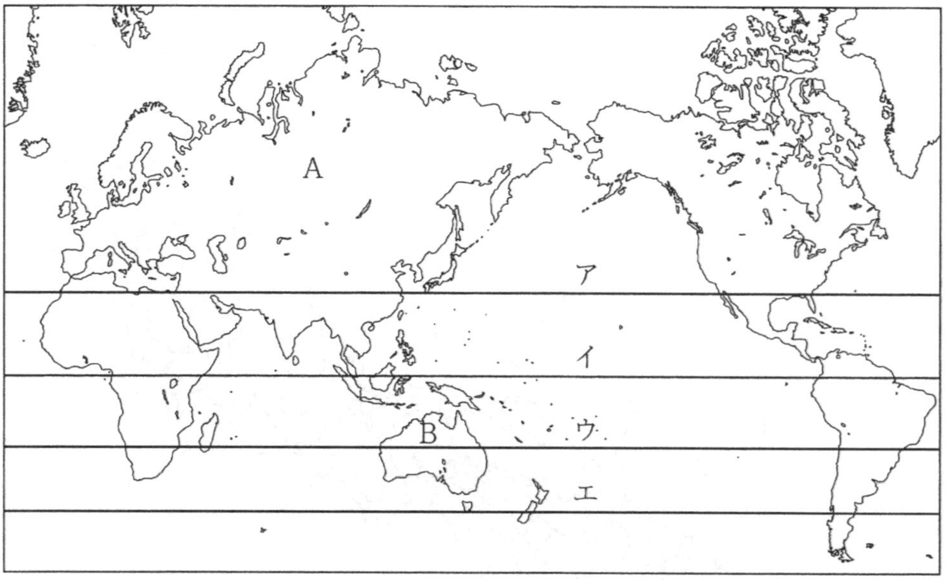

図１

（１）　図１中のＡの大陸名を答えなさい。

（２）　図２は図１中のＢの大陸にある国の国旗をあらわしている。この国旗には、ある別の国の国旗のデザインがふくまれている。そのある別の国の国名を、ア～エから１つ選び、記号で答えなさい。

図２

ア．イギリス　　イ．カナダ　　ウ．アメリカ合衆国　　エ．スペイン

（３）　図１中のア～エの緯《い》線のうち、赤道を示すものを１つ選び、記号で答えなさい。

（４）　図３は原油の主要生産国に関するグラフである。図３について説明した次の文章の空らん［Ｘ］・［Ｙ］にあてはまる数字をそれぞれ答えなさい。

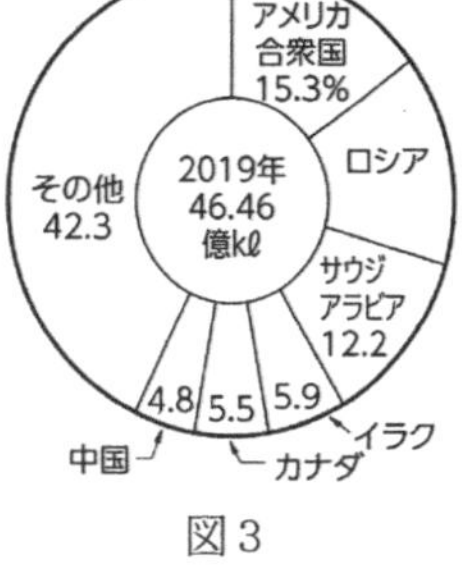

図３

> 図３は、［Ｘ］年のデータである。「世界国勢図会」という資料をもとにつくられた。全世界の原油の生産量は約４６億５千万kℓであり、ロシアは全世界の［Ｙ］%を生産していることが分かる。

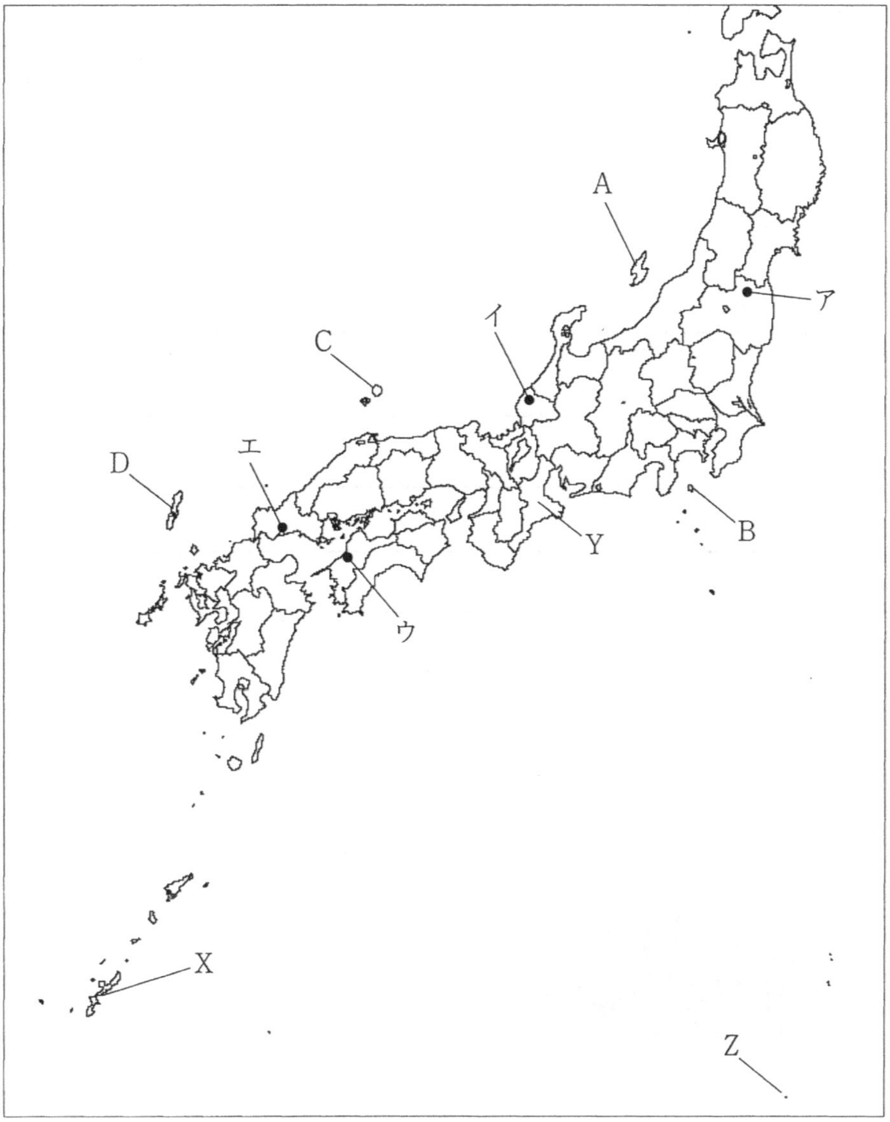

図4

（5）　図4中のア〜エは、いずれも県庁が置かれている都市を示している。都市名がその都市のある県名と異なるものをア〜エから1つ選び、記号で答えなさい。また、その都市名を答えなさい。

2023(R5) 大谷中　一次A
教英出版

（６）　２ページの図４中のＸの県に関して述べた文を次のア～エから１つ選び、記号で答えなさい。

ア	イ
いったん堤防《ていぼう》が切れると、輪中の中は水にしずんでしまうため、２５０年ほど前に幕府に命じられた薩摩藩《さつまはん》が治水工事を行った。	日本とアメリカとの取り決めで、今も広大な土地が軍用地として使われており、日本のアメリカ軍基地の７０％がある。

ウ	エ
３０年ほど前から色々な果物が出回り、みかんの消費量が減少するようになったため、みかんをジュースやジャムに加工するようになった。	市の中心部の道路の下には、川の水を利用した流雪溝《りゅうせつこう》を設置し、道にたまった雪を決まった時間に捨てている。

（７）　２ページの図４中のＹの県には、江戸時代には「おかげ参り」と呼ばれる参詣《さんけい》が盛んに行われた神社がある。その神社の名を答えなさい。

（８）　以下に紹介《しょうかい》する神話（「因幡《いなば》の白兎《しろうさぎ》」）を参考に、隠岐島の場所を２ページの図４中のＡ～Ｄから１つ選び、記号で答えなさい。

> ほかの神様たちの荷物を全部持たされていた大国主《おおくにぬし》という神様が遅《おく》れてやってきました。泣いている兎《うさぎ》を見て理由を聞くと、兎《うさぎ》はこう語ります。
> 「隠岐島にいた私は、どうにかして因幡《いなば》（現：鳥取県東部）の国まで行ってみたいと考えていました。しかし自分の力ではどうしてもわたることができません。そこで一計を案じ、ワニザメにこう声をかけたのです。『あなたたちと私たちの種族は、どちらのほうが数が多いか数えてみよう。できるだけたくさんの仲間を連れて、並んでください』と。そして兎《うさぎ》は、ずらっと並んだワニザメの背中の上をわたって、因幡《いなば》の国に行くことに成功しました。

（９）　２ページの図４中のＺは日本の最南端《なんたん》である。この島の名を答えなさい。

（１０）　２０２５年に万国博覧会が行われる都道府県名を答えなさい。

2　次の文章を読んで、あとの問いに答えなさい。

≪Ⅰ≫

弥生時代の終わりごろには、各地のクニの王などの豪族《ごうぞく》が土を盛り上げた大きな墓にほうむられるようになっていたが、3世紀中ごろから後半になると、より大型の［　A　］などの古墳《こふん》が西日本に出現した。

中国や朝鮮《ちょうせん》半島との活発な交渉《こうしょう》の中で、大陸から多くの人々が海を渡って移り住み、自分たちの文化を伝えた。かれらは［　B　］と呼ばれ、さまざまな技術のほか、漢字による記録や外交文書などの作成、さらには儒教《じゅきょう》や仏教の知識をもたらし、その後の日本の文化に大きな影響《えいきょう》を与《あた》えた。

（1）　文章中の空らん［　A　］には下図の写真のような形状の古墳《こふん》の名称《めいしょう》が入る。空らん［　A　］にあてはまる語句を答えなさい。

（2）　（1）の写真は大仙古墳《こふん》（伝：仁徳天皇陵《りょう》）である。大仙古墳《こふん》がある都市名をア～エから1つ選び、記号で答えなさい。

ア．大阪市　　　イ．奈良市　　　ウ．西宮市　　　エ．堺市

（3）　文章中の空らん［　B　］にあてまはる語句を答えなさい。

≪Ⅱ≫

朝鮮《ちょうせん》半島では、7世紀半ばに**C 唐**と新羅が協力して百済をほろぼした。倭《わ》と交流のあった百済が支援《しえん》を求めたため、倭《わ》は朝鮮半島に大軍を送ったが、663年に[D]の戦いで唐と新羅の連合軍に敗れ、百済への支援《しえん》は失敗に終わった。[D]の戦いで敗れた後、中大兄皇子は、唐や新羅の攻《こう》げきに備えて防衛政策を強化した。外交や軍事の拠点《きょてん》である**E 大宰府**を守るために水城を築き、大野城をはじめとする山城を西日本の各地に築いた。

律令国家の建設を目指して、701年に[F]が制定された。これは、天皇を頂点とする、唐にならった中央集権国家が整ったことを示すもので、「日本」という国号が正式に用いられるようになったのもこのころからであった。

（4）　下線部Cの唐王朝は618年から907年まで続いた中国の王朝である。唐が存在した年代に日本で起こった出来事をア～エから1つ選び、記号で答えなさい。

ア．女性の推古天皇が即位した。
イ．蘇我馬子が対立を深めた物部氏をほろぼして権力をにぎった。
ウ．聖武天皇と光明皇后が鎮護国家思想に基づく政治を行った。
エ．浄土教の広まりを受けて、藤原頼通が現在の京都府宇治市に平等院鳳凰堂を建立した。

（5）　文章中の空らん[D]に入る語句を答えなさい。

（6）　下線部Eの大宰府の場所を下の地図中のア～エから1つ選び、記号で答えなさい。

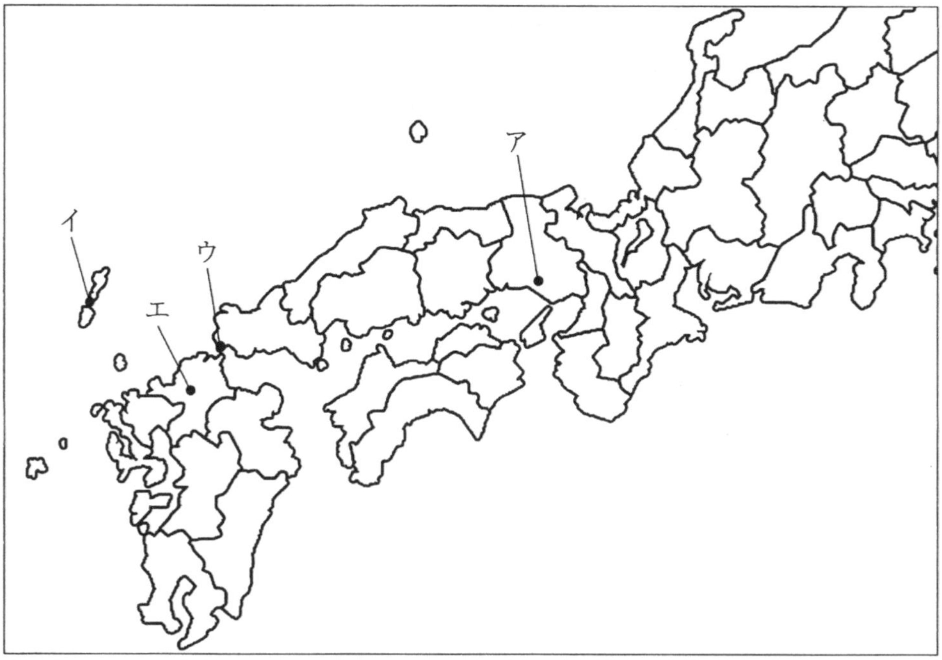

（7）　文章中の空らん[F]に入る語句を答えなさい。

≪Ⅲ≫

律令国家では、6年ごとに戸籍《こせき》がつくられた。戸籍《こせき》に基づいて、[G]があたえられた。口分田は売買できず、死亡すると回収された。このような制度を班田収授法という。

> 人々は、種をまく時期に国家から稲《いね》を貸し付けられ、秋の収かく時に利息とともに返すこととされた。口分田には租が課せられ、収かくした稲《いね》の3％程度をおさめることとされ、主に災害時などの備えとして国ごとに貯蔵《ちょぞう》された。良民の成年男性には調・庸や雑徭も課せられた。これらのほか、良民の成人男性には兵役もあり、三人に一人の割合で兵士に徴発《ちょうはつ》され、軍団という国ごとに設置された軍隊で訓練を受けた。兵士の一部は、都の警備に当たる衛士や、九州沿岸の警備に当たる[H]として現地に派遣された。調・庸の運送や兵役は特に重い負担となったため、なかには逃亡《とうぼう》する者もいた。

（8）　文章中の空らん[G]に入る文をア～エから１つ選び、記号で答えなさい。

ア．２０歳《さい》以上の人々には性別や身分にかかわらず全て同じ面積の口分田

イ．２０歳《さい》以上の人々には性別や身分に応じて一定面積の口分田

ウ．６歳《さい》以上の人々には性別や身分にかかわらず全て同じ面積の口分田

エ．６歳《さい》以上の人々には性別や身分に応じて一定面積の口分田

（9）　文章中の空らん[H]に入る語句を答えなさい。

（10）　平安時代になると、人々の逃亡《とうぼう》や役人の不正によって、戸籍《こせき》や班田収授の制度はうまく機能しなくなり、調や庸の徴収《ちょうしゅう》も計画通りに進まなくなった。９０２年に作成された阿波《あわ》国（現在の徳島県）の戸籍《こせき》には計４３５人の名前が記されているが、男性は５９人、女性は３７６人であったという。文章中の[　　　]で囲った部分を参考にして、なぜ戸籍《こせき》に女性が多くなったのかを解答らんにあわせて説明しなさい。

⑤

一次A

令和５年度入学試験

社　会

大　谷　中　学　校

注　意　・テスト時間は40分です。

・問題冊子，解答用紙に受験番号を書きなさい。

・問題は 1 ～ 4 まであります。

・答えはすべて解答用紙に書きなさい。

・質問があるときは，だまって手をあげなさい。

・試験が終わったら，問題冊子，解答用紙を机の上に別々に置きなさい。

受験番号					

4 図のように，ろうそく，「と」という文字を書いたガラス板，とつレンズ，スクリーンが，それぞれレールの上に一直線に並ぶように置いてあります。スクリーンはすりガラスでできていて，図の矢印の向きから見ても像を見ることができるようになっています。

ガラス板とレンズの間のきょりを変えて，スクリーンにはっきりと文字がうつるときのレンズとスクリーンのきょりをはかったところ，下の表のようになりました。以下の各問いに答えなさい。

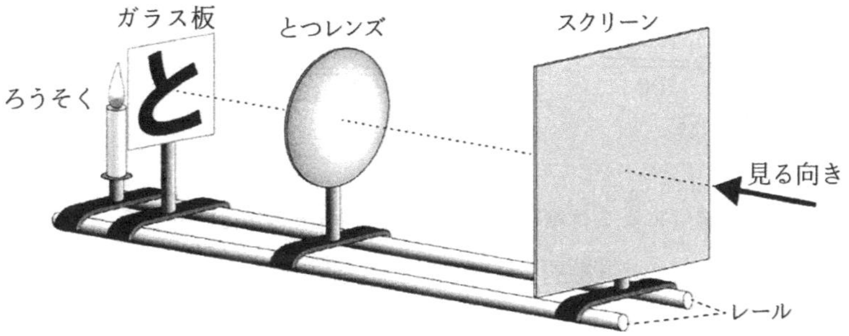

ガラス板とレンズのきょり〔cm〕	像がうつったときのレンズとスクリーンのきょり〔cm〕	像のようす
30	15	①
20	20	もとの字と同じ大きさの像がうつった
15	30	②
10	どこに置いてもうつらなかった	③
5	どこに置いてもうつらなかった	④

（1）図の矢印の向きから見たとき，スクリーンにうつった像はどれですか。次のア～エから１つ選び記号で答えなさい。

ア．　イ．　ウ．　エ．

（2）スクリーンに像がうつっている状態のとき，レンズの上半分を黒い紙でかくしました。このときのようすを正しく表した文章を，次のア～オから１つ選び記号で答えなさい。

ア．像の上半分が欠けたが，見えている部分の明るさは変わらなかった

イ．像の上半分が欠けて，見えている部分の明るさが暗くなった

ウ．像の下半分が欠けたが，見えている部分の明るさは変わらなかった

エ．像の下半分が欠けて，見えている部分の明るさが暗くなった

オ．像は欠けなかったが，全体が暗くなった

3 下の図1，図2，図3はそれぞれ，水，ステンレス，空気のいずれかの体積と温度の関係を表しています。図のたて軸は0℃のときの体積を1.0としています。以下の各問いに答えなさい。

図1

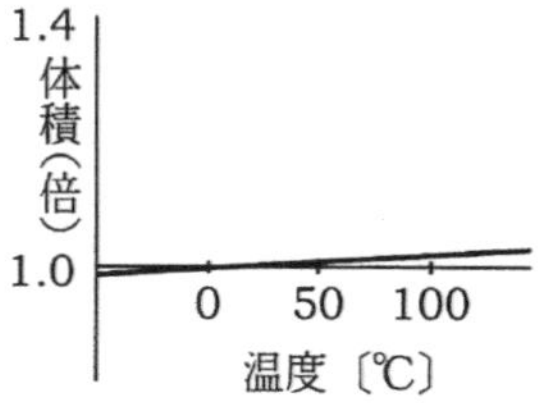

図2

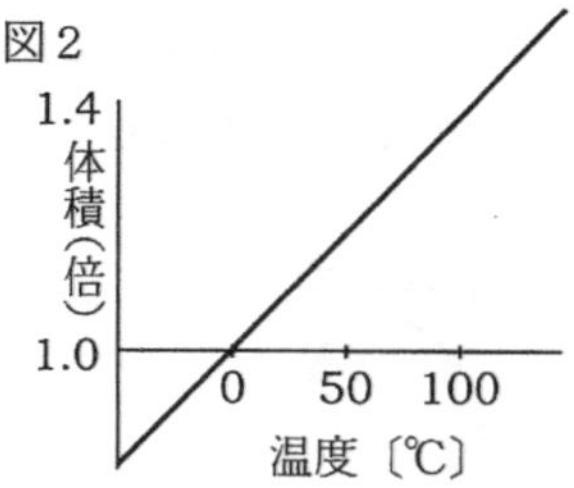

図3

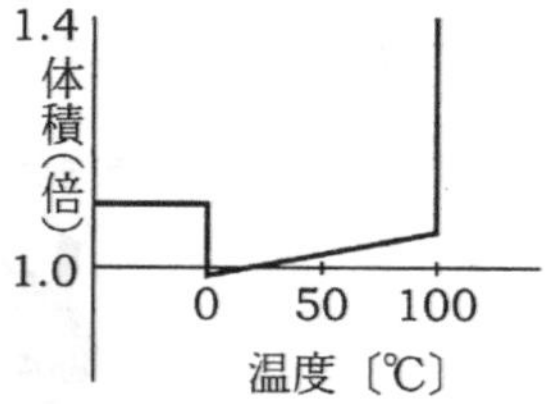

（1）次の①～③を，温度による体積の変化が大きいものから順に記号で並べなさい。

①固体　　②液体　　③気体

（2）図1，図2，図3は，水，ステンレス，空気のどの体積変化を表したものですか。それぞれ答えなさい。

（3）図2で温度と体積はどのような関係にありますか。

（4）図3では0℃と100℃で急に体積が変化しています。それぞれの温度を何といいますか。

（5）図3の物質は，101℃のときの体積は，1℃のときの体積の約何倍になりますか。最も適切なものを，次のア～エから1つ選び記号で答えなさい。

ア．7倍　　イ．70倍　　ウ．700倍　　エ．1700倍

2　下の図１は，山の上の方から海までの川の流れを，図２は，海底に積もった土砂のようすを表したものです。これについて，以下の各問いに答えなさい。

図１

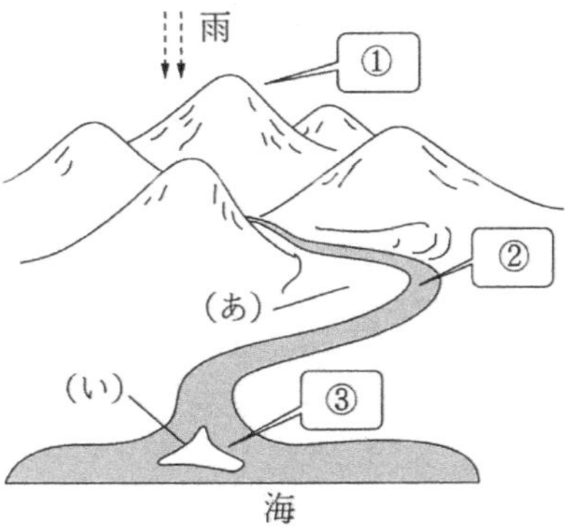

図２

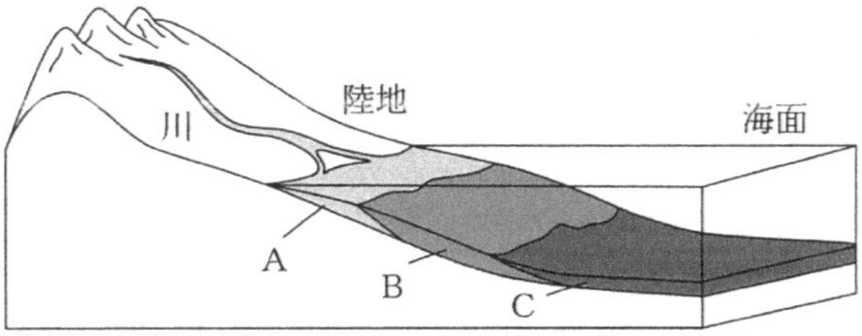

（１）図１の川の上流①，中流②，下流③でみられる流水のはたらきをそれぞれ何といいますか。

① 岩石をけずりとるはたらき

② けずりとった岩石を運ぶはたらき

③ 土砂を積もらせるはたらき

（２）図１の（あ）は，川が山地から平地に出るところにみられるおうぎ形の地形です。何といいますか。

（３）図１の（い）は，川が海に流れこむところに土砂が積もってできる地形です。何といいますか。

（４）図２の海底に積もった土砂の粒の大きい順に，Ａ～Ｃの記号を並べて答えなさい。

（５）図２の海底に積もった土砂で，れきにあてはまるものを，Ａ～Ｃから１つ選び記号で答えなさい。

1　ある年の12月3日から1週間，日本では火星，木星，金星の3つの星が並ぶ時期がありました。図１はこの時の星空を表したものです。図１中のＡ～Ｃは12月3日のある時刻の火星，木星，金星のいずれかの位置を表しています。また，図２は太陽のまわりを公転する火星，木星，金星，地球の公転軌《き》道と，図１と同じ日のそれぞれの位置を表したものです。ただし，図２は北極星のほうから見たものです。以下の各問いに答えなさい。

図１

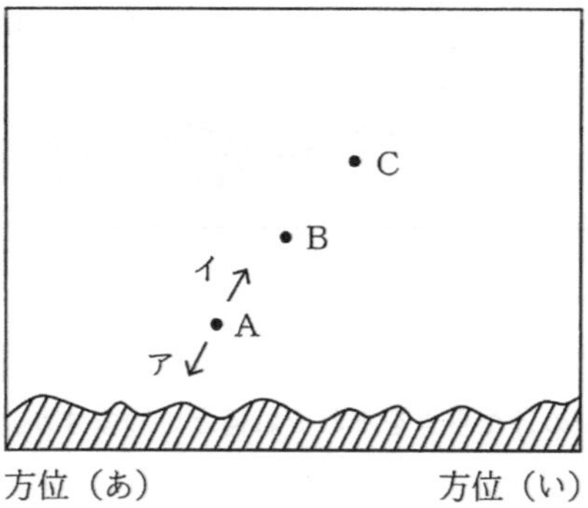

図２

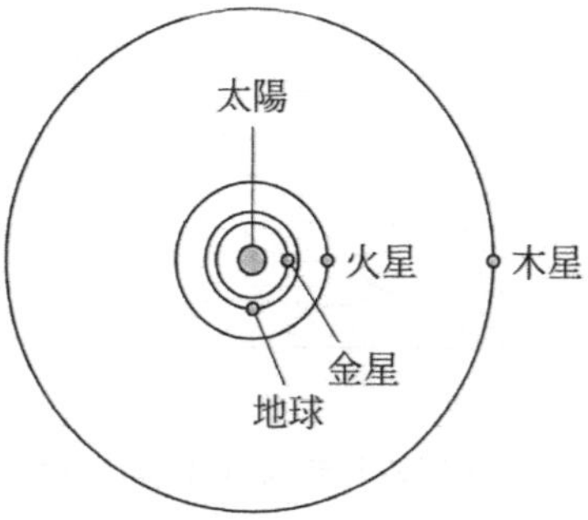

（１）太陽のまわりを公転する火星，木星，金星，地球のような星を何といいますか。

（２）下線部のある時刻とは，およそいつごろになりますか。最も適当なものを，次のア～エから１つ選び記号で答えなさい。

ア．午前2時半　　イ．午前5時半　　ウ．午後5時半　　エ．午後11時半

（３）図１の方位（あ）と方位（い）にあてはまる方角の組み合わせとして正しいものを，次のア～カから１つ選び記号で答えなさい。

ア．（あ）北　（い）西　　イ．（あ）西　（い）北　　ウ．（あ）南　（い）西
エ．（あ）西　（い）南　　オ．（あ）東　（い）南　　カ．（あ）東　（い）北

（４）図１中のＡ～Ｃの位置に見える天体の組み合わせとして正しいものを，次のア～カから１つ選び記号で答えなさい。

ア．Ａ：火星　Ｂ：金星　Ｃ：木星　　イ．Ａ：金星　Ｂ：木星　Ｃ：火星
ウ．Ａ：木星　Ｂ：火星　Ｃ：金星　　エ．Ａ：金星　Ｂ：火星　Ｃ：木星
オ．Ａ：火星　Ｂ：木星　Ｃ：金星　　カ．Ａ：木星　Ｂ：金星　Ｃ：火星

（５）１週間後の同時刻に観測すると，Ａの位置に見えていた星は，図中のア，イのどちらの向きに移動して見えますか。記号で答えなさい。

（６）火星，木星，金星，地球の中から最も大きな星を選びなさい。

K 教英出版

⑤

一次A

令和５年度入学試験

理　　　科

大　谷　中　学　校

注　意　・テスト時間は40分です。
・問題冊子，解答用紙に受験番号を書きなさい。
・問題は 1 ～ 7 まであります。
・答えはすべて解答用紙に書きなさい。
・質問があるときは，だまって手をあげなさい。
・試験が終わったら，問題冊子，解答用紙を机の上に別々に置きなさい。

受験番号					

3 次の問いに答えなさい．

(1) 図において，2つの直線アとイは平行です．

角 x の大きさは何度ですか．

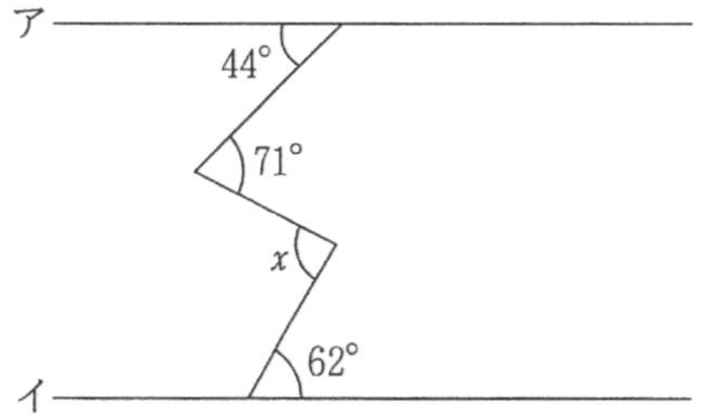

(2) 図のように，1辺4 cmの正方形の内部に円が接しています．

このとき，かげをつけた部分の面積は何 cm^2 ですか．

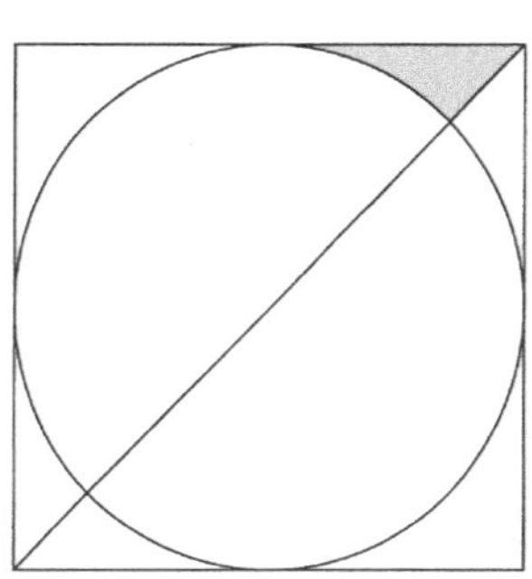

1 次の □ にあてはまる数を求めなさい.

(1) $5 + 12 \div 3 - 2 \times 3 =$ □

(2) $\dfrac{1}{3} - \dfrac{2}{9} - \dfrac{2}{27} - \dfrac{2}{81} =$ □

(3) $\left(3.75 - \dfrac{3}{2}\right) \times 3\dfrac{1}{3} =$ □

(4) $3\dfrac{1}{5} \times \left(\square - 0.25\right) \div 1.6 = \dfrac{1}{6}$

(5) 1ドルが120円のとき，300ドルの3割引きは □ 円です.

(6) 面積が1.35 km^2 で，たての長さが600 m の長方形の土地を，縮尺 $\dfrac{1}{25000}$ の地図に書くと横の長さは □ cm です.

2 次の問いに答えなさい.

(1) みかん4個とりんご4個を買うと580円で，みかん16個とりんご3個を買うと760円です. みかん20個とりんご6個を買うといくらですか.

(2) ある本を1日目は全体の $\dfrac{2}{3}$ を読みました. 2日目は残りの $\dfrac{1}{2}$ を読みました. 3日目に残りの25ページを読むと，本を読み終えました. この本は何ページありますか.

(3) 7と17の公倍数で，2025に最も近い整数はいくつですか.

(4) 5％の食塩水100 g に10％の食塩水を何 g 加えると，8％の食塩水になりますか.

(5) 毎秒23 m の速さで走っている全長70 m の上り列車と，毎秒17 m の速さで走っている全長150 m の下り列車が，出会ってから完全にすれ違《ちが》い終わるまでに何秒かかりますか.

⑤

一次A

令和５年度入学試験

算　数

大　谷　中　学　校

注　意　・テスト時間は 60 分です.

・問題冊子，解答用紙に受験番号を書きなさい.

・問題は [1] ～ [7] まであります.

・答えはすべて解答用紙に書きなさい.

・質問があるときは，だまって手をあげなさい.

・どの問題も，すぐ答えが出せるもののほかは，答えを出すための式や計算は問題冊子に残しておきなさい.

・試験が終わったら，問題冊子，解答用紙を机の上に別々に置きなさい.

・問題で円周率が必要なときは 3.14 とします.
・売買の問題でとくに指示がない場合，消費税は考えないものとします.
・問題にかいてある図は必ずしも正確ではありません.

受験番号					

二

次の文章を読んで、後の問いに答えなさい。

「パイナップルの日」は、8月17日です。語呂《ごろ》あわせで、「パ（8）イ（1）ナ（7）ップル」となるからです。パイナップルは「パイン」といわれることもあります。この場合は、「パインの日」は、「パ（8）イ（1）ン」で、8月1日です。

1パイナップルという名前の由来は、「パイン」と「アップル」を組み合わせたもので、もともとは「パインアップル」です。「パイン（pine）」は「松」であり、「アップル（apple）」は「リンゴ」です。パイナップルの実の姿は、松ぼっくりに似ています。だから、「パイン」なのです。アップルは「リンゴ」の英語名ですが、ヨーロッパでは価値のあるおいしいものに、この語が使われました。

A、トマトは、フランスで「愛のリンゴ」、イタリアで「黄金のリンゴ」、ドイツで「天国のリンゴ」とよばれました。トマトは栄養がⓐ豊富で価値が高いからです。

また、ジャガイモはフランスでは「大地のリンゴ」とよばれます。ジャガイモの食用部分は大地の中でつくられ、エネルギー源となり、ビタミンCを含《ふく》む栄養的に価値の高いⓑ作物だからです。

こんな理由で、パイナップルにも「アップル」という語が使われていると思われますが、ひょっとすると、リンゴの実とパイナップルの実の味は似ているのかもしれません。二つの果物の味についてのエピソードを聞いたことがあります。記憶《きおく》しているストーリーが正確かどうかわかりません。心の中で勝手に脚色《きゃくしょく》した部分があるかもしれません。でも、紹介《しょうかい》しておきます。

戦後、シベリアに抑留《よくりゅう》されていた日本人兵士の一人が病気になりました。兵士は、寒さと重労働の日々に2耐《た》えかね、生きる気力を失っていました。いよいよ数日以内に、「命が尽《つ》きる」という状態になりました。同じように抑留されていた兵士の仲間たちが「何か食べたいものがあるか」と尋《たず》ねました。「パイナップルの缶詰《かんづめ》が食べたい」というのが返事でした。

現在の若い人々なら、「死ぬ間際《まぎわ》に、なぜ、そんなものが食べたいのか」とふしぎに思われるかもしれません。「パイナップルをよほど好きな人だったのだろう」と納得する人もいるでしょう。でも、そうではありません。

当時、パイナップルの缶詰は、高価であり、誰《だれ》でもがⓒヨウイに食べられるものではなかったのです。病気のお見舞《みま》いに用いられる貴重なものでした。多くの人々にとっては、病気のときにしか口にできないものでした。死を前にした兵士が「パイナップルの缶詰を食べたい」といったのもそのためだったのでしょう。

缶詰のパイナップルは、「3（　　）フルーツ」だったのです。戦後のシベリアでたやすく手に入るものではありませんでした。「せめて、何か別の果物はないか」と探し回った仲間が手に入れることができたのは、リンゴでした。

出征《しゅっせい》の前、料理人を目指して修業《しゅぎょう》をしていた4仲間の一人が、リンゴを缶詰のパイナップルの味に似せる努力をしました。リンゴを輪切りにし、中心の芯《しん》を丸くくりぬき、周りに少しのぎざぎざをつけました。このように缶詰のパイナップルの形を模したあと、そのリンゴの実を砂糖で煮《に》詰《つ》めました。いよいよ「缶詰のパイナップルもどき」が出来上がり、病院に届けられました。

その後、約1年が経過しました。仲間の前に、突然《とつぜん》、亡《な》くなったはずの兵士が現れました。仲間は驚《おどろ》き、事情を尋ねました。パイナップルもどきのリンゴを食べた兵士は、その味にⓓカンゲキし、「生きていればこんなにおいしいものが食べられるのだ」と思い、失せていた生きる気力を取り戻《もど》し、がんばって元気を回復したとのことでした。

だから、リンゴとパイナップルの味は似ているのかもしれません。料理をした人の腕《うで》が良かったのでしょうが、それ以上に、5込《こ》められた心がリンゴとパイナップルの味を同じにしたのでしょう。

パイナップルの果汁《かじゅう》には、6「ブロメライン（ブロメリン）」といわれる、タンパク質を分解する物質が含まれています。この物質は、パイナップルの実が病《びょう》原菌《げんきん》に感染されたり虫にかじられたりすることを防ぐのに役立ちます。私たちにとっては、肉料理に加えると肉をやわらかくしたり、消化を助けてくれたりして役に立ちます。

中華《ちゅうか》料理の酢豚《すぶた》に、パイナップルが入っています。いかにも不釣合《ふつりあ》いな組み合わせのように思えます。でも、入れられた当初、パイナップルは高価な果物であり、酢豚の高級感を高めるのに役立ったような気がします。しかし、実際には、パイナップルが酢豚に加えられるのは、肉をやわらかくし、消化を助ける効果を期待してのものです。

パイナップルを食べ過ぎると、口のまわりがヒリヒリすることがあります。パイナップルには、シュウ酸カルシウムという針状の結晶《けっしょう》が含まれていることが一つの原因です。それに加えて、ブロメラインが口のまわりの肌《はだ》や粘膜《ねんまく》のタンパク質を分解して傷つけることも一因です。

パイナップルは、「タネができなくても、果実がⓔヒダイする」という性質をもっています。そのため、パイナップルは、本来、「タネなし」です。といっても、タネをつくる能力がないわけではありません。他の品種の花粉がメシベにつけば、タネはできます。

パイナップルの品種は、日本ではあまり知られていませんが、食用だけで約２００種類あります。「スムース・カイエン」「ボゴールパイン」「ピーチパイン」などです。パイナップルの産地では、異なる品種のパイナップルが隣《とな》り合わせに栽培《さいばい》されていることがあります。［B］、虫は別の品種の花粉を運んでくることがあります。

［C］、タネができます。だから、私たちが食べる果肉とぶ厚い外皮の間あたりにタネがあることがあります。アズキの豆をふたまわり小さくしたもので、色は茶色です。

「イチゴ、メロン、スイカは、野菜か果物か？」について悩《なや》んでいると、「どちらでもいいではないか」と思う人もいます。でも、どちらでもいい話ではないのです。畑と果樹園の地図の記号が違《ちが》うからです。スイカが野菜なら、スイカを栽培する場所は畑の記号で示され、スイカが果物なら、スイカ畑には果樹園の記号を使わねばなりません。
※スイカの項《こう》で紹介したように、農林水産省は、「野菜」をいくつかに分類し、スイカ、メロン、イチゴなどを「果実を食用とする野菜」という意味で「果実的野菜」としています。だから、地図では、スイカやイチゴを栽培している場所は、野菜を栽培する畑の記号で示されます。

［D］、それでも困った果物がありました。パイナップルです。これは、パイナップルの産地である沖縄が日本に返還《へんかん》された年、「地図上で、パイナップル畑には、畑か果樹園か、どちらの記号を使うのか」という悩ましい問題となりました。

果物は、同じ木が何年にもわたって実をつくり続ける果樹の実です。それに対し、野菜は、木ではないので、芽を出すとほぼ1年以内に花を咲《さ》かせます。パイナップルは、苗《なえ》を植えてから、早くても2年間、遅《おそ》ければ3〜4年間、栽培されなければ、花を咲かせず実をつけません。だから、野菜らしくありません。一方、実をつけたあとに茎《くき》は枯《か》れてしまい、その横から新しい芽が伸《の》びだし、これが新しい苗として栽培されます。だから、果物らしくもありません。

こんな性質のパイナップルを、野菜とするか果物とするかは、悩ましいところです。しかし、沖縄返還を前に、いつまでも悩んでばかりはいられなかったのでしょう。パイナップル畑に地図記号をつけなければならなかったからです。結局、苦慮《くりょ》された結果、[7]パイナップル畑の地図の記号は、畑と果樹園のマークを組み合わせたような記号が使われました。

（田中修『フルーツひとつばなし——おいしい果実たちの「秘密」』）

※　スイカの項　：　本文の前に、「スイカ」についての話が述べられている。

問一　===部ⓐ〜ⓔのカタカナは漢字に改め、漢字はその読みをひらがなで答えなさい。

問二　［A］〜［D］にあてはまることばを次からそれぞれ選び、記号で答えなさい。

ア　すると　　イ　しかし　　ウ　たとえば　　エ　そのため

問三　[1]パイナップルという名前の由来は、「パイン」と「アップル」を組み合わせたもの　とありますが、この二つを組み合せたのはなぜですか。説明しなさい。

問四　[2]耐えかね　の意味として最も適当なものを次から選び、記号で答えなさい。

ア　耐えられず　　イ　何とかして耐え　　ウ　耐えようとして　　エ　耐えたいと思って

問五 [3]（　　　）フルーツ の（　　　）にあてはまることばを次から選び、記号で答えなさい。

ア　未知の　　イ　憧《あこが》れの　　ウ　ふしぎな　　エ　魔法《まほう》の

問六 [4]このように の指す内容として**適当でないもの**を次から一つ選び、記号で答えなさい。

ア　リンゴを輪切りにし　　イ　中心の芯を丸くくりぬき　　ウ　周りに少しのぎざぎざをつけ　　エ　砂糖で煮詰め

問七 [5]込められた心がリンゴとパイナップルの味を同じにしたのでしょう とありますが、このように言えるのはなぜですか。その理由として最も適当なものを次から選び、記号で答えなさい。

ア　生きる気力を失って死にそうになっている兵士の最後の願いをかなえるために、仲間が協力してリンゴをパイナップルに似せようと努力した結果、パイナップルの缶詰そっくりのパイナップルもどきを作ることができたから。

イ　死が間近にせまった兵士の、死ぬ前にパイナップルの缶詰を食べたいという強い思いによって、まったく味のちがうリンゴで作ったパイナップルもどきでも、本物のパイナップルの缶詰と同じ味のように感じられたから。

ウ　重労働で生きる気力を失っていた兵士を元気づけるために、パイナップルの缶詰と同じくらい栄養価があるリンゴを仲間がパイナップルの見た目に似せた結果、リンゴとパイナップルは味も似ていることがわかったから。

エ　死ぬ間際の兵士がパイナップルの缶詰だと思ってリンゴを食べたことで元気が回復し、生きる気力を取り戻したことから、リンゴもパイナップルの缶詰と同じように貴重な栄養食として位置づけられるようになったから。

問八 [6]「ブロメライン（ブロメリン）」といわれる、タンパク質を分解する物質 とありますが、この物質にはどのような効果がありますか。二つ答えなさい。

問九 7パイナップル畑の地図の記号は、畑と果樹園のマークを組み合わせたような記号が使われました について

（1）どのような記号であると考えられますか。「畑」「果樹園」の地図記号を参考に、最も適当なものを次から選び、記号で答えなさい。

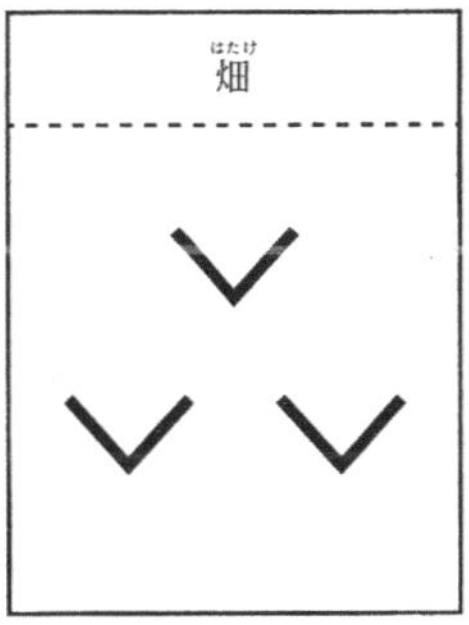

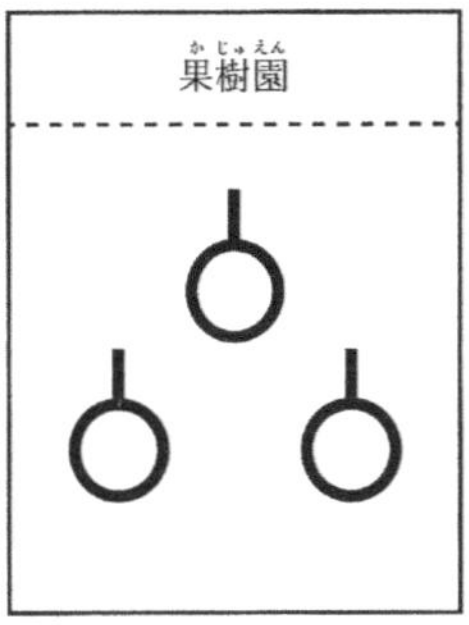

ア

イ

ウ

エ

（2）その理由となったパイナップルの性質を次のようにまとめました。（　Ⅰ　）・（　Ⅱ　）にあてはまることばを答えなさい。

（　Ⅰ　）ので野菜らしくもないし、（　Ⅱ　）ので果物らしくもないという、野菜にも果物にも分類できない性質。

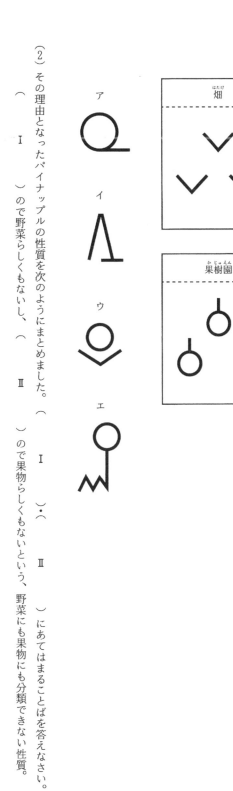

三

次のA〜Dの問いに答えなさい。

A ①〜⑤の――部を漢字に改めたときに同じ漢字を使っているものをア〜エからそれぞれ選び、記号で答えなさい。

① タイチョウがよくない。
ア お金をアズける。
イ 全権をユダねる。
ウ 机の上をトトノえる。
エ 漢字をシラべる。

② 品質をホショウする。
ア 昔からのデンショウ。
イ 野球部のシュショウ。
ウ 身分をショウメイする。
エ 機械のコショウ。

③ ノベ百人の来場者。
ア 時間をエンチョウする。
イ ヤガイコンサート。
ウ バスのジョウキャク。
エ 主語とジュツゴ。

④ 対策をネる。
ア 天気ヨホウ。
イ 残ってレンシュウする。
ウ ブンスウの計算。
エ シコウ力と判断力。

⑤ ロケットをハッシャする。

ア シャカイ人になる。

イ 貨物レッシャが通る。

ウ ヤクシャをめざす。

エ シャテキをして楽しむ。

B 次の（　）にあてはまる漢字一字をそれぞれ答え、慣用句を完成させなさい。

①（　）の耳に念仏

② 立つ（　）跡《あと》をにごさず

③（　）心あれば水心

④（　）の知らせ

C 次の熟語の構成として最も適当なものを後からそれぞれ選び、記号で答えなさい。

① 大成功　② 雪月花　③ 労働者　④ 新記録　⑤ 衣食住

ア 一字の語＋二字熟語　イ 二字熟語＋一字の語　ウ 一字の語＋一字の語＋一字の語

D 次の文章を読んで、「私」の母の年齢《ねんれい》を答えなさい。

私は今、十二歳《さい》です。祖母の年齢は六十四歳です。祖母は私のおばを二十八歳のときに出産しました。おばの七歳上が父の年齢で、父と母は三歳差、おばと母は四歳差です。

④

一次A

大谷中学校

令和四年度入学試験

国語

注意

・テスト時間は六〇分です。
・問題冊子、解答用紙に受験番号を書きなさい。
・問題は一～三まであります。
・設問の都合上、本文を一部改めたところがあります。
・答えはすべて解答用紙に書きなさい。
・質問があるときは、だまって手をあげなさい。
・試験が終わったら、問題冊子、解答用紙を机の上に別々に置きなさい。

問いに字数指定がある場合は、句読点・記号も一字とします。

受験番号					

一

次の文章を読んで、後の問いに答えなさい。

「かなりまえからなのね。二学期が始まって、しばらくしてから。英語のミニテストもそうだし、羽入田《はにゅうだ》先生にきいてみたら、国語の漢字のテストもだっていうのね。宿題やレポートも出さなくなったし。一学期と比べて、あまりに学習態度に差があるので、あなたたちにちょっときいてみようと思って。それで、きてもらったわけなの」

チーコの成績がそんなに落ちていたなんて……。内心の驚《おどろ》きをかくして、章子《あきこ》はじっと傷だらけのテーブルを見つめた。

「なんにも思い当たることない？」

二人はそろって、大きくうなずいた。本当になに一つ、思い当たることはなかった。

「そう。それじゃあ、しかたがないわね」

先生はそういって、立ちあがった。章子たちも立ちあがった。［A］これで釈放《しゃくほう》かと思ったら、戸口へむかいながら、先生はいった。

「さっき、近藤《こんどう》先生にきいてみたら、島田《しまだ》さん、入部はしたけれど、ほとんど顔を見せていないっておっしゃるのよね」

1章子たちは思わず口に手を当てて、顔を見あわせた。二人とも、もう少しで「えーっ」といってしまうところだった。そんな自分たちの様子を先生がじっと観察しているのを、章子は感じた。近藤先生は美術の先生で、美術部の顧問《こもん》でもある。坊主《ぼうず》頭で、いつも着古したジャンパーを着て、みんなに「コンちゃん」と親しまれている。

金子《かねこ》先生と資料室の前で別れ、二人は急ぎ足で昇降口《しょうこうぐち》へむかった。校舎を出るまで、どちらも口をきかなかった。

「ちょっと！　一体、どういうことなの？　だって、コンちゃんが……」

「じゃあ、チーコ、いつも、どこにいってるわけ？　お昼休みとか……」

「放課後もよ」

二人は、のろのろと正門へむかった。だが、2ともすれば足がとまりそうになってしまう。

「なにかあるなら、どうして、あたしたちに話してくれないのかしら。あたし、ショック」

ターコの足がとまり、章子も立ちどまった。

「あたしだってショックよ。3あたしたち三人のあいだで秘密なんて……」

ああ、でも……と章子は思った。テコの両親の離婚《りこん》のことは、チーコには話していない。だけど、これはそういうのとは全然ちがう。明らかな裏切り行為《こうい》だ。

だって、チーコはあたしたちに、うそをついていたのだから。ターコも同じことを思ったらしく、

「つまり、あの子、あたしたちをだましていたわけよね」

「そういうことよね」

　こんな時でも、チーコを「あの子」と呼ぶターコに、章子はなんだか腹が立ってきた。
「ねえ。このこと、チーコにいう？　いわない？」
と章子がきくと、ターコは、
「いわない方がいいと思う」
「でも……。じゃあ、どうするのよ、これから。チーコ、明日もまた、うそをつくかもしれないわよ。お昼休みに美術室へいくって」
「そうなのよねえ。まさか、あとをつけるわけにもいかないし……。ねえ、4こういうこと、考えられない？　ほら、最近、あたしたち、テコたちといっしょじゃない？」
「だって、それはチーコがしょっちゅう、いないからじゃない。だから、そうなったんじゃない」
「まあまあ、最後まできいてよ。あのね、チーコがなにか悩《なや》みを抱《かか》えているとするじゃない？　だけど、あたしたちがテコたちと仲良くしているからいいだせない、っていうことはないかしら？」
「うーん……。どうだろう」
「アコ、思わない？　テコってチーコのこと、あんまり好きじゃないでしょう。合わないっていうのかしら」
「ああ、うん。それはあたしも感じてた」
「そういう気持って、なんとなくわかっちゃうじゃない？　だから、チーコもあたしたちに悩みを打ちあけにくかったのかもしれない」
「じゃあ、どうするのよ？　あたしは……」
「あたしは、なに？」
　ターコにきかれて、自分に正直になろうと、章子は決心した。
「あたしは、まえみたいに三人グループでいるよりも、テコたちといっしょの方が楽しい。ただ楽しい、おもしろい、っていうだけじゃなくて、今日みたいに※養老院へ慰問《いもん》にいこうとか、そういう話ができるから」
「それはあたしも同じよ。でも、チーコとは一年の時からの親友だし……。このまま、どんどん離《はな》れていっちゃうのは……」
「それは、あたしだっていやよ。だけど、どうしたらいいの？　どんな悩みか秘密か知らないけど、あたしたちにうそをつくっていうのは、よっぽどのことよ。どうやってききだすのよ？」
「そうなのよねえ」
　いつのまにか、また立ちどまっていたことに気づき、二人は歩きだした。まだ銀杏《いちょう》並木の半ばあたりだった。
「5ねえ。こういうのはどうかしら。最近、チーコがいなくてさびしいって、あの子にいうの。それで、うちでもアコんちでもいいから、三人で集まるのよ。そうやって、あの子の方から心を開いてくれるような、そういうことをしてみるのは？」

「ああ。それはいいかもしれないわね。そういえば、夏休みにターコんちに遊びにいった時以来だもんね。あたしたち三人はなんにも変わっていない、っていうことがわかれば、チーコも話しやすいかもしれない」
「じゃあ、明日、早速《さっそく》……。やっぱりお昼休みより、朝がいいわね」
「ねえ。今日のこと、テコたちに話す？　どうする？」
章子がそういうと、ターコは黙《だま》って首を横にふった。
「でも、きっと明日、きかれるわよ。なんだったのって。そうしたら、なんていう？」
「適当に、ごまかすしかないわねえ」
「そうねえ」
と、ため息まじりに章子はいった。先生と資料室で話した上に、のろのろと歩いたり、立ちどまったりしながら駅まできたので、電車が豪徳寺《ごうとくじ》に着いた時には、もう五時近くになっていた。このところ、日の暮れるのが［B］早くなり、駅前の商店街に黄色い電気がともっている。きっとママ、心配しているだろうな。
そう思った章子は、急ぎ足になった。

ママは心配を通りこして、ぷりぷりおこっていた。
「もう五時十五分すぎよ。電話一本、かけてこないで。なにしてたのよ？」
「ちょっと……」
「ちょっと？　人をさんざん心配させておいて、そういういいかたはないでしょうが」
章子は黙って自分の部屋へ入り、ドアをしめた。本当のことをママにいうわけにはいかない。ママとチーコのお母さんは、昔からの知り合いなのだ。ママに話したら、それがチーコのお母さんの耳に入らないとも限らない。
ターコは帰宅が遅《おく》れた理由を、お母さんに話すだろうか？　たぶん話さないだろう。大体、ターコんちの門限は六時だし。それに、高校生のお兄さんがいるからだろうか、章子よりもいろいろなことがもっと自由だ。たとえばターコは毎月三百円、お小遣《こづか》いをもらっている。章子には決まったお小遣いというものはなく、なにかほしい時はそれが髪《かみ》どめ一つでも、ママにいって、お金をもらわなければならない。
いや、そんなことより、チーコはなぜあたしたちにうそをつくのだろう。うそをついてまで、どこにいくのだろう。まさか、学校から外へ出るわけじゃあるまいし……。いくら考えても、やはりわからない。
6頃合《ころあ》いを見はからって茶の間にいくと、ママは食卓《しょくたく》にひじをついて、NHK《エヌエイチケー》の連続ドラマ『バス通り裏』を見ていた。こちらにむけた、花柄《はながら》のブラウスの背中がまだおこっている。食卓に二人分の茶碗《ちゃわん》と箸《はし》しかないということは、パパは今日は帰りが遅《おそ》いのだろう。そのまま、無言のうちに夕食となり、章子は早々と自分の部屋へひきとった。「おやすみなさい」をいう気にもなれない。

まあ、ママのことはどうでもいい。いつものことだし、どうせ明日の朝になれば、けろっと機嫌《きげん》が直っているんだから。

まだパジャマに着替《きが》えるには早すぎる。章子はそのままの格好で、ベッドにあおむけに寝《ね》ころんだ。考えるのは、やはりチーコのことだ。一体、チーコはなにを……。裏切られたという気持よりも、不思議に思う方がずっと強い。

その時、からん、ころんという下駄《げた》の音がきこえた。章子の部屋は道に面しているので、外の物音がよくきこえる。だんだん近づいてきて、やがて遠ざかっていく下駄の音に、7章子はふっと、なんともいえない憧《あこが》れを感じた。もう暗い、夜の道を、のんびりと下駄を鳴らしていく人がいる。その音は自由の象徴《しょうちょう》のように、章子には思えた。

「ねえ、チーコ。昨日、アコと話してたんだけど、チーコ、この頃、美術部にお熱で……、ふふっ、なんだかさびしいわねって。ね、アコ?」

「うん。そう」

ターコの話の切りだしかたは、自然そのものだった。駅から正門までのあいだ、

「ターコ、お願いね。あたし、自信ない」

と、章子は頼《たの》みこんだ。なによりも、ターコの話しかたはお母さんゆずりで、のんびり[C]している。それが、いかにも本当らしくきこえた。その証拠《しょうこ》に、

チーコはにっこりして、

「ごめんね。かきかけの絵に、つい夢中になっちゃって……。コンちゃんも、好きな時にきてかいていい、っていってくれるもんだから」

よくもまあ、しゃあしゃあとうそを……。章子は苦労して、ターコの顔を見ないようにした。

「それでね」

と、ターコはそれまでと全く同じ調子で続けた。

「今度の日曜日、誰《だれ》かのうちに集まらない? 久しぶりに三人で。どうかしら?」

「いいわね」

チーコはまた、[D]した。そして、目をふせて、小さな声で、

「知らなかった、あたし。二人がそんなふうに思っていてくれたなんて……」

「そりゃあ思ってるわよ。だって、親友じゃない、あたしたち。一年の時からの。ねえ、アコ?」

8章子は胸がいっぱいになり、うなずくことしかできなかった。なぜって、うつむいたチーコのまつ毛のさきに涙《なみだ》が光っていたのだ。チーコをぎゅっと抱《だ》きしめて、悩みがあるなら打ちあけて、といいたかった。そのかわりに、歩きながらチーコの腕《うで》に腕をからめた。その章子の腕を、チーコはぐっと自分の体におしつけた。

「じゃあ、いつにしようか? うちにくる?」

ターコがいった。チーコも普通《ふつう》の声で、
「うちでもいいわよ」
章子も同じことをいうと、ターコが、
「じゃあ、チーコんちにする？　ほら、最近の絵も見せてもらいたいし」
ターコという人は……と、章子は思った。[9]敵にまわしたら、おそろしい人かもしれない。
チーコは、
「いやん。おはずかしくて、見せられないわ」
といって、けらけら笑った。日にちと時間はすぐに決まった。あさっての日曜日。午後一時。
その日の昼休み、チーコはめずらしく美術室にいなかった。やっぱり、今朝のことがうれしかったんだ。よかった、よかった、と章子が思っていると、教室からテコが手招きをした。ここも一つ、ターコに頼みたい。でも、ターコは知らん顔で、成城学園前《せいじょうがくえんまえ》駅前の『それいゆ』というお店のことをチーコと話している。しかたがない。今度はあたしの番だ。章子が覚悟《かくご》を決めて、教室へ入っていくと、
「ねえ。なんだったの、昨日の金子先生」
思った通り、テコがたずねた。
「ああ、あれね……。たいしたことじゃなかった。女子のグループがどうなっているかとか」
章子は口からでまかせをいった。テコは片方の眉《まゆ》をつりあげて、
「どうなってるかって、どういうことよ？」
「だから……」
章子が困っていると、テコの方から、
「グループごとに固まりすぎてるっていうこと？」
といってくれた。
「うん。そう」
「いくら担任だからって、そんなこと関係ないじゃない。キッコみたい。わかった！　だから、金子先生、キッコをひいきするのよ。自分と考え方が似てるから」
そのあたりで、逃《に》げるように章子は廊下《ろうか》へもどった。ターコたちはまだ、『それいゆ』の話をしていた。中原淳一《なかはらじゅんいち》の表紙でおなじみの雑誌と同名のその店は、姉妹だという女性二人でやっている。しゃれたリボンや髪どめ、ハンカチなどを扱《あつか》っている店で、しゃれている分、値段も高く、章子たち中学生はせいぜい髪どめくらいしか買えない。

その日も、しかし、授業が終わると、チーコは、

「ごめんね。お昼休みにいかなかったから、ちょっといって、かいてくる」

といって、美術室へいってしまった。テコたちもさっさと教室を出ていった。もしかしたら昼休みに、あたしがちゃんと質問に答えなかったから、おこっているのかもしれない、と章子は思った。これが原因で、せっかく親しくなったテコたちと離れてしまうのは、いやだった。

が、すぐに、今、一番大事なのはチーコのことなんだ、と思い直した。[10]いや、思い直したというより、自分にそういいきかせた。

（さとうまきこ「14歳のノクターン」）

※ 昇降口 … 校舎の出入り口。

※ 養老院 … 老人ホーム。

問一 [A]～[D] にあてはまることばを次からそれぞれ選び、記号で答えなさい。

ア すっきり　イ めっきり　ウ にっこり　エ さっぱり　オ おっとり　カ てっきり

問二 [1]章子たちは思わず口に手を当てて、顔を見あわせた　とありますが、このような動作をしたのはなぜですか。その理由として最も適当なものを次から選び、記号で答えなさい。

ア チーコの学習態度が一学期と比べて格段に悪くなり、宿題やレポートも出さなくなっていることを知ったから。

イ 金子先生の質問が終わって立ち上がったのに、まだ釈放してもらえず、さらに近藤先生の話が続いたから。

ウ チーコはお昼休みと放課後に美術室にいっていると思っていたが、実際は美術室にいっていないとわかったから。

エ 金子先生は羽入田先生や近藤先生からも事情を聞いた上で章子たちに質問して、その反応を観察していたから。

問三 [2]ともすれば足がとまりそうになってしまう　とありますが、足がとまりそうになってしまうのはなぜですか。その理由として最も適当なものを次から選び、記号で答えなさい。

ア チーコの成績が落ちてしまったことがショックでしかたがないから。

イ 金子先生に疑いの目でみられたことが腹立たしくてしかたがないから。

ウ 金子先生の話を聞いてチーコのことが気になってしかたがないから。

エ 帰るのが遅れてママにおこられることがこわくてしかたがないから。

問四　[3]あたしたち三人　とありますが、その三人を次から選び、記号で答えなさい。

ア　テコ　　イ　アコ　　ウ　キッコ　　エ　ターコ　　オ　チーコ　　カ　コンちゃん

問五　[4]こういうこと　とは、どういうことですか。説明しなさい。

問六　[5]ねえ。こういうのはどうかしら　とありますが、このターコの提案を次のようにまとめました。（　Ⅰ　）・（　Ⅱ　）にあてはまることばを次からそれぞれ選び、記号で答えなさい。

（　Ⅰ　）ために（　Ⅱ　）という提案。

ア　チーコにもテコと仲良くしてほしいと伝える
イ　これからは自分に正直になる
ウ　チーコがかくしていることを聞き出す
エ　テコたちとずっといっしょにいる
オ　三人だけで集まってチーコが話しやすくする

問七　[6]頃合いを見はからって　とありますが、どのような頃合いですか。最も適当なものを次から選び、記号で答えなさい。

ア　家族のおなかがへる頃合い。
イ　母親のいかりがおさまる頃合い。
ウ　ＮＨＫの連ドラが始まる頃合い。
エ　自分の考えがまとまる頃合い。

問八　[7]章子はふっと、なんともいえない憧れを感じた　とありますが、章子が憧れを感じた理由を次のようにまとめました。（　Ⅰ　）～（　Ⅲ　）にあてはまることばを本文からそれぞれ二字でぬき出しなさい。

（　Ⅰ　）が早い自分と違《ちが》って、遅い時間帯に（　Ⅱ　）を鳴らして外を歩く人は（　Ⅲ　）で良いなあと思ったから。

7 1周3.6 kmのコースがあります．このコースを太郎さんは毎分80 mの速さで歩き，花子さんは毎分160 mの速さで走ります．2人はP地点から同時に出発します．
このとき，次の問いに答えなさい．

(1) 太郎さんと花子さんが同じ向きに出発したとき，花子さんが太郎さんにはじめて追いつくのは何分後ですか．

(2) 太郎さんと花子さんが反対向きに出発したとき，2人がはじめて出会うのは何分後ですか．

(3) 太郎さんと花子さんが反対向きに出発したとき，2人がはじめてP地点で出会うのは何分後ですか．

(4) 太郎さんと花子さんが反対向きに出発し，2人がはじめて出会った後，花子さんはある地点から毎分60 mの速さで歩きはじめたところ，2人が出会ってから20分後に再び2人は出会いました．花子さんは2人がはじめて出会った地点から何mの地点で歩きはじめましたか．

6 図のような四角形ABCDがあります．点Pは頂点Aを出発し，この四角形の辺上を毎秒2 cmの速さで反時計回りに動き，頂点Dで止まります．点Qは点Pと同時に頂点Cを出発し，この四角形の辺上を毎秒1 cmの速さで反時計回りに動き，点Pと同時に止まります．

このとき，次の問いに答えなさい．

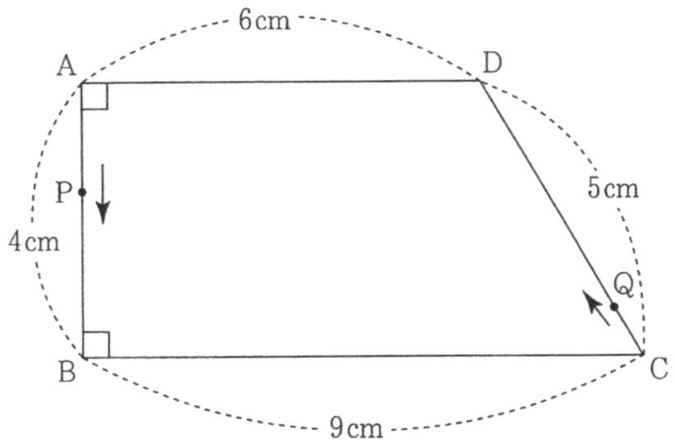

(1) 四角形ABCDの面積は何 cm^2 ですか．

(2) P，Qが同時に出発してから，5秒後の三角形APQの面積は何 cm^2 ですか．

(3) P，Qが同時に出発してから，7秒後の三角形APQの面積は何 cm^2 ですか．

4 次のように，ある規則にしたがって数が並んでいます．
このとき，次の問いに答えなさい．

$$1,\ \frac{1}{2},\ 1,\ \frac{2}{3},\ 1,\ \frac{3}{4},\ 1,\ \frac{4}{5},\ 1,\ \cdots\cdots$$

(1) 21 番目の数は何ですか．

(2) 50 番目の数は何ですか．

(3) $\frac{2021}{2022}$ は，1 番目から数えて何番目ですか．

(4) 1 番目から 100 番目までの数をすべてかけると，いくつですか．

5 A，B，C の 3 人の所持金の合計は 11000 円です．B の所持金は A の 2 倍より 100 円多く，C の所持金は B の 3 倍より 200 円少なくなっています．
このとき，次の問いに答えなさい．

(1) A，B，C の所持金はそれぞれいくらですか．

(2) A，B，C の 3 人は D からおこづかいをもらいました．A，B のもらった金額の比は 3：1 で，その結果 A，B，C の 3 人の所持金の比は 2：3：9 になりました．
C が D からもらったおこづかいはいくらですか．

8 水100gにとけるホウ酸の重さを温度を変えて調べると，次の表のようになりました。以下の各問いに答えなさい。計算が割り切れないときは，四捨五入して整数で答えなさい。

温度〔℃〕	10	20	30	40	60	80
とけるホウ酸の重さ〔g〕	4	5	7	9	15	25

（1）80℃で，ホウ酸をとけるだけとかした水よう液をつくると，何%のこさになりますか。

（2）80℃で，ホウ酸をとけるだけとかした水よう液125gを60℃まで冷やすと，何gのホウ酸がとけきれなくなって出てきますか。

ろ過は，液体と固体の混ざった液を，水よう液と固体にわけることができます。ビーカーA～Cに，それぞれ下の表のようにホウ酸と水を入れてよく混ぜました。このとき，水や水よう液の温度はすべて20℃であるとします。

	ビーカーA	ビーカーB	ビーカーC
ホウ酸	5g	10g	12g
水	50g	160g	250g

（3）ビーカーA～Cのうち，同じこさになるものはどれとどれですか。A～Cの記号で答えなさい。

（4）ろ過をすると，水よう液とホウ酸の固体にわけることができるものはどれですか。A～Cの記号ですべて答えなさい。

7 次の図のような装置を使って，気体を発生させる実験を行いました。これについて，以下の各問いに答えなさい。

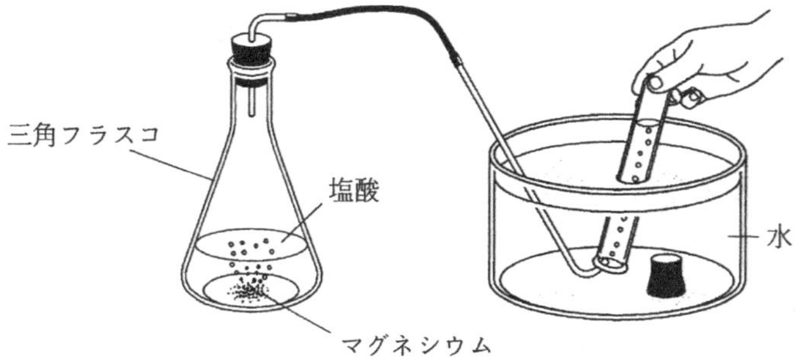

【実験】うすい塩酸を三角フラスコに入れ，マグネシウムの粉を加えたところ，気体を発生させながらはげしく反応しました。この気体を図のような集め方で，試験管に集めました。気体の性質を調べるために，マッチの火を近づけると音を立てて燃えました。

（1）この実験で発生した気体は何ですか。

（2）マグネシウムの代わりに用いると，（1）の気体が<u>発生しないもの</u>はどれですか。次のア～エから２つ選び記号で答えなさい。

ア．鉄　　イ．ミョウバン　　ウ．アルミニウム　　エ．食塩

（3）この実験で，マグネシウムの代わりに石灰石を加えると，別の気体が発生しました。

① その気体の名前は何ですか。

② その気体の性質として正しいものを，次のア～エから１つ選び記号で答えなさい。

ア．気体を集めた試験管に火のついた線香を入れると，燃え方がはげしくなる

イ．気体を集めた試験管に石灰水を入れて軽くふると白くにごる

ウ．鼻をつくようなにおいの気体で，水によくとける

エ．空気より軽い気体で，水にとけるとアルカリ性を示す

6 右図はヒトの目を上から見たときの横断面（水平方向に輪切りにしたときの面）を示したものです。これについて以下の各問いに答えなさい。

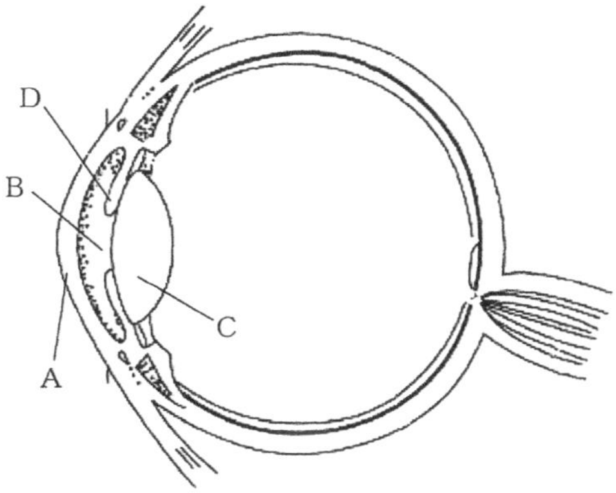

（1）図は右目，左目のどちらと分かりますか。
次のア～ウから１つ選び記号で答えなさい。
ア．右目
イ．左目
ウ．この図からは分からない

（2）図中のA～Cの部分はそれぞれ何といいますか。
ただし，BはDでかこまれたすき間を示します。

（3）ホ乳類の中では，ヒトをふくむ霊長《れいちょう》類（サルのなかま）は特に色の感覚にすぐれています。このすぐれた感覚は，葉の緑色と果実の赤っぽい色を見分けるのに役立つことがわかっています。また，これらの動物が好む果実の多くは，熟して食べごろになると表面の色が赤っぽい色に変わります。これらのことから，果実の色を変化させ，食べごろを動物に知らせることは，植物にとってどのような利点（メリット）があると考えられますか。12字以上20字以内で答えなさい。

5 次の文章を読んで，以下の各問いに答えなさい。

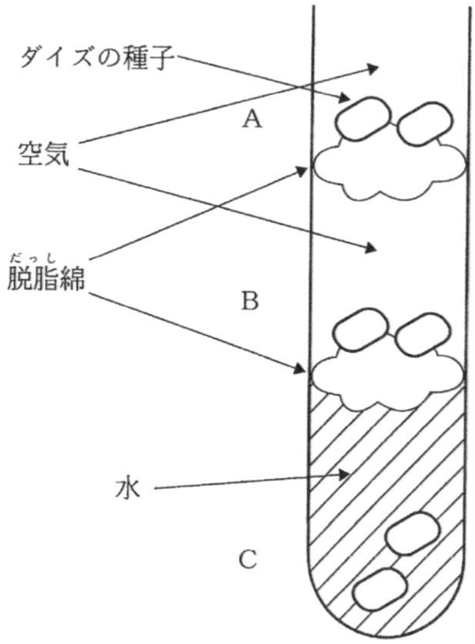

望さんと明《あかり》さんは，身近な植物の種子について調べることにしました。

望：私は，ダイズの発芽に必要な条件について調べたいと思います。
明：ダイズはいろいろな食品として使われていますよね。どのように発芽して成長するのか，私も興味があります。
望：そうなんです。私はもやしが好きなので，どうしたらもやしができるか知りたいのです。そこで，ダイズの発芽を調べるために，右図のような試験管を３本用意しようと考えました。このうちの２本は，光の当たる窓際に置いて，残りの１本は冷蔵庫に入れようと思います。
明：それならば，窓際に置く試験管のうち１本は（　①　）と良いと思います。
望：なるほど，そうすれば，発芽に必要な３条件の組み合わせが色々と調べられますね。
明：そうでしょ！？実験の組み合わせをまとめると下の表のようになりますね。

試験管内の位置	冷蔵庫	窓際Ⅰ	窓際Ⅱ
A	ア	イ	ウ
B	エ	オ	カ
C	キ	ク	ケ

注）窓際Ⅰ：窓際にそのまま置いたもの
　　窓際Ⅱ：窓際に（　①　）処理をして置いたもの

（1）下線部について，ダイズからできている食品を，次のア～オから２つ選び記号で答えなさい。
ア．グリーンピース　　イ．つぶあん　　ウ．しろあん　　エ．きなこ　　オ．おから

（2）文中の（　①　）に入る文を，次のア～エから１つ選び記号で答えなさい。
ア．水を入れないでおく　　イ．アルミホイルで包む
ウ．水の代わりにお酢《す》を入れる　　エ．水の代わりに氷ざとうを入れる

（3）ダイズが発芽するものを，表のア～ケから２つ選び記号で答えなさい。

（4）（3）で発芽したもののみを，同じ条件のまま育て続けます。もやしになるのは，どの条件で育て続けたときですか。表のア～ケから１つ選び記号で答えなさい。

3　次の文章を読んで、あとの問いに答えなさい。

≪Ⅰ≫

明治時代になると、人々の間に西洋の考え方が紹介《しょうかい》されるようになり、西洋の制度や技術も導入されるようになった。西洋風のものは何でもよいとされ、文明開化としてもてはやされた。［A］が書いた『学問のすゝめ』全17編は、340万部以上売れた。明治の新しい時代にふさわしいと思われる人間の生き方が書かれたこの本を、当時の知識人を中心とした人々は競って読んだと言われている。

政府が1872年に公布した［B］によって、6才以上の男女が小学校に通うことが定められた。また政府は、西洋の学問や政治のしくみを学ばせるため、**C 多くの留学生を海外へ派遣《はけん》した。**

（1）　文章中の［A］［B］に当てはまる語句の組み合わせとして適切なものを、次のア～エから1つ選び、記号で答えなさい。

ア．　A　大隈重信　　B　教育基本法　　　イ．　A　大隈重信　　B　学制

ウ．　A　福沢諭吉　　B　教育基本法　　　エ．　A　福沢諭吉　　B　学制

（2）　文章中の下線部Cについて、下図は1871年に派遣《はけん》された使節団とともに留学した女性たちの写真である。図中の◯印の女性は、帰国したのちに日本の女子教育・英語教育に功績を残した人物である。この人物を、次のア～エから1つ選び、記号で答えなさい。

ア．平塚らいてう　　イ．与謝野晶子　　ウ．津田梅子　　エ．樋口一葉

（3）　文明開化のころの東京の様子を説明した文として正しいものを、次のア～エから1つ選び、記号で答えなさい。

ア．伝統的な生活が変化し、れんが造りの建物などが増えた。

イ．ラジオ放送が始まるなど、大衆文化が発達した。

ウ．電灯が都市部に普及《ふきゅう》し、鉄筋コンクリート造りのビルディングが立ち並ぶようになった。

エ．大気汚染《たいきおせん》や水質汚濁《すいしつおだく》などの環境《かんきょう》問題が深刻化した。

≪Ⅱ≫

［D］年、ヨーロッパで第一世界大戦が起こると、日本もこの戦争に加わり、戦勝国の１つとなった。この戦争の影響《えいきょう》で輸出が増えて好景気をむかえたが、**Ｅ 戦争の終わりごろから米などの値段が急に高くなった**。人々は生活を守るために、各地で民衆運動を起こした。労働者の生活を守るための労働運動や、小作料の引き下げを求める農民運動も起こった。人々の民主主義への意識は高まり、普通選挙を求める運動が広く展開された結果、２５歳《さい》以上のすべての男子が衆議院議員の選挙権をもつようになった。また明治に入って身分制度が改められてからも、就職や結婚などで差別され、苦しめられてきた人々は［F］をつくり、差別をなくす運動に立ち上がった。

（４）　文章中の［D］に入る西暦《せいれき》を答えなさい。

（５）　文章中の下線部Ｅについて、米の値段が大幅《おおはば》に上がったことに対し、下図のような民衆運動が発生した。この民衆運動を何というか。

（６）　文章中の［F］に入る語句を、次のア～エから１つ選び、記号で答えなさい。

ア．青鞜社　　イ．明六社　　ウ．平民社　　エ．水平社

≪Ⅲ≫

敗戦によって日本は、 **<u>G アメリカなどの連合国軍に占領《せんりょう》され</u>**、日本政府は連合国軍の指導により、民主主義国家として再出発するために、戦後改革とよばれる多くの改革を行った。

選挙制度では、満２０歳《さい》以上の男女に平等に選挙権が保障された。学校教育では、小学校６年間、中学校３年間の９年間が義務教育になり、子どもが教育を受ける権利が保障されるとともに、男女共学が法律で定められ、学校給食も始まった。教科書は、戦争中のものがそのまま使われたが、軍事教育に関するような内容は不適切だとして、すみで消されて使用された。

（７）　文章中の下線部Gについて、日本の民主化政策を進めた、マッカーサーを最高司令官とする組織の略称を、アルファベット３文字で答えなさい。

（８）　下のグラフは、有権者数の変化を示している。１９４６年に有権者数が大きく増えている理由を、上の≪Ⅲ≫の文章中からぬき出して答えなさい。

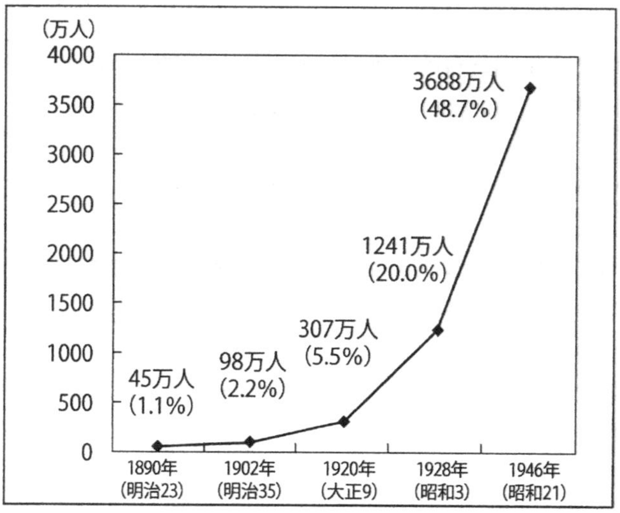

（有権者数と全人口に占める有権者の割合）（静岡県総合教育センターＨＰより）

（９）　１９５１年に日本はサンフランシスコ平和条約に調印し、翌年に独立を回復した。サンフランシスコ平和条約と同時に調印された条約を、次のア～エから１つ選び、記号で答えなさい。

ア．日韓基本条約　　イ．日中共同声明　　ウ．日米安全保障条約　エ．日ソ共同宣言

（１０）　１９５０年代中ごろからの日本経済が急速に成長した時期を何というか。解答らんに合わせて答えなさい。

4 次の文章を読んで、あとの問いに答えなさい。

≪Ⅰ≫

国際連合は、世界の平和と安全を守り、人々の暮らしをよりよいものにするために、1945年に51か国が参加して発足した。現在では、約200か国のうち、［A］か国が加盟している。国連には、**B 目的に応じた様々な機関**があり、全体に関わることはすべての加盟国が参加する総会で決められる。世界で起こっている様々な課題を解決するための国連の活動の中には、戦争や**C 紛争《ふんそう》**の予防や調停、復興支援《しえん》などの活動があり、日本は国連の一員として、世界各地の**D 平和《へいわ》維持活動《いじかつどう》**に参加してきた。

(1) 文章中の［A］に入る数字に最も近いものを、次のア～エから1つ選び、記号で答えなさい。

ア．80　　イ．110　　ウ．140　　エ．190

(2) 文章中の下線部Bについて、世界の子どもの人権保護につとめ、貧困などに苦しむ子どもの支《し》援《えん》を行う機関を、次のア～エから1つ選び、記号で答えなさい。

ア．ユニセフ　　イ．ユネスコ　　ウ．エイペック　　エ．サミット

(3) 文章中の下線部Cについて、政治や宗教上の理由ではく害を受けたり、紛争《ふんそう》の激化で国を追われて他国へのがれた人を何というか。漢字2文字で答えなさい。

(4) 文章中の下線部Dについて、国際連合が行う平和維持活動《へいわいじかつどう》のことを何というか。次のア～エから1つ選び、記号で答えなさい。

ア．NGO　　イ．PKO　　ウ．IOC　　エ．WTO

(5) 2001年に、世界貿易センタービルなどが攻撃《こうげき》され、同時多発テロが発生した国を、次のア～エから1つ選び、記号で答えなさい。

ア．イギリス　　イ．フランス　　ウ．アメリカ　　エ．中国

≪Ⅱ≫　以下は、ある学校における先生と生徒との会話である。

先生：有料[E]は、環境省《かんきょうしょう》によって２０２０年の７月１日より義務化されました。[E]だけに限らず、さまざまな[F]製品の削減《さくげん》も目標として掲《かか》げられ、近年の「[F]ごみ問題」や地球温暖化防止にも大きく関わっています。

生徒：そうですね。私のよく行くコンビニでも、[E]が有料化されています。そもそも[E]を有料化することは、[G]とどんな関係があるのですか。

先生：[G]の掲《かか》げる１７の目標の中には、[E]を原因とする[F]ごみ問題に深く関わるものが多くあります。例えば１４番目の「海の豊かさを守ろう」という目標です。ここ数年、マイクロ[F]による海洋汚染《かいようおせん》で、海の生物にも大きな影響《えいきょう》が見られます。

生徒：私もニュースなどで、ストローが鼻にささってしまったウミガメや、胃から大量の[F]ごみが出てきたクジラなどを見ました。

先生：[E]有料化は、エネルギー問題にも関わってきます。[E]を有料化することは、結果的に[E]の製造量を減らすことにつながります。そのことは、製造にともなう[H]の使用削減《さくげん》や、焼却《しょうきゃく》時に発生する[I]の削減《さくげん》につながります。

生徒：先生、ありがとうございました。[E]有料化が、「[F]ごみ問題」の解決や地球温暖化防止につながっていることがよくわかりました。

（６）　会話文中の[E]に入る語句を答えなさい。

（７）　会話文中の[F]に入る語句を、次のア～エから１つ選び、記号で答えなさい。

ア．木材チップ　　イ．金属　　ウ．ペーパー　　エ．プラスチック

（８）　会話文中の[G]に入るアルファベット４文字を答えなさい。

（９）　会話文中の[H]に入る語句を、次のア～エから１つ選び、記号で答えなさい。

ア．水　　イ．石油　　ウ．木材　　エ．セラミック

（１０）　会話文中の[I]に入る語句を、次のア～エから１つ選び、記号で答えなさい。

ア．二酸化炭素　　イ．酸素　　ウ．窒素《ちっそ》　　エ．水素

問二

問三

問四

問五

1

2

問六

問七

問八

Ⅰ

Ⅱ

Ⅲ

Ⅳ

問九

①

②

③

④

三

A

① イコウ

② イコウ

③ カクシン

④ カクシン

⑤ キカン

⑥ キカン

⑦ ユウリョウ

⑧ ユウリョウ

⑨ タイショウ

⑩ タイショウ

B

①

②

③

④

C

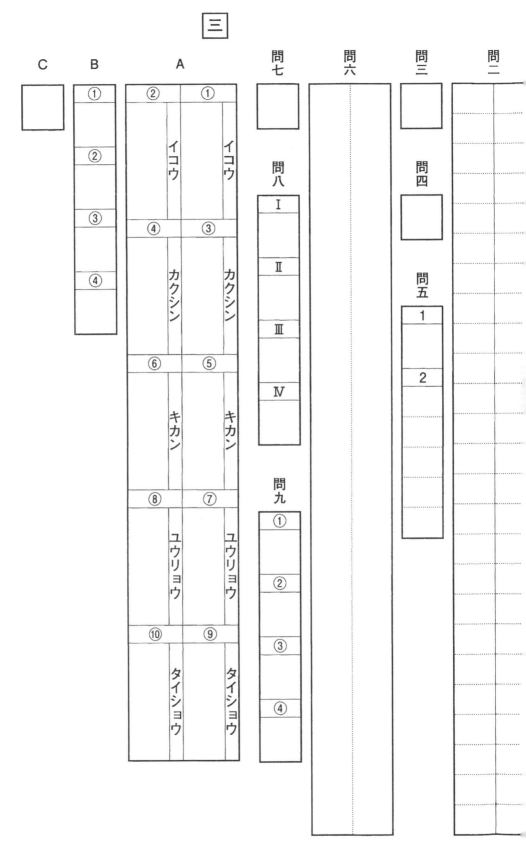

令和４年度入学試験

算 数 解 答 用 紙

一次Ａ

受験番号					

※120点満点
（配点非公表）

1

(1)		(2)		(3)		(4)	
(5)		(6)					

2

(1)	冊	(2)	%	(3)	点	(4)	毎秒　m
(5)							

3

(1)	度	(2)	cm^2

【解答用

令和４年度入学試験

理 科 解 答 用 紙

一次Ａ

受験番号				

※80点満点
（配点非公表）

1

（１）	（２）
（３）	（４）

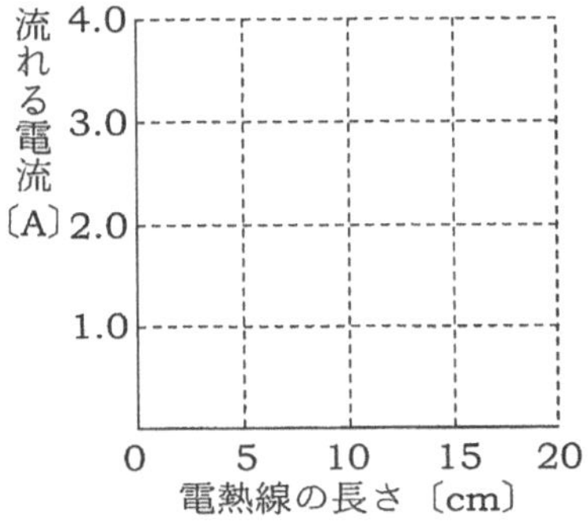

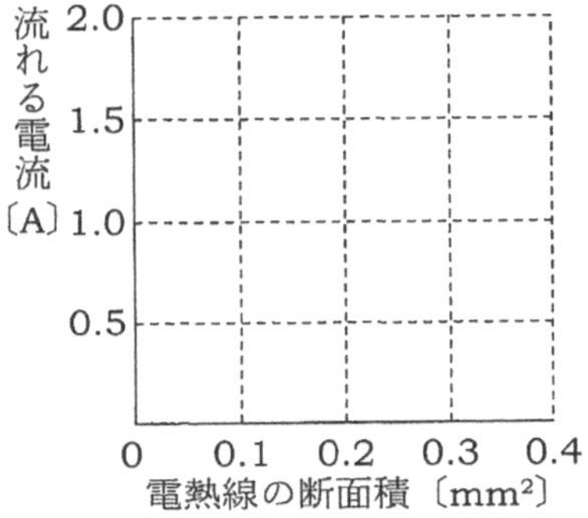

2

（１）	（２）	（３）	（４）
cm	g	cm	cm

3

（１）	（２）	（３）	（４）

【解答用

令和４年度入学試験

一次Ａ

社会解答用紙

受験番号					

※80点満点
（配点非公表）

1

（１）		（２）		（３）	
（４）		（５）		（６）	
（７）	沖ノ鳥島が沈んでしまうと、				
（８）		（９）		（10）	

2

（１）		（２）		（３）			
（４）		（５）		（６）		（７）	
（８）							
（９）	大名が						

【解答用

④

一次B

大谷中学校

令和四年度入学試験

国語

注意

・テスト時間は六〇分です。
・問題冊子、解答用紙に受験番号を書きなさい。
・問題は一〜三までであります。
・設問の都合上、本文を一部改めたところがあります。
・答えはすべて解答用紙に書きなさい。
・質問があるときは、だまって手をあげなさい。
・試験が終わったら、問題冊子、解答用紙を机の上に別々に置きなさい。

問いに字数指定がある場合は、句読点・記号も一字とします。

受験番号					

一

次の文章を読んで、後の問いに答えなさい。

月、水、金の午後五時から地域センターの一角で柔道《じゅうどう》教室は開かれている。体育館の床《ゆか》の上に畳《たたみ》が敷《し》きつめられ、そこで指導を受けるのだ。体育館は、もちろん、柔道だけが使うわけではなく、バレーボールのコートもあるし、バスケットボールをすることだってできる。月曜日にはママさんバレー、水曜日にはバドミントンと卓球《たっきゅう》、金曜日には新体操と体育館を共有する。

学校から帰ると、健太《けんた》は柔道着やタオルを入れたスポーツバッグを持って、体育館に出かける。週に三回行く必要はなく、二回でも一回でもいいことになっている。でも、健太は週に三回通う。友だちが通い始めたから、という安易な理由で始めた柔道だったけれど、今では誰《だれ》よりも熱心だった。技をかけて決まった時の魅力《みりょく》のとりこになったのだ。1柔道は健太の理論好きの性格に合っていた。

柔道着に着替《きが》えて、準備体操をしてから、相手を見つけ、練習を始める。※頑固親父《がんこおやじ》をリーダーにした指導者たちは、練習を見守り、時には相手になってくれる。指導者たちの多くは学生や社会人で、頑固親父の弟子《でし》たちだ。

一汗《ひとあせ》かいた頃《ころ》に、頑固親父に呼ばれた。

頑固親父は頭が薄《うす》くなってもがっしりとした体型を維持《いじ》している。耳はもちろん、※ギョーザ耳になっていて、それを見る度《たび》に、健太は耳がギョーザになり始めたら、さっさと柔道をやめてしまおうと決意を新たにする。

頑固親父は少女チームを前にして、技の説明をしていた。背負い投げについての講釈《こうしゃく》だった。総勢七名の少女たちはあまり興味がなさそうな顔をして、頑固親父の説明を聞いていた。右端《みぎはし》に座《すわ》っている友里《ゆり》と目があって、健太はちょっとどぎまぎした。柔道着が乱れているんじゃないか、と気にかかり、足取りがぎごちなくなった。

「健太」と頑固親父は呼びつける。「相手をしてくれ」

はい、と短く、大きな声で答える。こんな時に嫌《いや》な顔をすると、あとで痛い目に遭《あ》う。

普段《ふだん》は技の説明をする時の頑固親父の相手は学生や社会人たちだ。けれど、今日は学生の数は少なく、彼《かれ》らは少年たちの相手をしていた。社会人がやってくるのはもっと遅《おそ》い時間だ。

頑固親父は技の説明をしながら、健太を投げ飛ばす。さすがに指導者だけあって技の切れは鋭《するど》い。流れるようなリズムで技が決まり、あっさりと健太は投げられ、受け身の姿勢を取った。

抵抗《ていこう》しようとしても自分の力が吸い取られていく気がする。相手に向けた力が自分のバランスを崩《くず》すように作用するのだ。

たぶん、真剣《しんけん》勝負をしてもまだ頑固親父には勝てないだろうな、と健太は思う。

十回ほど続けて畳に投げつけられ、いい加減、嫌になったところで頑固親父は技の説明を終えた。頑固親父と組み合って、技のコツを盗《ぬす》めるのは、X、同年代の女の子たちの前で繰《く》り返し投げ飛ばされるのは、Y。

「　A　」

頑固親父が宣言した。彼はどうも少女たちに対しては言葉遣《づか》いが丁寧《ていねい》なようだ。

少女たちがのろのろと立ち上がり始めると、健太は柔道着の前を直して、自分の練習に戻《もど》ろうとした。

「健太」頑固親父が呼び止めた。「お前は友里と組め」

「え？　ぼくも？」

「人数が足りないんだ。それに、お前は背負い投げの練習が好きだろう？」

頑固親父は口もとに皮肉な笑《え》みを浮《う》かべている。健太が背負い投げの得意な選手に憧《あこが》れていることを知っているのだ。健太はできるだけ立ったまま、柔道をしたいと思っている。寝技《ねわざ》は嫌《きら》い。畳の上でもがき続けるなんてひどく見栄《みば》えが悪い。寝技をかけられると、健太は技から逃《のが》れる努力をしないことにしている。寝技は耳のギョーザ化を促進《そくしん》するし、技が完全に決まれば、どうもがいても逃れることはできない。

「　B　」

頑固親父の目が少し厳しくなる。別に不満はない、と健太は思う。2ちょっと照れくさいだけだ。

「いいえ」

「じゃあ、友里、健太が相手だ。遠慮《えんりょ》せずに投げ飛ばしてやれ」

気合いを入れるように健太の肩《かた》をぽんとたたいた。

友里はすっくと立ち上がり、手と足の関節を回して、軽く準備体操をした。ファイトー、と叫《さけ》ぶママさんバレーの選手たちの声が響《ひび》く。調子が狂《くる》うな、と思いながら、健太は友里と正対した。

友里は健太よりも十センチほど背が低い。すらりとした体型で、手足が長く、とても体が柔《やわ》らかそうだ。

一礼して、襟《えり》を取る。まともに目を合わすことができず、健太は首筋に視線を向けた。ああ、色が白いな、と思った時だった。いきなり体がふわりと浮いて、回転を始め、きれいに背負い投げを決められていた。

3嘘《うそ》だろう？　これ。

見上げると、友里が微笑《びしょう》している。目がきらきらと輝《かがや》いて、頬《ほお》がうっすらと紅潮している。

健太は立ち上がり、深呼吸をして気合いを入れ直す。友里に見とれてばかりはいられない。女の子に簡単に投げ飛ばされたのでは、立つ瀬《せ》がない。

さっきのは、ちょっとした油断のせいだ、と健太は思い直す。4今度は違《ちが》う。

5違わなかった。襟を取り、間合いを測っていると、すっと友里の体が動いて、健太は畳にたたきつけられていた。

実に鮮《あざ》やかだ。感心している場合ではない。友里は他の少女たちのような初心者ではない。技をかけるコツを熟知している。そうでなければ、体力の勝《まさ》った者を簡単に投げることはできない。
「どうした、健太」と頑固親父が愉快《ゆかい》そうに声をかけた。「　C　」
友里は一言もしゃべらない。組むまでは柔らかく微笑している。組むと同時に表情が引き締《し》まる。健太が力を入れても逆らわない。右に左に重心をずらし、技をかけるタイミングを測る。けれど、友里の動きはとても滑《なめ》らかでバランスは崩れない。うかつに技をかけにいくと、逆に反動を利用されそうだ。
どうしよう？　フェイントでもかけてみるか。引きつけるタイミングを少しずらして、腰《こし》を入れた。決まった、と思った瞬間《しゅんかん》、足を払《はら》われて、返し技の犠牲《ぎせい》になっていた。
6嘘だろう？　これ。
でも、本当なのだ。健太は素早《すばや》く立ち上がった。畳の上に座り込《こ》んでいるわけにはいかない。練習生たちが盗み見をしているのはわかっている。健太は女にも勝てないなどと思われたら、最悪だ。練習生たちのなかで健太と互角《ごかく》に闘《たたか》える者は数えるほどしかいないのだ。
もう一度、組む。相手が友里だと思うからいけないのだ。男だと思えばいいのだ。
けれど、またしても健太は友里の技の餌食《えじき》になった。
「　D　」
頑固親父の声がかかった。
7名誉挽回《めいよばんかい》のチャンスは失われた。そう思いながらも健太は心の片隅《かたすみ》ではほっとしていた。これ以上続けても友里に勝てるとは思えない。焦《あせ》れば焦るほど技の切れはなくなる。絶望するほど惨《みじ》めな気分になるよりも今のうちにやめておいた方が賢明《けんめい》だ。
丁寧にお辞儀《じぎ》をして、健太は友里に背を向けた。練習相手のニキビ面《づら》の男がにやにや笑いながら近づいてくる。
「健太、女相手だと力が入らないのか？」
健太は答えずに、ニキビ面の襟を取った。相手の体勢が整うまで待ってから、背負い投げをしかける。あっけなく技は決まった。
別に調子が悪いわけではないのだ、と健太はニキビ面を見下ろして思う。友里が強いのだ。
少し離《はな》れた場所から友里の動きを見守った。今は女の子を相手に組んでいる。投げたり投げられたりを繰り返している。投げられた時の身のこなしもしなやかだ。相手の女の子は初心者だから、わざと背負い投げがされやすい体勢を作っているようだ。
友里は健太の方に顔を向けると、にっこりと笑った。8体からすっと力が抜《ぬ》けていく感じがする。彼女《かのじょ》の笑顔《えがお》は闘志《とうし》を奪《うば》ってしまう。こんなことではいけない、と気合いを入れ直しながらも、健太は思わず頬が緩《ゆる》むのを抑《おさ》えることができなかった。

（川西蘭「決戦は金曜日」『14歳の本棚―部活学園編』所収　新潮文庫刊）

※　頑固親父　…　友里の父親で、健太の柔道の指導者。
※　ギョーザ耳　…　柔道の寝技などを繰り返すことで変形してしまった耳。

問一　安易な　の例文として**適当でないもの**を次から一つ選び、記号で答えなさい。

ア　この商品には安易な値段が設定されている。
イ　試験では安易な問題から取りかかるとよい。
ウ　彼女はどんなときでも安易な道を選ぶ。
エ　その課題は安易な方法では解決できない。

問二　[1]柔道は健太の理論好きの性格に合っていた　とありますが、どういうことですか。その説明として最も適当なものを次から選び、記号で答えなさい。

ア　柔道は、相手が気づく前に技をかけるスリルがたまらないと考える健太の性格に合っていたということ。
イ　柔道は、ここで力を入れるとこんな技が決まると順序だてて考える健太の性格に合っていたということ。
ウ　柔道は、相手の知らない技をかけると気分がすっきりすると考える健太の性格に合っていたということ。
エ　柔道は、体の小さな自分が体の大きな大人に勝てる競技だと考える健太の性格に合っていたということ。

問三　X ・ Y にあてはまることばの組み合わせとして最も適当なものを次から選び、記号で答えなさい。

ア　X―好きではなかったので　Y―腹が立った
イ　X―うれしかったので　Y―平気だった
ウ　X―あまり興味はないが　Y―楽しみではあった
エ　X―ありがたかったけれど　Y―あまり良い気分ではない

問四　「 A 」～「 D 」にあてはまる頑固親父のことばを次からそれぞれ選び、記号で答えなさい。

ア　「その辺でいいだろう」
イ　「じゃあ、二人ずつ組になって練習を始めよう」
ウ　「投げられてばかりじゃなくていいんだぞ」
エ　「不満か？」

問五　[2]ちょっと照れくさいだけだ　とありますが、どういうことが照れくさいのですか。二十字以内で説明しなさい。

問六 友里は健太よりも……背負い投げを決められていた。 とありますが、この部分から読み取れる健太の様子として最も適当なものを次から選び、記号で答えなさい。

ア 強い友里と組むのが嫌で、後ろ向きになっている様子。

イ 友里のことさえ目に入らないほど、緊張《きんちょう》している様子。

ウ 目の前の友里に目を奪われて、集中できずにいる様子。

エ 友里を小柄《こがら》な女の子だと思って、甘《あま》く見ている様子。

問七 3嘘だろう？ これ・6嘘だろう？ これ と同じことばが二回繰り返されていますが、この二つの違いは何ですか。その説明として最も適当なものを次から選び、記号で答えなさい。

ア 前者は自分の身に起きたことが信じられない気持ちが表れたことばであり、後者は自分の身に起きたことを認めたくない気持ちがこもったことばである。

イ 前者は自分の状況《じょうきょう》を認めたくない気持ちがこめられたことばであり、後者は自分の弱さを認めざるを得ないことを思い知って絶望していることばである。

ウ 前者は友里に対して油断していた自分を許せない気持ちが表れたことばであり、後者は予想以上に強い友里に圧倒《あっとう》される気持ちがこもったことばである。

エ 前者は強いはずの自分が投げ飛ばされたことを恥《は》じる気持ちがこめられたことばであり、後者は友里の技が鮮やかであることに感激していることばである。

問八 4今度は違う・5違わなかった とありますが、このことばにこめられた健太の気持ちについて次のようにまとめました。（ Ⅰ ）・（ Ⅱ ）にあてはまることばをそれぞれ答えなさい。

今度は（ Ⅰ ）と思っていたのに、結局（ Ⅱ ）。

問九 7名誉挽回のチャンスは失われた。そう思いながらも健太は心の片隅ではほっとしていた とありますが、このときの健太の心の中にあった二つの気持ちを説明しなさい。

問十 8体からすっと力が抜けていく感じがする とありますが、このときの健太はどのような状態ですか。その説明として最も適当なものを次から選び、記号で答えなさい。

ア 友里に勝つ前に頑固親父に止められたことが悔《く》やまれるが、次の勝負では必ず勝とうと決意を新たにしている。

イ 友里に負けたことをからかわれて怒《おこ》ったが、友里が女の子に投げられるのを見て大した選手ではないと安心している。

ウ 小柄な友里に負けたことが衝撃《しょうげき》であったが、他の練習生にはすんなり勝つことができたので自信を取りもどしている。

エ 次こそは友里に勝たなければならないと気負《ご》っているが、友里の笑顔を見たことでその意気込みが弱まっている。

問十一 この文章の表現に関する説明として最も適当なものを次から選び、記号で答えなさい。

ア 「健太は耳がギョーザになり始めたら、さっさと柔道をやめてしまおうと決意を新たにする」「頑固親父は口もとに皮肉な笑みを浮かべている」などと健太と頑固親父の様子を交互に描《えが》くことで、すれ違う二人の関係を際立《きわだ》たせている。

イ 「すらりとした体型で、手足が長く、とても体が柔らかそうだ」「目がきらきらと輝いて、頬がうっすらと紅潮している」などと友里の姿をくわしく描くことで、道場の練習生にとって友里はあこがれの存在であることを示している。

ウ 「たぶん、真剣勝負をしてもまだ頑固親父には勝てないだろうな」「女の子に簡単に投げ飛ばされたのでは、立つ瀬がない」などと健太が心の中で思ったことを細やかに表現することで、健太の気持ちの動きを生き生きと描いている。

エ 「総勢七名の少女たちはあまり興味がなさそうな顔をして、頑固親父の説明を聞いていた」「練習相手のニキビ面の男がにやにや笑いながら近づいてくる」などと複数の登場人物の心情を描くことで、物語に厚みをもたせている。

二

次の文章を読んで、後の問いに答えなさい。

7 ある店では，1パック500円のサンドウィッチと，1パック350円のサラダが売られています．このとき，次の問いに答えなさい．

(1) サンドウィッチとサラダをそれぞれ何パックか買ったところ，2400円になりました．パックの数の比が1：2のとき，サンドウィッチとサラダをそれぞれ何パック買いましたか．

(2) 閉店時間が近づいてきたので，残りをすべて2割引きで売ったところ，売り切れました．割引きしてからの売り上げは2840円でした．サンドウィッチとサラダはそれぞれ何パック残っていましたか．

6　図のように四角形ABCDがあり，ACとBDの交わる点をEとします．
点Pは頂点Aを出発し，この四角形の辺上を毎秒1 cmの速さでA→B→C→D→Aと動き，点Aで止まります．
このとき，次の問いに答えなさい．

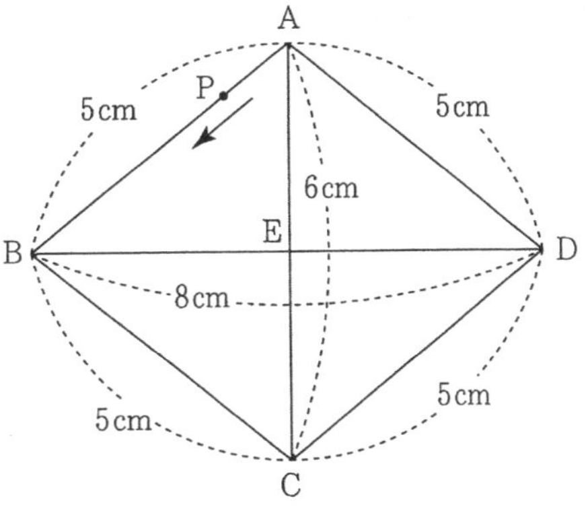

(1)　四角形ABCDの面積は何cm^2ですか．

(2)　点Pが出発してから，7秒後の三角形PCDの面積は何cm^2ですか．

(3)　点Pが出発してから止まるまでに，三角形PCEの面積が3 cm^2になるのは何回ありますか．

4 次のように，4の倍数と6の倍数を小さい順に並べます.

4, 6, 8, 12, 16, 18, 20, 24, 28, 30, 32, 36, ……

このとき，次の問いに答えなさい.

(1) 20番目の数は何ですか.

(2) 50番目の数は何ですか.

(3) 1番目から60番目までの数の和はいくつですか.

5 ある仕事をAさん，Bさんの2人でします．先にAさん1人で6日間仕事をして，その後，Bさん1人で8日間仕事をすると，この仕事は終わります.
また，Aさん1人でこの仕事をすると，終えるのに18日間かかります.
このとき，次の問いに答えなさい.

(1) この仕事をBさん1人ですると，終えるのに何日間かかりますか.

(2) この仕事をAさんとBさんの2人ですると，何日目に終わりますか.

(3) この仕事を先にAさん1人で3日間して，残りをBさん1人ですると，Bさん1人で仕事をはじめてから終えるのに何日間かかりますか.

二

問一

問二

～

ということ。

問三

a

b

問四

問五

問六

問七

問八

問九

問十

問十一

問十二

Ⅰ

Ⅱ

Ⅲ

Ⅳ

Ⅴ

三

A

①

②

③

④

⑤

⑥

⑦

⑧

⑨

⑩

B

①

②

③

④

⑤

⑥

C

①

②

③

④

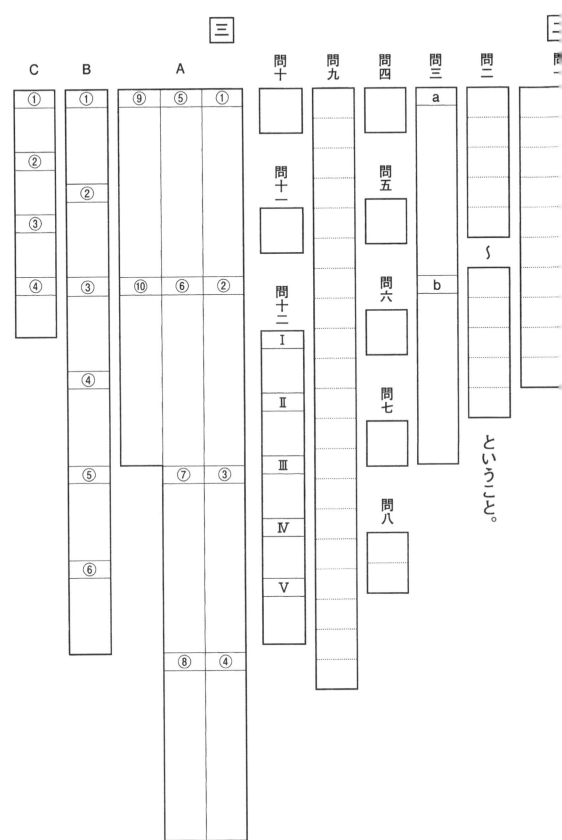

令和４年度入学試験

算 数 解 答 用 紙

一次Ｂ

受験番号					

※120点満点
（配点非公表）

1

(1)		(2)		(3)		(4)	
(5)		(6)					

2

(1)	年後	(2)	g	(3)	秒	(4)	点
(5)	ページ						

3

(1)	度	(2)	cm^2

4

(1)		(2)		(3)	

5

(1)	日間	(2)	日目	(3)	日間

6

(1)	cm^2	(2)	cm^2	(3)	回

7

(1)	サンドウィッチ パック	サラダ パック	(2)	サンドウィッチ パック	サラダ パック

一次B

令和四年度

国語解答用紙

受	験	番	号

※120点満点
（配点非公表）

一

問一

問二

問三

問四
A
B
C
D

問五

問六

問七

問八
Ⅰ
Ⅱ

問九

問十

問十一

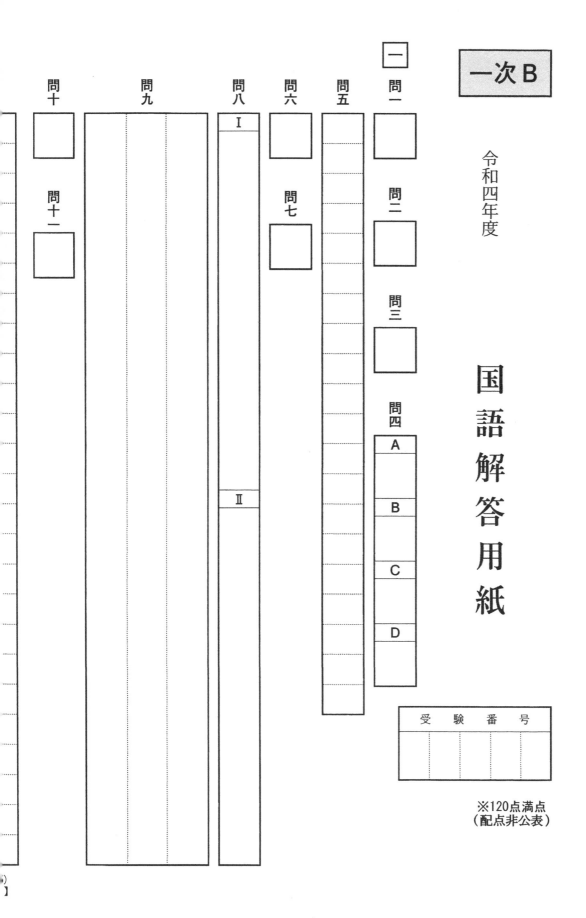

3 次の問いに答えなさい.

(1) 図において，四角形 ABCD が正方形のとき，角 x の大きさは何度ですか.

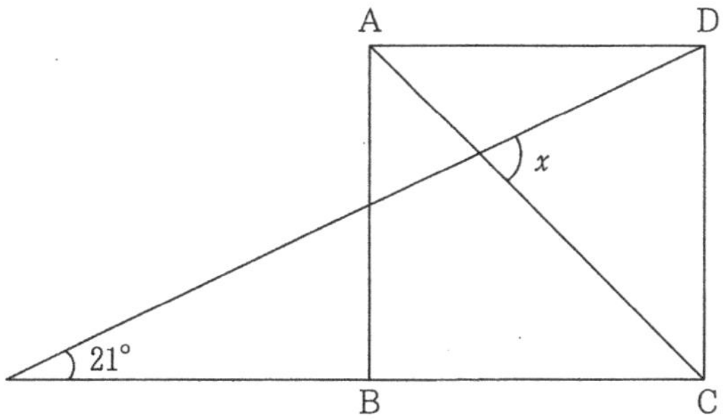

(2) 図のように，点 A につないだ長さ 12 cm のひも AP を矢印の方向にたるまないようにして，1 辺が 3cm の正六角形の辺に巻きつけていくと，点 P が点 E に重なりました.

このとき，ひもが通過する（かげをつけた）部分の面積は何 cm^2 ですか.

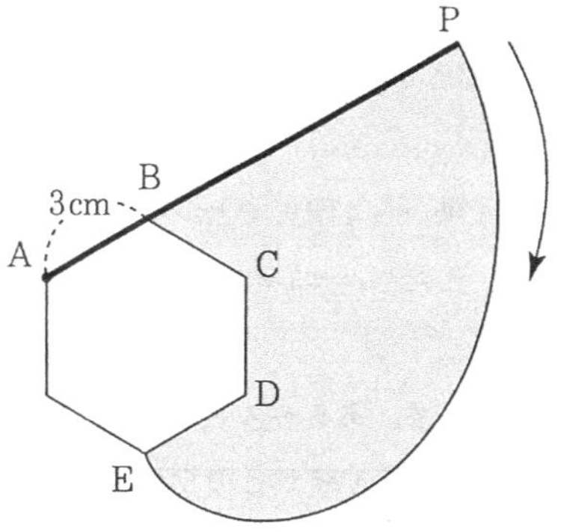

1 次の □ にあてはまる数を求めなさい．

(1) $35 - 32 \div (10 - 3 \times 2) \times 3 = \square$

(2) $\left\{\left(0.65 - \dfrac{2}{5}\right) \div 3 + 0.25\right\} \times 9 = \square$

(3) $2\dfrac{3}{5} + \left(\square + \dfrac{1}{4}\right) \times \dfrac{24}{25} = 3$

(4) $\left(\square - \dfrac{1}{2}\right) \times \left(\square - \dfrac{1}{3}\right) \times \left(\square - \dfrac{1}{4}\right) \times \cdots\cdots \times \left(\square - \dfrac{1}{20}\right) = \dfrac{1}{20}$

ただし，□ には同じ数字が入ります．

(5) □ 円の4割7分引きは1325円です．

(6) 143と187の最小公倍数は □ です．

2 次の問いに答えなさい．

(1) 現在，父と子どもの年れいは，それぞれ40才と12才です．父の年れいが子どもの年れいの2倍になるのは何年後ですか．

(2) 14％の食塩水300gに水を加えて10％の食塩水を作りました．加えた水は何gですか．

(3) あるビルのエレベーターは1階から4階まで上がるのに12秒かかります．1階から10階まで上がるのに何秒かかりますか．ただし，エレベーターの上がる速さは変わらないものとします．

(4) A組は52人，B組は48人います．あるテストをおこなったところ，A組，B組全体の平均点は68点でした．B組だけの平均点が，A組だけの平均点より5点高かったとき，A組の平均点は何点ですか．

(5) ある本を読むのに，1日目は全体の $\dfrac{2}{7}$ を読み，2日目に残りの $\dfrac{1}{4}$ を読み，3日目に35ページを読みましたが，まだ40ページ残っていました．この本は何ページありますか．

④

一次B

令和４年度入学試験

算　数

大　谷　中　学　校

注　意　・テスト時間は60分です.
・問題冊子，解答用紙に受験番号を書きなさい.
・問題は [1] ～ [7] まであります.
・答えはすべて解答用紙に書きなさい.
・質問があるときは，だまって手をあげなさい.
・どの問題も，すぐ答えが出せるもののほかは，答えを出すための式や計算は問題冊子に残しておきなさい.
・試験が終わったら，問題冊子，解答用紙を机の上に別々に置きなさい.

・問題で円周率が必要なときは3.14とします.
・売買の問題でとくに指示がない場合，消費税は考えないものとします.
・問題にかいてある図は必ずしも正確ではありません.

受験番号					

お詫び

著作権上の都合により、文章は掲載しておりません。
ご不便をおかけし、誠に申し訳ございません。

教英出版

お詫び

著作権上の都合により、文章は掲載しておりません。
ご不便をおかけし、誠に申し訳ございません。

教英出版

（澤井悦郎「マンボウのひみつ」）

※　回遊　…　魚類が季節により定期的に大移動をすること。

※　示唆　…　それとなく示すこと。

問一　[1]ウシマンボウと〝マンボウ〟のもっと具体的な生態の違いを知りたいと思った私は、「水温」に注目してみました　とありますが、それはなぜですか。その理由を三十五字以内で説明しなさい。

問二　[2]これ　の指し示す内容を、解答らんに合うように本文から二十五字以内でぬき出し、最初と最後の五字を答えなさい。

問三　図1の　a　・　b　には、ウシマンボウと〝マンボウ〟のどちらが入りますか。それぞれ答えなさい。

問四　「　X　」にあてはまることばを次から選び、記号で答えなさい。

ア　雌の方が雄《おす》よりも大型化する

イ　雄の方が雌よりも大型化する

ウ　雌の方が雄よりも小型化する

エ　雄も雌も同じ大きさになる

問五 3 ウシマンボウと〝マンボウ〟は日本近海の利用の仕方も異なるとありますが、どういうことですか。その説明として最も適当なものを次から選び、記号で答えなさい。

ア 〝マンボウ〟は温帯種であり、大型個体は日本より南にいるので日本近海を「生育場」として活用していないが、ウシマンボウは熱帯種であり、小型個体から大型個体まで様々な体サイズが出現するので日本近海を生育場として活用している。

イ 〝マンボウ〟は熱帯種であり、小型個体は日本より南にいるので日本近海を「生育場」として活用していないが、ウシマンボウは温帯種であり、小型個体から大型個体まで様々な体サイズが出現するので日本近海を生育場として活用している。

ウ 〝マンボウ〟は温帯種であり、小型個体から大型個体まで様々な体サイズが出現するので日本近海を「生育場」として活用しているが、ウシマンボウは熱帯種であり、小型個体は日本より南にいるので日本近海を生育場として活用していない。

エ 〝マンボウ〟は熱帯種であり、小型個体から大型個体まで様々な体サイズが出現するので日本近海を「生育場」として活用しているが、ウシマンボウは温帯種であり、大型個体は日本より南にいるので日本近海を生育場として活用していない。

問六 本文と図2をふまえて、ウシマンボウと〝マンボウ〟の回遊ルートの説明として最も適当なものを次から選び、記号で答えなさい。

ア 〝マンボウ〟はウシマンボウと異なり、黒潮影響下にある回遊ルートも使っている。

イ 〝マンボウ〟はウシマンボウと同じく、黒潮に依存しないルートを回遊している。

ウ ウシマンボウは〝マンボウ〟と異なり、黒潮に依存しないルートを回遊している。

エ ウシマンボウは〝マンボウ〟と同じく、黒潮影響下にある回遊ルートも使っている。

問七 本文には次の文がぬけています。（ i ）～（ iv ）のうち、どこに入れるのがよいですか。最も適当な箇所《かしょ》を選び、記号で答えなさい。

もし、先生が取材に対して「マンボウ」と言っていたら、ウシマンボウの存在は全国に知れ渡っていなかったことでしょう。

問八 [Y] に共通してあてはまることばを本文から二字でぬき出しなさい。

問九 4 マンボウ属は今、過去の知見をもう一度見直す時期にさしかかっているのですとありますが、今まではマンボウ属についてどのように考えられていましたか。本文から二十字以内でぬき出しなさい。

問十 5C種が新種となる可能性が高くなります　とありますが、それはなぜですか。その理由として最も適当なものを次から選び、記号で答えなさい。

ア　これまでC種は南半球でしか見つかっていなかったが、オーストラリアのマードック大学との共同研究から遺伝的に〝マンボウ〟と全く同じであることが判明したから。

イ　これまでC種は南半球でしか見つかっていなかったが、オーストラリアのマードック大学との共同研究から〝マンボウ〟ともウシマンボウとも形態が異なることがわかってきたから。

ウ　これまでC種は南半球でしか見つかっていなかったが、形態的にみてフレイザーブルナーのいう*Mola ramsayi*を適用するのが現時点では妥当だとわかってきたから。

エ　これまでC種は南半球でしか見つかっていなかったが、吉田さんとの調査によって既に発見されているゴウシュウマンボウよりも世界中に多く生息していることがわかってきたから。

問十一 6分類学も日進月歩で［　　］が必要なのです　とありますが、［　　］にあてはまることばを次から選び、記号で答えなさい。

ア　計画と実行　　イ　論文と発表　　ウ　観察と計画　　エ　仮説と検証

問十二　本文は五つの段落から構成されており、それぞれの段落には見出しがつけられています。〈　Ⅰ　〉～〈　Ⅴ　〉にあてはまる段落の見出しを次からそれぞれ選び、記号で答えなさい。

ア　学名の特定に向けて　　イ　回遊仮説の見直し　　ウ　水温から解き明かす回遊の謎

エ　〝マンボウ〟の進化　　オ　ウシマンボウ、全国に知れ渡る　　カ　間違えられていた標本

三

次のA～Cの問いに答えなさい。

A 次の漢字の部首の名前をひらがなで書きなさい。

① 情　② 厚　③ 置　④ 痛　⑤ 都

⑥ 盟　⑦ 窓　⑧ 補　⑨ 区　⑩ 陽

B 次の①～⑥の□に漢字一字をそれぞれ補い、慣用句を完成させなさい。

① 二の□が告げない

② □の息

③ やぶから□

④ □角をあらわす

⑤ 白羽の□が立つ

⑥ 取りつく□がない

C 次の①～④について、表現が**適当でないもの**をア～エからそれぞれ一つずつ選び、記号で答えなさい。

①
- ア　わたしがその本を買う。
- イ　わたしはその本を買う。
- ウ　わたしがその本と買いたい。
- エ　わたしはその本も買いたい。

②
- ア　この自動車は五人まで乗れる。
- イ　わたしならもっとうまくやれる。
- ウ　この船に乗れば無事に向こう岸へ移れる。
- エ　この場所ならクラス全員が座《すわ》れる。

③

ア　そんなことがあって、彼女《かのじょ》を信じれなくなった。
イ　君なら、クラスのリーダーになれる。
ウ　どんなに失敗しても、命までは取られまい。
エ　でも、今でもときどき彼女が思い出されます。

④

ア　母にその絵を見せてください。
イ　弟をこの場に来させてください。
ウ　わたしにその料理を作らせてください。
エ　この曲を彼《かれ》に歌わさせてください。

(10)	

3

(1)		(2)		(3)	
(4)		(5)		(6)	
(7)					
(8)	から。				
(9)		(10)	期		

4

(1)		(2)		(3)	
(4)		(5)			
(6)		(7)		(8)	
(9)		(10)			

(5)	(6) ①	(6) ②

5

(1)	(2)	(3)	(4)

6

(1)	(2) A	(2) B	(2) C

(3) 12

7

(1)	(2)	(3) ①	(3) ②

8

(1)	(2)	(3)	(4)
%	g	と	

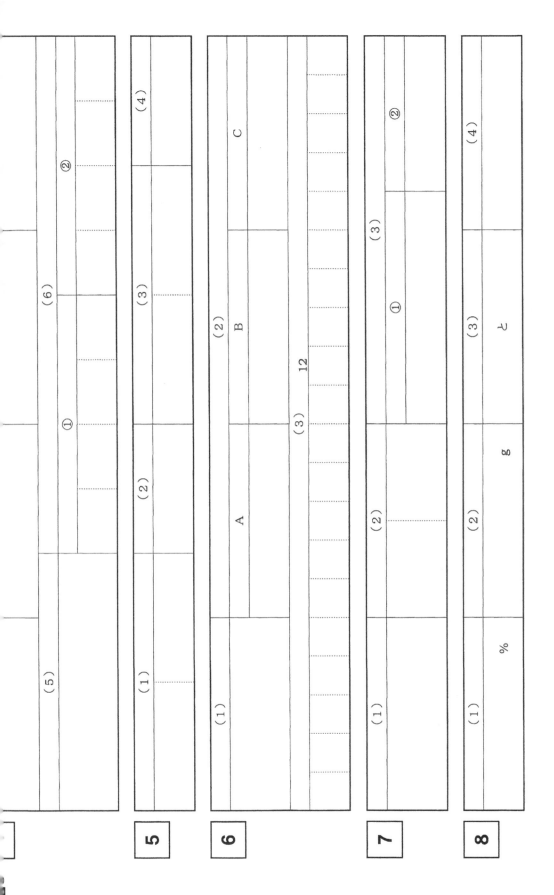

4

(1)		(2)		(3)	番目	(4)	

5

(1)	A 円	B 円	C 円	(2)	円

6

(1)	cm^2	(2)	cm^2	(3)	cm^2

7

(1)	分後	(2)	分後	(3)	分後	(4)	m

一次A

令和四年度

国語解答用紙

受	験	番	号

※120点満点
（配点非公表）

一

問一 A B C D

問二

問三

問四

問五

問六 Ⅰ Ⅱ

問七

問八 Ⅰ Ⅱ Ⅲ

問九

問十 Ⅰ Ⅱ

問十一

問十二

三

問一 A B C

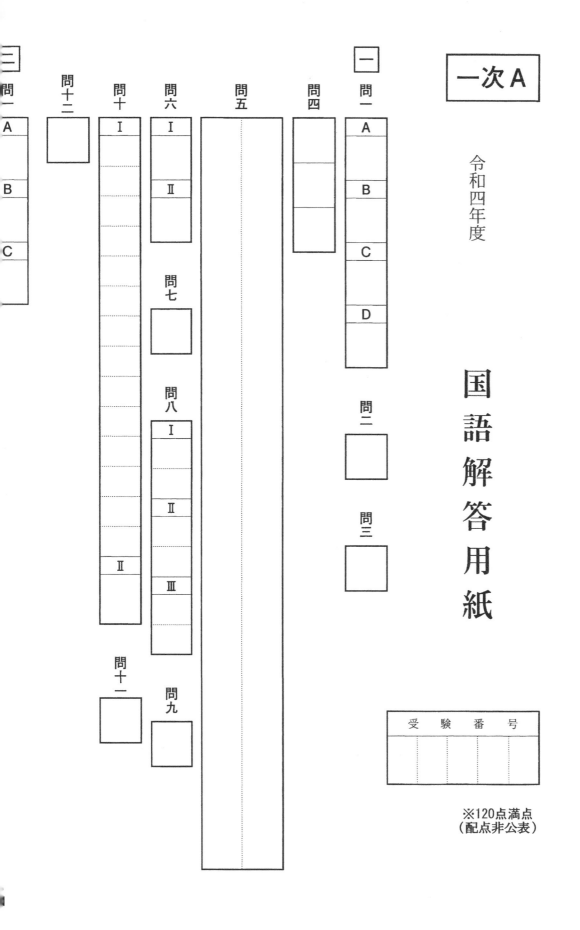

1　下の地図を見て、あとの問いに答えなさい。

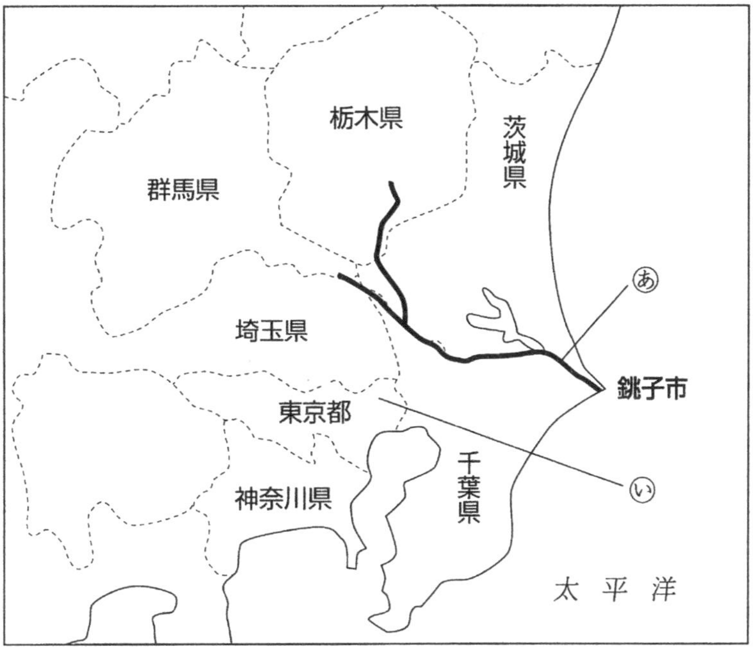

図１　　関東地方の７都府県

（１）　図１中のあは日本で２番目に長い川である。この川の名称《めいしょう》を、次のア～エから１つ選び、記号で答えなさい。

ア．信濃川　　イ．多摩川　　ウ．利根川　　エ．江戸川

（２）　図１中のいは日本で一番広い平野である。この平野の名称《めいしょう》を、次のア～エから１つ選び、記号で答えなさい。

ア．房総平野　　イ．関東平野　　ウ．常陸平野　　エ．筑波平野

（３）　下の文章中の[A]に入る都道府県名を図１中から選んで答えなさい。

> [A]にある嬬恋村のまわりには、高さ２０００ｍをこえる山が複数あり、浅間山、四阿山、白根山などの山すそには、火山灰が積もってできた高原が広がっている。火山灰の影響《えいきょう》から、土地がやせていて、なかなか作物が育たなかったが、嬬恋村などの高い土地では、夏でも涼しい気候を生かして[B]などの高原野菜が栽培《さいばい》されている。

（４）　問題（３）の文章中の[B]に入る野菜を、次のア～エから１つ選び、記号で答えなさい。

ア．キャベツ　　イ．はくさい　　ウ．ねぎ　　エ．さつまいも

（５）　下の文章は、図１中の銚子市に関するものである。文章中の C に入る語句を、次のア～ウから１つ選び、記号で答えなさい。

銚子市では、 C 漁業がさかんである。この C 漁業は日本から２～３日で帰れる所が漁場で、２０～１５０トンくらいの漁船をつかい、漁法は「まきあみ漁法」などでイワシ、サンマ、サバ、アジ、イカなどをとる。漁かく量は、日本の漁業のなかでも一番多く、漁業全体の約４０％もある。

ア．沿岸　　　イ．沖合　　　ウ．遠洋

（６）　東京都には日本の領域の最東端《さいとうたん》と最南端《さいなんたん》がある。日本の領域の最東端《さいとうたん》となる島の名前を、次のア～エから１つ選び、記号で答えなさい。

ア．択捉島　　　イ．与那国島　　　ウ．八丈島　　　エ．南鳥島

（７）　東京都には日本の領域の最東端《さいとうたん》と最南端《さいなんたん》がある。政府は３００億円をかけて最南端《さいなんたん》の沖ノ鳥島の水没《すいぼつ》を防ぐ工事を行った。以下の２つの文章を参考にして、３００億円かけてでも沖ノ鳥島が水没《すいぼつ》しないようにしている理由を解答らんの文章に続けて説明しなさい。

排他的経済水域を、領海を含《ふく》む沿岸から２００海里と仮定すると、１海里は、1.852kmなので、２００海里は３７０.４kmとなる。排他的経済水域を円の面積として求めると、３７０.４km×３７０.４km×3.14（円周率）で約４３.１万km^2となる。日本の面積は、約３７.８万km^2なので、沖ノ鳥島の排他的経済水域は、日本よりも大きくなる。

排他的経済水域では、漁業資源や石油など海底鉱物資源を探査、開発、保存する権利が得られる。

（８）　下の地図中にある東照宮には江戸幕府を開いた人物がまつられている。その人物を、次のア～エから１つ選び、記号で答えなさい。

ア．源頼朝　　　イ．徳川家光　　　ウ．足利尊氏　　　エ．徳川家康

（国土地理院ＨＰより）

（９）　問題（８）の地形図は何県に含《ふく》まれる都市のものか。１ページの図１中から選んで、都道府県名を答えなさい。

（１０）　問題（８）の地形図中にある  の地図記号が示すものを、次のア～エから１つ選び、記号で答えなさい。

ア．病院　　　イ．博物館　　　ウ．老人ホーム　　　エ．図書館

2　次の文章や年表を見て、あとの問いに答えなさい。

≪Ⅰ≫

３世紀後半になると、近畿から瀬戸内海沿岸を中心とする地域に、古墳が造られるようになった。古墳は、各地の支配者である豪族の墓である。古墳は **A 前方後円墳**などの決まった形の大きな墳丘をもち、その上には[B]と呼ばれる焼き物を並べ、内部の棺には、遺体とともに鏡や玉、武具などが納められた。

大陸との交流が盛んになると、 **C 朝鮮半島から日本列島に移り住む人々**が増えた。これらの人々は、土木工事や金属加工、絹織物、須恵器と呼ばれる土器などの新しい技術を伝えた。また、[D]を使って政権の記録や外国の文書をつくるなど、政治の面でも活やくした。

（1）　文章中の下線部Aについて、大阪府堺市にある日本最大の前方後円墳を、次のア～エから１つ選び、記号で答えなさい。

ア．箸墓古墳　　イ．稲荷山古墳　　ウ．江田船山古墳　　エ．大仙陵古墳

（2）　文章中の[B][D]に当てはまる語句の組み合わせとして適切なものを、次のア～エから１つ選び、記号で答えなさい。

ア．　B　はにわ　　D　平仮名　　　イ．　B　はにわ　　D　漢字
ウ．　B　土偶　　　D　平仮名　　　エ．　B　土偶　　　D　漢字

（3）　文章中の下線部Cのような人々を何というか。

≪Ⅱ≫

年	できごと
1333	**E 建武の新政**が始まる。
↕①	
1338	**F 足利尊氏が征夷大将軍になる。**
1392	南北朝が統一される。
↕②	
1543	日本に［ G ］が伝えられる。
↕③	
1582	織田信長、本能寺の変で［ H ］にたおされる。

（4）　年表中の下線部Eで重んじられた人々を、次のア～エから1つ選び、記号で答えなさい。

ア．公家　　イ．百姓　　ウ．武士　　エ．豪族

（5）　年表中の下線部Fについて、足利尊氏はどこに幕府を開いたか、次のア～エから1つ選び、記号で答えなさい。

ア．鎌倉　　イ．江戸　　ウ．吉野　　エ．京都

（6）　年表中の［ G ］［ H ］に当てはまる語句の組み合わせとして適切なものを、次のア～エから1つ選び、記号で答えなさい。

ア．　G　キリスト教　　H　明智光秀　　イ．　G　キリスト教　　H　石田三成
ウ．　G　鉄砲　　H　明智光秀　　エ．　G　鉄砲　　H　石田三成

（7）　応仁の乱が起こった時期を、年表中の↕①～③から1つ選び、記号で答えなさい。

≪Ⅲ≫

年	できごと
1600	［ I ］の戦いが起こる。
1615	豊臣氏がほろぶ。
1635	**J 参勤交代**が制度化される。
1637	九州地方で一揆が起こる。
1641	［ K ］商館を長崎に移す。

（8）　年表中の［ I ］に入る語句を答えなさい。

（9）　年表中の下線部Jとはどのような制度か、解答らんの語句に続けて答えなさい。

（10）　年表中の［ K ］に入る国名を、次のア～エから1つ選び、記号で答えなさい。

ア．ポルトガル　　イ．オランダ　　ウ．イギリス　　エ．アメリカ

④

一次A

令和４年度入学試験

社　会

大　谷　中　学　校

注　意　・テスト時間は40分です。

・問題冊子，解答用紙に受験番号を書きなさい。

・問題は 1 ～ 4 まであります。

・答えはすべて解答用紙に書きなさい。

・質問があるときは，だまって手をあげなさい。

・試験が終わったら，問題冊子，解答用紙を机の上に別々に置きなさい。

受験番号					

4 地球は地軸《じく》を傾けたまま太陽のまわりを公転しています。これによって，日本では季節が移り変わります。図１は，日本のある地点における１年間の日の出と日の入りの時刻の変化を表したもので，図２は，春分，夏至《げし》，秋分，冬至《とうじ》の日のいずれかの太陽の動きをとう明半球上に表したものです。以下の各問いに答えなさい。

図１
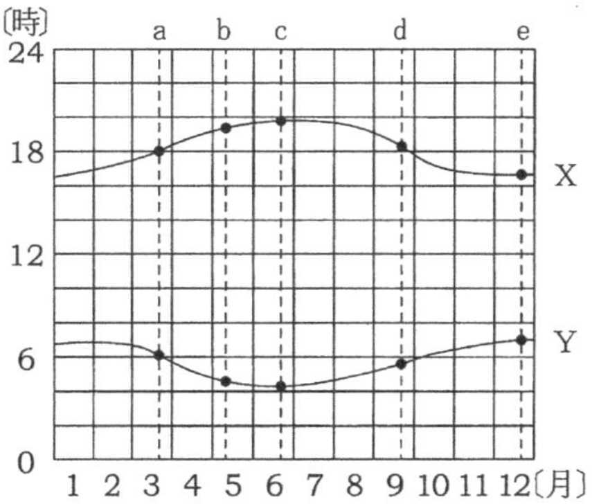

図２
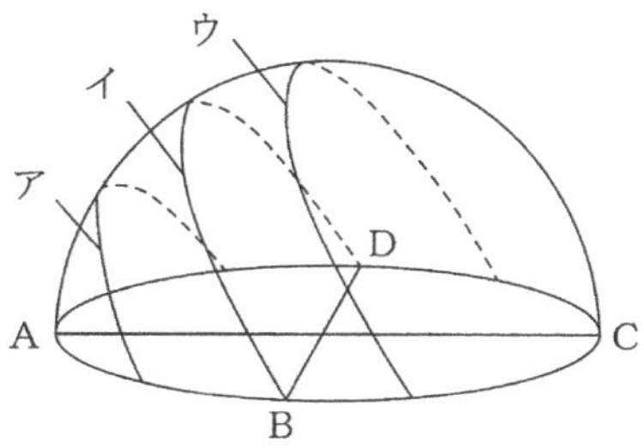

（１）日の出の時刻の変化を表したものを，図１のＸとＹから1つ選び記号で答えなさい。

（２）昼が最も短い日を，図１のａ～ｅから１つ選び記号で答えなさい。

（３）図２で北はどちらですか。図２のＡ～Ｄから１つ選び記号で答えなさい。

（４）（２）の日の太陽の動きを表しているものを，図２のア～ウから１つ選び記号で答えなさい。

（５）太陽の南中高度が最も高くなる日を，図１のａ～ｅから１つ選び記号で答えなさい。

（６）次の①，②の文は，日本の夏の気温が冬より高くなる理由を表しています。次の①，②の（　　）にあてはまる語句を，それぞれ漢字４文字で答えなさい。

① 夏のほうが（　　　）が長い

② 夏のほうが（　　　）が高くなる

3 近年，日本では各地ではげしい大雨や雷雨《らいう》があり多くの被害をもたらしています。右の図は，ある日の天気図の一部で，日本付近を通過する低気圧を表しています。これについて，以下の各問いに答えなさい。

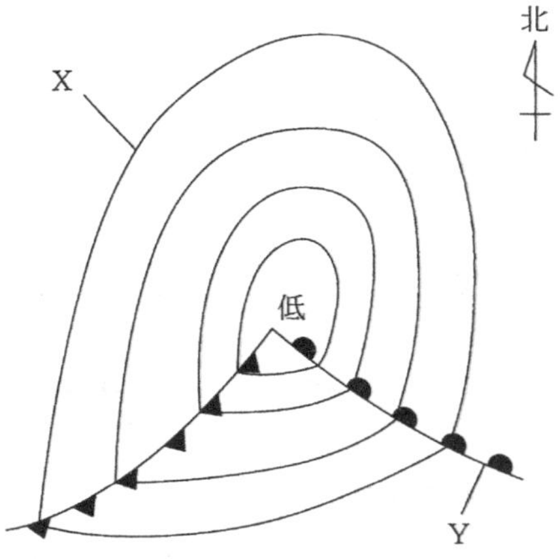

（1）日本の夏にはげしい大雨や雷雨をもたらす原因となる雲を，次のア～エから１つ選び記号で答えなさい。

ア．乱層雲　　イ．高層雲
ウ．積乱雲　　エ．巻雲

（2）はげしい大雨によって起こる災害を，次のア～カから２つ選び記号で答えなさい。

ア．津波　　イ．土砂くずれ　　ウ．火災　　エ．温暖化
オ．浸水《しんすい》　　カ．砂漠《さばく》化

（3）図の曲線Ｘは何を表していますか。

（4）図のＹは何を表していますか。

2 てこに関して，以下の各問いに答えなさい。ただし，割り切れないときは四捨五入して小数第１位まで答えなさい。

Ⅰ　長さ100cmで軽い棒１があります。棒１の中心点Oに糸を取り付け，天井につるしました。棒１の左はしに50gのおもりをつるしました。

（１）図１のように，100gのおもりを，点Oよりも右側のあるところにつるすと，棒１が水平になりました。点Oから何cmのところにつるしましたか。

（２）図２のように，（１）の100gのおもりを取り外しました。そのかわりに，重さのわからないおもりを点Oから右に40cmの所につるすと，棒１が水平になりました。つるしたおもりは何gでしたか。

図１

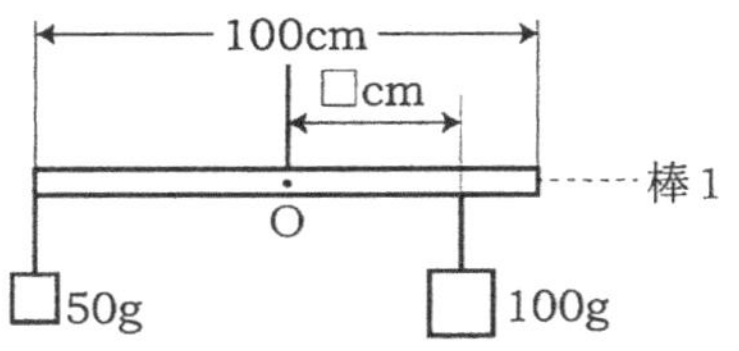

図２

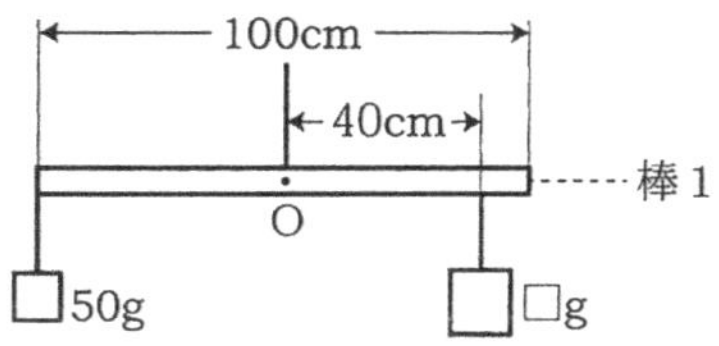

Ⅱ　長さ100cmで100gの均一な棒２があります。棒２の中心点Oに糸を取り付け，天井につるしました。棒２の左はしに50gのおもりをつるしました。

（３）100gのおもりを点Oよりも右のあるところにつるすと，図３のように棒２が水平になりました。点Oから何cmのところにつるしましたか。

おもりをすべて取り外しました。さらに，天井からつるす糸を，点Oから左に10cmずらした点Aに取り付け直しました。

（４）50gのおもりを，点Aよりも左側のある場所につるすと，図４のように棒は水平になりました。点Aから何cmのところにつるしましたか。

図３

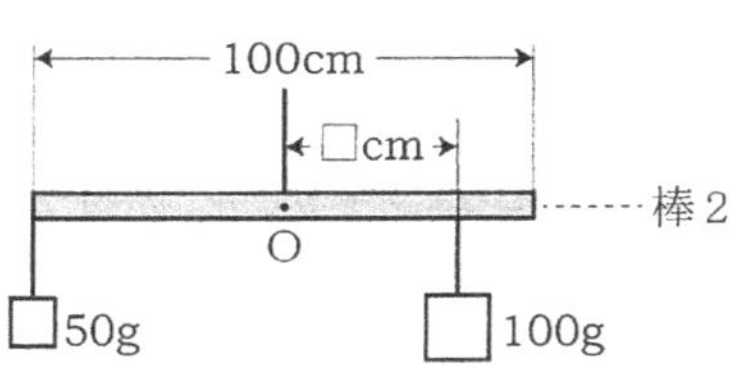

図４

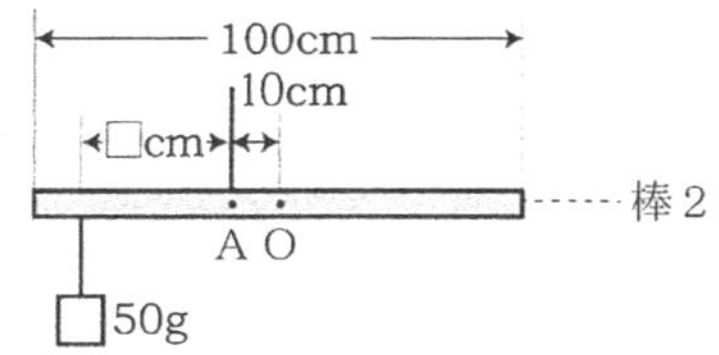

1 以下の各問いに答えなさい。

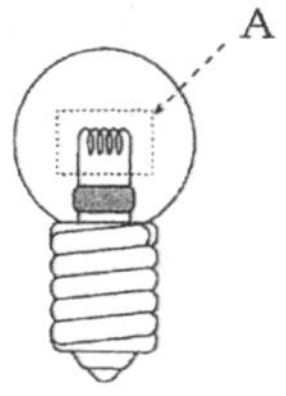

Ⅰ　豆電球と電池を使って，様々な回路をつくりました。

（１）図の豆電球中，Ａの部分のことを何といいますか。

（２）こわれた豆電球と正常な豆電球が混ざった回路をつくってしまいました。次のア～エの回路で，豆電球がすべて消えている回路を，次のア～エからすべて選び記号で答えなさい。なお，こわれた豆電球を●，正常な豆電球を⊗と表しています。

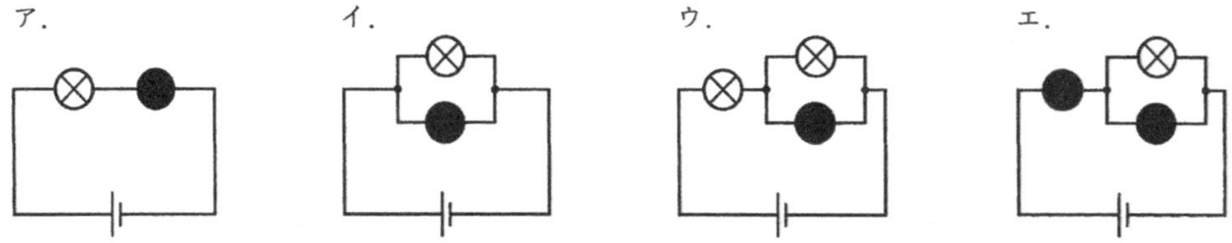

Ⅱ　実験室に，同じ素材でできた，様々な断面積・長さの電熱線があります。これと１個の電池を使い，流れる電流の大きさがどう決まるのか考えましょう。

（３）断面積が$0.2mm^2$で，様々な長さの電熱線を，１個の電池につないだ時に流れる電流の大きさを調べました。その結果が表１です。表１の結果から，電熱線の長さと流れる電流の関係をグラフに示しなさい。

表１

電熱線の長さ〔cm〕	5	10	15	20
流れる電流〔A〕	4.0	2.0	1.3	1.0

（４）長さが20cmで，様々な断面積の電熱線を，１個の電池につないだ時に流れる電流の大きさを調べました。その結果が表２です。表２の結果から，断面積と流れる電流の関係をグラフに示しなさい。

表２

電熱線の断面積〔mm^2〕	0.1	0.2	0.3	0.4
流れる電流〔A〕	0.5	1.0	1.5	2.0

④

一次A

令和４年度入学試験

理　　　　科

大　谷　中　学　校

注　意
・テスト時間は40分です。
・問題冊子，解答用紙に受験番号を書きなさい。
・問題は 1 ～ 8 まであります。
・答えはすべて解答用紙に書きなさい。
・質問があるときは，だまって手をあげなさい。
・試験が終わったら，問題冊子，解答用紙を机の上に別々に置きなさい。

受験番号					

3 次の問いに答えなさい.

(1) 図において，五角形 ABCDE は正五角形で，2 つの直線アとイは平行です.

角 x の大きさは何度ですか.

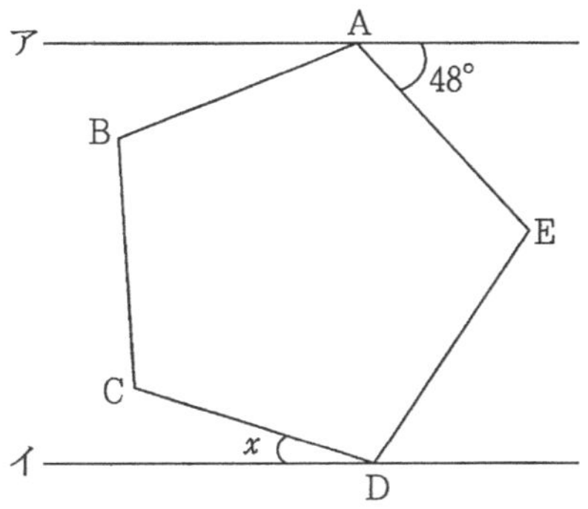

(2) 図のように，直径 12 cm の半円と直角二等辺三角形が重なっています.

かげをつけた部分の面積は何 cm^2 ですか.

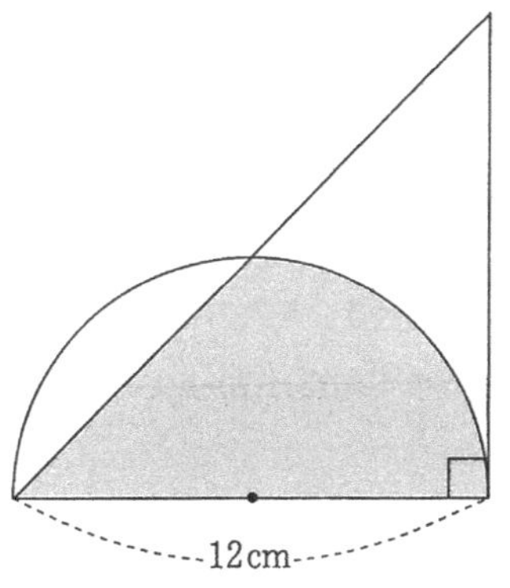

1 次の $\square$ にあてはまる数を求めなさい．

(1) $24 \div 4 - 2 \times 2 + 6 = \square$

(2) $\dfrac{5}{9} \times 1\dfrac{3}{10} - 2\dfrac{5}{8} \div 3\dfrac{3}{4} = \square$

(3) $\left(0.45 - \dfrac{1}{5}\right) \div 0.75 \times (2 - 0.2) = \square$

(4) $\left(\square - \dfrac{1}{3}\right) \times \dfrac{6}{7} - \dfrac{2}{7} = 3\dfrac{5}{7}$

(5) 100 mL は $\square$ L です．

(6) 秒速 20 m は，時速 $\square$ km です．

2 次の問いに答えなさい．

(1) 2000 円を持って，100 円のノートと 150 円のノートを合わせて 15 冊買うと，おつりは 100 円でした．100 円のノートは何冊買いましたか．

(2) 5 %の食塩水 120 g と 8 %の食塩水 80 g を混ぜると，何 %の食塩水になりますか．

(3) A，B，C，D，E の 5 人で同じテストを行うと，5 人の平均点は 63 点でした．また，A，B，C の 3 人の平均点は 60 点で，C，D，E の 3 人の平均点は 70 点でした．C の点数は何点ですか．

(4) 全長 80 m の列車が 250 m の橋を渡《わた》り始めてから渡り終えるまで 20 秒かかりました．
この列車の速さは毎秒何 m ですか．

(5)「これ以上約分できない分数」の分子に 2 を加えて約分すると $\dfrac{1}{2}$ になり，分子に 5 を加えて約分すると $\dfrac{4}{5}$ になります．「これ以上約分できない分数」を求めなさい．

④

一次A

令和4年度入学試験

算　数

大 谷 中 学 校

注　意　・テスト時間は60分です.
・問題冊子，解答用紙に受験番号を書きなさい.
・問題は 1 ～ 7 まであります.
・答えはすべて解答用紙に書きなさい.
・質問があるときは，だまって手をあげなさい.
・どの問題も，すぐ答えが出せるもののほかは，答えを出すための式や計算は問題冊子に残しておきなさい.
・試験が終わったら，問題冊子，解答用紙を机の上に別々に置きなさい.

- 問題で円周率が必要なときは3.14とします.
- 売買の問題でとくに指示がない場合，消費税は考えないものとします.
- 問題にかいてある図は必ずしも正確ではありません.

受験番号					

問九 [8]章子は胸がいっぱいになり、うなずくことしかできなかった　とありますが、このときの章子の気持ちはどのようなものでしたか。その説明として最も適当なものを次から選び、記号で答えなさい。

ア　テコの両親の離婚についてチーコには話していなかったが、チーコもこれから悩みを打ちあけようとしているので、自分も親友として何でも話そうと心に決めている。

イ　テコたちと一緒《いっしょ》にいる方が楽しいと思っていたが、ターコに「だって、親友じゃない、あたしたち。」と声をかけられ、友達を見捨てるつもりだったことを反省している。

ウ　絵をかくことに夢中で自分たちから離れていくチーコをうらめしく思ってはいたが、久しぶりに三人で集まることになって、また親友としての付き合いが続くことにうんざりしている。

エ　自分たちに美術室で絵をかいているとうそをつくチーコに腹を立てていたが、チーコが涙を浮《う》かべているのを見て、悩みを聞いて何か力になってあげたいと強く感じている。

問十 [9]敵にまわしたら、おそろしい人かもしれない　とありますが、「おそろしい」と思う理由を次のようにまとめました。（　Ⅰ　）にあてはまることばを本文から十四字でぬき出しなさい。また（　Ⅱ　）にあてはまることばを後から選び、記号で答えなさい。

（　Ⅰ　）というターコのことばは、（　Ⅱ　）ことをねらっているから。

ア　チーコの趣味《しゅみ》の話で盛り上げる

イ　チーコの家でおもてなしを受ける

ウ　チーコがかいた絵をほめて親密になる

エ　チーコが実は絵などかいていないのをあばく

問十一 [10]いや、思い直したというより、自分にそういいきかせた　とありますが、このときの章子の気持ちはどのようなものでしたか。その説明として最も適当なものを次から選び、記号で答えなさい。

ア　せっかく仲良くなったテコたちと離れたくないという気持ちもあるが、今はチーコのことを一番に考えなければならないと思っている。

イ　テコの行動一つに対しても疑いをもち、チーコのことは後回しにしている自分が薄情《はくじょう》な人間に思えて、自分で自分が嫌《いや》になっている。

ウ　今頃になってもまだ美術室へいこうとするチーコに腹が立っているが、そんなことを気にしていては悩みを聞き出せないと考えている。

エ　チーコとテコをくらべて優先順位を決めなければならないのに、廊下でのんきに他の子達と話しているターコに不信感をいだいている。

問十二　この文章の表現に関する説明として最も適当なものを次から選び、記号で答えなさい。

ア　ターコ、チーコ、テコなど語り手以外が愛称《あいしょう》で呼ばれ、章子の特異性が際立《きわだ》っている。

イ　ミニテスト、ジャンパーなどカタカナ語が多用され、物語の内容が軽やかになっている。

ウ　会話文が多用され、話の流れやそれぞれの登場人物の思いがわかりやすくなっている。

エ　第三者の視点で語られ、「ママ」や「コンちゃん」などの脇役《わきやく》も生き生きと活躍《かつやく》している。

二

次の文章を読んで、後の問いに答えなさい。

大人になるためにかならず必要なことなのだけれど、学校では教えないことが二つあります。

一つは、先に述べた「気の合わない人間とも並存しなければならない」ということと、そのための作法です。

もう一つ教えないことは何かというと、「君にはこういう限界がある」ということです。

そもそも人間が生きているかぎり、多かれ少なかれ限界や挫折《ざせつ》というものは必ずやってくるものです。

それを乗り越《こ》えるための心構えを少しずつ養っておく必要があるのですが、いまの学校では、「君たちには無限の可能性がある」というようなメッセージばかりが強くて、「人には誰《だれ》にでも限界がある」「いくら頑張《がんば》ってもダメなことだってある」ということまでは、教えてくれません。

子どもたちを傷つけてはいけないとか、子どもはみんな可能性を秘めているといった考えからなのか、いまの学校では、むかし以上に競争を最小限に抑《おさ》えようという雰囲気《ふんいき》があるようです。評価も本当はしているはずなのに、それが表からは見えにくいような工夫がなされています。でも、一方で社会はいま、むかし以上にものすごく競争がきつくなっている「評価社会」なのです。

1こうしたズレがあるので、社会に投げ出されたときにものすごいギャップを感じてしまうわけです。挫折や限界にいきなりぶつけられたら、人はどうしていいか戸惑《とまど》ってしまうでしょう。学校にいる間だけは社会の辛《つら》い波風にはさらしたくないというのは、一見いかにも子どもたちのことを考えているようで、じつは本当のところで子どもたちの将来についてきちんと考えていない無責任な態度といえるかもしれません。

このギャップについては、卒業した私の教え子たちも、いろいろな形で言ってきます。［A］、学校文化の中でもある程度、どんな人間にも限界があるということ、将来挫折というものを体験したときにどうしたらいいのかということについて、知識としてもあるいは体験としてももっと教えてもいいのではないかと思います。「無限の可能性」だけを煽《あお》って、2子どものセルフイメージを肥大化させるだけでは、やはりまずいんじゃないかなという気がします。

それは家庭の教育においても同じことが言えると思います。

こうした問題に関連して、子どもたちにぜひ伝えなければならないなといつも考えていることが二つあります。

それはどんなに自分が出来ると思っていることにでも、世の中には必ず「上には上がいる」ということ、そして「どんな活動のジャンルにも、ものすごく努力して一流をめざそうとしている人とそうでない人たちがいる、3活動のジャンルそのものには貴賤《きせん》はない」ということです。

勉強で良い成績をとったり、何かの活動で優れた評価をされたときには、もちろん褒《ほ》めてあげることはとても大事なことです。でも折に触《ふ》れて、世の中にはもっともっと優秀《ゆうしゅう》でもっともっと努力している人たちがいろいろな分野でたくさんいるということを子どもに教えることも、とても大切なことだと私は考えています。

自分がどんな狭《せま》い世界でもいいからとにかく一番でいたいという気持ちが強い子は確かに向上心があるという良い面がある反面、自分が一番になれない場合、自分より優れた人間の足を引っ張ろうとするような良くない面を持ちがちなものです。勉強が出来る子、親に大事に育てられていそうな子、ちょっと容姿がかわいい子などがいじめのターゲットにされがちな傾向《けいこう》がいま強いのは、4こうした自分の限界や挫折を知らない子どもたち、あるいはなかば知っていながらそれを認めたくない子どもたち、教育者の諏訪哲二《すわてつじ》さんの言葉を借りれば「オレ様化する子どもたち」が増えてきたからでしょう。

[B]大人になるにつれて、いろいろな挫折を経験して自分の限界を知ったり、自分より優れている人間がこの世にはたくさんいるということを知らされたり、自分が思っているほどには自分は大した人間ではないということをいやでも思い知らされたりします。

5これを私は人生の「苦味」とよんでいます。こうした苦味に耐《た》え切れずに※ルサンチマンの淵《ふち》に落ちたまま這《は》い上がって来れないような人間にだけはなって欲しくはないものです。

苦味というものをどうしても6噛《か》みしめざるをえないのが大人の世界なのです。

でもその苦味を味わうという余裕《よゆう》が出来てこそ、人生の「うま味」というものを自分なりに咀嚼《そしゃく》できるようになるのです。挫折の無い人生なんておよそ考えられません。どんなに優秀で、[C]家庭的にも経済的にもとても恵《めぐ》まれているように見える人でも、必ずなにかしらの挫折を経験しているはずなのです。しかしそうは見えないとしたら、それは彼《かれ》(あるいは彼女《かのじょ》)がそうした挫折を自分の中で上手に処理して、その苦味をいつのまにか人生のうま味に変えてしまっているからなのです。「人が生きる」ということは本当にそういうものなのだと私は考えています。

(中略)

例えば難しい仕事を何とかやりとげた喜びや、組織の中でそれなりにストレスなどを感じながらも評価されるとか、最初は自分には全然向かないと思った仕事がこなせたときに、「あ、自分って案外こういう分野でもできるのかな」というような知らない自分に出会ったりとか。そういう(　Ⅰ　)は、(　Ⅱ　)の先にあるのです。一言で言うと「(　Ⅲ　)を味わうことを通して味わう(　Ⅳ　)」というものを経験できるようになることこそが、大人になるということなのだと思うのです。

(菅野仁「友だち幻想　人と人の〈つながり〉を考える」ちくまプリマー新書)

※　ルサンチマン　…　弱者が強者に対して向けるうらみやねたみ。

問一　[A]〜[C]にあてはまることばを次からそれぞれ選び、記号で答えなさい。

ア　だから　　イ　しかし　　ウ　つまり　　エ　あるいは

問二　1こうしたズレ　とは、どのようなズレですか。五十字以内で説明しなさい。

問三 [2]子どものセルフイメージを肥大化させる　とありますが、子どもがどう考えるようになるということですか。その説明として最も適当なものを次から選び、記号で答えなさい。

ア　自分の将来を楽観的に思いえがくようになる。
イ　他人はけおとすべき存在だと敵視するようになる。
ウ　自分が何でも出来る人間だと信じこむようになる。
エ　将来挫折することをひどく恐れるようになる。

問四 [3]活動のジャンルそのものには貴賤はない　とありますが、どういうことですか。その具体例として最も適当なものを次から選び、記号で答えなさい。

ア　自分より上がいると思っている人も、自分が一番だと思っている人も、同じ価値があるということ。
イ　国語のテストで一番の成績をとった人も、二番目の成績をとった人も、同じ価値があるということ。
ウ　トップを目指してがんばっている人も、あまりがんばっていない人も、同じ価値があるということ。
エ　フルートをがんばっている人も、スノーボードをがんばっている人も、同じ価値があるということ。

問五 [4]教育者の諏訪哲二さんの言葉を借りれば「オレ様化する子どもたち」が増えてきた　について

（1）筆者はどのような意図で諏訪哲二さんの言葉を引用していますか。その説明として最も適当なものを次から選び、記号で答えなさい。

ア　「自分の限界や挫折を知らない子どもたち」では読み手に意味が正しく伝わらないおそれがあるので、専門家である他者のことばを用いることでより的確に伝えようという意図。
イ　「自分の限界や挫折を知らない子どもたち」をたくみに言い当てた他者のことばがあるので、それを借りて用いることで自分のえがくイメージを読み手にわかりやすく伝えようという意図。
ウ　「自分の限界や挫折を知らない子どもたち」はことばとして難しすぎるおそれがあるので、それをだれでもわかるように言いかえたことばを用いることで誤解を減らそうという意図。
エ　「自分の限界や挫折を知らない子どもたち」はことばとしては間違《まちが》いないがややおもしろみがないので、それをユニークに言いかえたことばを用いることで自分のユーモアをアピールしようという意図。

（2）「オレ様化する子どもたち」とは、どのような子どもたちですか。本文から五十字以内でぬき出し、最初の五字を答えなさい。

問六 5これを私は人生の「苦味」とよんでいます　とありますが、人生の「苦味」とはどのようなものですか。説明しなさい。

問七 6噛みしめざるをえない　の意味として最も適当なものを次から選び、記号で答えなさい。

ア　噛みしめるより他はない　　イ　噛みしめなくともよい　　ウ　噛みしめるはずだ　　エ　噛みしめることもある

問八 （　Ⅰ　）～（　Ⅳ　）には「うま味」か「苦味」のどちらがあてはまりますか。「うま味」ならア、「苦味」ならイとそれぞれ答えなさい。

問九 次の①～④のうち、筆者の主張に合うものは○、合わないものは×と答えなさい。

①　学校にいる生徒や児童には社会のつらさを教えるべきではない。

②　何かの活動で優れた成績をとれば当然褒めてあげるべきである。

③　上手に生きるには人生の「うま味」をかみしめる必要がある。

④　人間が生きていれば必ず限界や挫折というものがやってくる。

三

次のA～Cの問いに答えなさい。

A　次の――線部のカタカナをそれぞれ漢字に改めなさい。

①　相手のイコウを確かめる。
②　三月イコウに開始する。

③　カクシン的な技術。
④　その時勝利をカクシンした。

⑤　人間の感覚キカン。
⑥　冬休みキカンの宿題。

⑦　ユウリョウの特急に乗車する。
⑧　ユウリョウな品種の果物を作る。

⑨　二人の性格はタイショウ的だ。
⑩　女性をタイショウとした商品。

B　次の外来語の意味を後からそれぞれ選び、記号で答えなさい。

①　ニーズ　②　フィクション　③　ミッション　④　ローカル

ア　読解力　イ　不規則な　ウ　要求・需要《じゅよう》　エ　使命・目的　オ　作り話　カ　地方の

C　次の文の内容に合うものを後から選び、記号で答えなさい。

あるお店のお客さんは、土曜日に限っては大人よりも子どもの方が多い。

ア　一月十二日（水）のお客さんは大人十一人、子ども十七人だった。
イ　一月十五日（土）のお客さんは大人十五人、子ども二十人だった。
ウ　一月十六日（日）のお客さんは大人八人、子ども二十三人だった。
エ　一月十八日（火）のお客さんは大人十二人、子ども三十人だった。
オ　一月二十二日（土）のお客さんは大人十六人、子ども九人だった。

③

一次Ａ

【大阪府】

大谷中学校

令和三年度入学試験

国語

注意

・テスト時間は六〇分です。
・問題冊子、解答用紙に受験番号を書きなさい。
・問題は一〜三まであります。
・設問の都合上、本文を一部改めたところがあります。
・答えはすべて解答用紙に書きなさい。
・質問があるときは、だまって手をあげなさい。
・試験が終わったら、問題冊子、解答用紙を机の上に別々に置きなさい。

問いに字数指定がある場合は、句読点・記号も一字とします。

受験番号					

一

次の文章を読んで、あとの問いに答えなさい。

ママが電話で話している相手はおばあちゃんのようだ。

「それで結局、あの子、子猫《こねこ》をどうしたの?」とママが聞いている。

おばあちゃんの言葉に耳を傾《かたむ》け、それから「そう」とうなずいている。アスパラの話をしているらしい。

1わたしはママに「アスパラをうちの子にして」と頼《たの》んだ。アスパラがうちの子になったら、と考える。そしたら、わたし、すごくいいお姉さんになる自信がある。アスパラも家族が四人になると、きっともうさみしくなくなるだろうし。

ママは「そうねえ」と、あいまいな返事をした。

「ダメな理由は、何?」わたしは聞いた。

「そんなに簡単なことじゃないのよ」

ママは、〈 X 〉をわたしに向けた。

この場合の「かんたん」って、どういう意味なのか、とわたしは考える。「簡単な算数の問題」というときの「かんたん」じゃないことはわかる。いろいろ複雑な事情があるってこと? じゃあ、それは何? だれか反対する人がいるってことだろうか。アスパラの両親はどっかへ行っちゃって反対どころじゃないし、おばあちゃんはきっと賛成してくれるはずだし。じゃ、だれ? 市役所の人? まさかね。

ほんとうの理由をママはわたしに言いたくないだけなんだ、と思う。それはわたしが子どもだから?

わたし、ママの考えていることならわかってるんだよ、とママに言いたい。でも言わない。けんかになっちゃうから。

パパはアスパラのことをどう思ってるんだろう。パパは、ほんとは娘《むすめ》より息子がほしかったんじゃないだろうか。でも、そんなことは、いまはもうパパに聞けない。小五にもなって、そんなことは聞けない。

ママが受話器を置いた。

わたしが見つめているのに気づいて、ママは首をかしげてから、「あのね」と言った。それから、ちょっとわらった。

「子猫をひろったんだって、アスパラくん」とママは言った。

でも、おばあちゃんは、子猫は飼えないとアスパラに言い、ほかの人にもらってもらいなさい、と言い渡《わた》したのだそうだ。アスパラは猫を抱《かか》えて出ていき、それっきり、暗くなっても家に帰ってこなかった。おばあちゃんはだんだん心配になって、とうとうアスパラをさがしに出かけた。でも、どこへ行ってしまったのか、近くの公園にも、学校にも、駅のまわりにも、アスパラはいなかった。疲《つか》れはてておばあちゃんが家に帰ると、アスパラは先にもどっていたのだという。

「で、猫は?」とわたしはママに聞いた。

ママはわらった。「アスパラくん、一軒《いっけん》一軒の家をたずねては、『この猫を飼ってくれませんか』って、おねがいして歩いたんだって。何軒も何軒もそうやってたずねて歩いて、どの家でも断られて、困りはてて電柱の下にしゃがんでいたら、自転車に乗った女の子が通りかかって、あっさり子猫をもらってくれたんだって」

アスパラが街灯の下にしゃがんでいる姿が目に浮《う》かぶ。その自転車の女の子が自分じゃなくて、[2]それがとても残念な気がする。

「やさしいのね、アスパラくん。感心しちゃった」、とママはまるでいいお話を聞いて胸が熱くなりました、みたいな言い方をした。

悲しい、とわたしは思った。お母さんにもお父さんにも見捨てられたアスパラは子猫を見捨てることができなくて、知らない家を一軒一軒たずね歩いていたんだ。そう思うと、胸がざわざわして、それから胸の、骨と骨のあいだがぎゅうっと痛くなった。残酷《ざんこく》だよ、とわたしは思った。ざんこく、という言葉が頭の中で **A** 点滅《てんめつ》して、頭がちくちくしてきて、目の中が熱くなって、[3]涙《なみだ》がぽろぽろ流れた。

「あら、どうしたの」とママは言った。

わたしは泣くのをやめられない。いますぐ走ってアスパラのところへ行きたいと思った。行って、「アスパラ、もうだいじょうぶだよ、わたしが来たからね」って言ってあげたい。アスパラを守るのは、やっぱりわたししかいない。そう思うと、涙は止まらなくなった。

「アスパラがかわいそうだよ」

泣きながら、わたしは言った。でも言ってしまってから、かわいそう、なんて言い方をすると、アスパラがもっとかわいそうになる、と気がついた。

「おばあちゃんはアスパラくんの世話だけでも大変だってことは、利香《りか》にだってわかるでしょ。猫の世話まではできないわよ。わかるでしょう？」

わたしは、子どもってなんて不幸なんだろう、と思う。猫一匹《いっぴき》飼うことさえ自分で決めることができないんだから。

そう考えていたら、しだいに腹がたってきて、そしたら涙は止まっていた。

パパに「冬くんをさそってドライブにでも行こうか」と言われて、車でアスパラを迎《むか》えに行った。

電話で「ドライブに行こうよ」とアスパラに言うと、「ドライブって？」と、アスパラはドライブの意味さえ知らないみたいだった。アスパラは親にドライブに連れていってもらったこともないのかと、アスパラに同情する気もちがわきかけたけれど、わたしはその落とし穴には落ちないように気をつけた。[4]気もちの落とし穴に。すぐに泣いたり、だれかをかわいそうに思うのは気もちの落とし穴で、罠《わな》みたいなもんだから、やすやすと罠にはまってしまってはいけない。いい人ぶるのは、いやだ。

おばあちゃんの家の前にアスパラは立っていた。

アスパラを助手席にすわらせて、わたしは後ろの席に移った。アスパラの髪《かみ》、寝《ね》ぐせがついている。

（ Ⅰ ）

「どこに行くの？」とわたしがたずねても、「うん」と言ったきりで、でも迷っているふうでもなくて、交差点を折れたり、つぎは曲がらず直進したりして、どこかに向かって運転をつづけている。

「子猫、もらってくれる人がいてよかったね」
わたしが言うと、アスパラは顔を半分だけこちらに向け、わたしを見た。その目がくりんと丸くてかわいい。
「猫をもらってくださいって、いろんな人に頼むのは、いやじゃなかった？」
「うーん」と、アスパラは頭をシートにもたせかけた。それから「でもね」と、また顔を半分こっちに向けて、わたしを見た。
「猫の気もちって、わかんないでしょ」とアスパラは言った。「猫を見た人はみんな、かわいいね、とか言うんだ。でも、もしかしたら、猫はそんなことをいちいち言われるのは迷惑《めいわく》かもしれないよ」
アスパラは前を向いて言った。空のほうを見ている。
「だよね」
アスパラの言葉がなんか胸にしみる。
（ Ⅱ ）車からおりて、コンクリートの防波堤《ぼうはてい》の切れ目から砂浜《すなはま》におりる。
工場地帯の煙突《えんとつ》や工場が見える。白い煙《けむり》が何本も空にのぼっている。陽ざしがきらきら海に反射して、なんか海に負けてしまいそうな気がする。自分がばかな小学生のような気がする。海よ、おまえはそんなに偉《えら》いのか、と心の中で言ってみる。
アスパラが砂の上に、かちんかちんになった鳥の死骸《しがい》を見つけている。どうしてアスパラは5そういうものを見つけちゃうんだろう。
「ウミウだな」と、パパがそばでアスパラに言っている。
離《はな》れたところに犬を散歩させている人がいる。放されている犬はなんという種類かわからないけれど、あまりかっこよくない。砂浜を[B]歩いているし。太っているし。
飼い主のおじさんは犬のことを忘れたみたいに、一人でむこうへ歩いていく。煙草《たばこ》を吸いながら。犬も、おじさんと来たことを忘れたみたいな顔で砂をほじくりかえしはじめた。それからしだいに勢いづいて、鼻を砂だらけにして、砂をぱっぱ、ぱっぱと掘《ほ》っている。
（ Ⅲ ）
走ってパパのそばに行き「なに？」とたずねると、
「昼ごはん、何を食べたい？」とパパは聞いた。
わたしは、犬のほうへそろそろと近づいているアスパラのところへ行って、「昼ごはん、何が食べたい？」と聞いた。
アスパラはうーんと空を見て目を細め、空を見たまま「ぼくねえ、回転寿司《ずし》」と言った。
アスパラは卵の皿ばかりに手をのばした。
「なんで卵ばっかり？」とわたしは聞いた。わたしは自分が取ったイクラやウニやアナゴの皿から「食べなよ」と、一つをアスパラの皿に移してあげた。
「えー」と、そのたびに困ったように口の中で言ってから、アスパラは箸《はし》で[C]と寿司をつまみ、口に運んだ。食べ終えると、「うん、おいしい」と言った。

アスパラはにこにこわらった。

「いいんだよ。卵がそんなに好きなら、卵ばっかり食べたっていいんだよ。そこが回転寿司のいいところなんだから」

（　Ⅳ　）

アスパラはまた卵の皿を取り、それを食べ終えると、メロンを食べた。それから鶏《とり》のから揚《あ》げを取り、プリンでしめくくった。

「あー、とってもおいしかった」

アスパラはパパに言って、首をぐるっとまわし、へへっとわらった。

わたしたち三人はきっと親子に見えているだろうな、とわたしは思った。アスパラ、うちの子になればいいのに、とまた思った。アスパラはいい子だし。アスパラ、怒《おこ》ったことがないし。そう思ってから、あれっと思った。アスパラはどうして怒らないんだろう。いつもわらっている。だれにでもわらっている。いまもわたしと目が合うと、わたしがわらうより先に、アスパラはわらった。[6]アスパラ、いつもわらっている。なんで？

「行こうか」

パパが席を立った。

来週の日曜日も、三人でどっかへ行こうよ。わたしは、帰りの車の中でパパに言った。

「冬くん。行ってみたいところがあるの？」

パパは助手席のアスパラに聞く。

えー。アスパラは頭を右に左にうごかす。後ろからは見えないけれど、きっとアスパラは［D］わらっているにちがいない。

「動物園に行きたい」とわたしは言った。

「動物園ね」パパが言う。「冬くんはどう？」

うーん。アスパラの頭がまた右に左にうごく。

「釣《つ》りなんてのはどうだ」

パパがアスパラに聞く。

「うん」

アスパラがうなずく。

アスパラ、ほんとは動物園に行きたいんじゃないのかな、とわたしは思う。パパに合わせて、うんって返事したんじゃないのかな。そういう子だもん、アスパラって。

「よおし。じゃ、釣りに行こうぜ。そのかわり、朝早く出発するんだぞ」

パパは前を向いたまま言った。

「ママにお弁当を作ってもらおうか」とわたしは言った。

アスパラが顔を半分だけこっちに向けた。わたしを見ている。くりんとした目がわらっている。

でも、アスパラと一緒《いっしょ》に釣りに行くことはできなかった。

その週の木曜日に、おばあちゃんの家におばさん、つまりアスパラのお母さんがやってきて、アスパラを連れていってしまったのだ。

「あたしゃ、腹が立ってね。7自分勝手もいいかげんにしてちょうだいって、言ってやったの」

ママに向かって、おばあちゃんが言った。

わたしはアスパラが持っていくのを忘れたらしい猫のぬいぐるみを机《つくえ》の下に見つけていた。

おばさんは今、バーで働いているのだそうだ。アパートも借りているのだそうだ。自分の車を運転してアスパラを迎えに来たのだそうだ。アスパラはよろこんで車に乗り込《こ》み、おばあちゃんに「さよならー」と手を振《ふ》ったのだそうだ。

アスパラ、きっとこんど暮らすことになるアパートにもすぐになじむだろうな、と思う。新しい学校にも、きっとなじむ。新しい学校の友だちとも仲良しになるだろう。

アスパラは迎えに来てくれたお母さんをにこにこ顔で迎えて、にこにこ顔でおばあちゃんに「さよなら」を言ったと思う。そうに決まっている。わたしにはわかる。だってアスパラは、にこにこする以外の方法を知らないんだから。「にこにこ」に、アスパラのぜんぶの気もちが入ってるんだから。

そんなことを考えながら猫のぬいぐるみをなでていたら、突然《とつぜん》、涙がでてきた。

アスパラはぜったい泣かなかった。

でも、アスパラもそのうち、わたしと同じ五年生くらいになったら、悲しいことで泣けるようになる、と思う。自分のことで泣けるようになる、と思う。

わたしはアスパラに大きくなってほしくない。大きくなると、きっと泣くぞ、と思う。悲しみがわかっちゃうぞ、と思う。

おばあちゃんとママはまだ話しこんでいる。

わたしはぬいぐるみを抱《だ》いて、窓の外を見た。

風が吹《ふ》いているのがわかる。道のむこうのほうに並んでいる交通安全の幟《のぼり》がぱたぱたはためいている。よその家の軒下《のきした》に干された洗濯物《せんたくもの》がゆれている。

空を見あげると、かたまりになった雲が浮かんでいた。雲はゆっくり流れていく。

アスパラが泣くとき、わたしはそばにいてあげたい、と思う。そこがどこであっても、アスパラのそばに飛んでいってあげたい、と思う。わたし、ぜったいそうする。わたしはアスパラを守りたい。何からかははっきりしないけれど、アスパラが泣いてしまうようなことから守りたい。

守る。

雲を見ながら、わたしは自分に約束した。

（岩瀬成子「くもり　ときどき　晴レル」）

問一　[1]わたしはママに「アスパラをうちの子にして」と頼んだ　とありますが、「わたし」と「アスパラ」の本名を本文からそれぞれぬき出しなさい。

問二　（ X ）にあてはまることばを次から選び、記号で答えなさい。

ア　さあ、なんででしょ、という顔
イ　ね、わかるでしょ、という顔
ウ　さ、あきらめましょ、という顔
エ　まあ、無理でしょ、という顔

問三　[2]それがとても残念な気がする　とありますが、「わたし」がとても残念な気がしたのはなぜですか。その理由を説明しなさい。

問四　A ～ D にあてはまることばを次からそれぞれ選び、記号で答えなさい。

ア　おずおず　　イ　ざわざわ　　ウ　ちかちか　　エ　よたよた　　オ　へらへら

問五　[3]涙がぼろぼろ流れた　とありますが、涙がぼろぼろ流れたのはなぜですか。その理由として最も適当なものを次から選び、記号で答えなさい。

ア　自分と子猫の境遇《きょうぐう》を重ね合わせて、子猫を飼ってくれる人を探し続けたアスパラのことを思って悲しくなったから。
イ　子どもに知らない家を一軒一軒たずねさせるという、アスパラが受けた残酷な仕打ちを思って胸が痛くなったから。
ウ　両親に見捨てられたアスパラが子猫のことを親身になって考えている姿を思って、胸や頭がひどく痛くなったから。
エ　お母さんにもお父さんにも見捨てられたアスパラは、子猫を飼うことすらできないのかと思ってつらくなったから。

問六　[4]気もちの落とし穴　とありますが、これはどのようなことをたとえたものですか。解答らんに合うように本文から二十字以内でぬき出しなさい。

問七　（ Ⅰ ）～（ Ⅳ ）にあてはまるものを次からそれぞれ選び、記号で答えなさい。

ア　パパがわたしを呼んだ。
イ　パパは、アスパラの前に卵がのっていた皿が重なっていくのを面白そうに眺《なが》めながら言った。
ウ　パパはだまって運転している。
エ　パパは工場地帯を抜《ぬ》けたあと、海沿いの道を走って、防波堤《ぼうはてい》のそばに車を止めた。

7 図のような1辺が6 cmの立方体ABCD-EFGHがあり，CP = 3 cm，CQ = 2 cmとします．
この立方体を次の(1)，(2)，(3)の3点を通る平面で，それぞれ切ったとき，切り口の図形を下の（ア）～（キ）から記号で選びなさい．
また，そのときの点Bを含む立体の体積をそれぞれ求めなさい．
ただし，角すいの体積は（底面の面積）×（高さ）× $\frac{1}{3}$ で求めることができます．

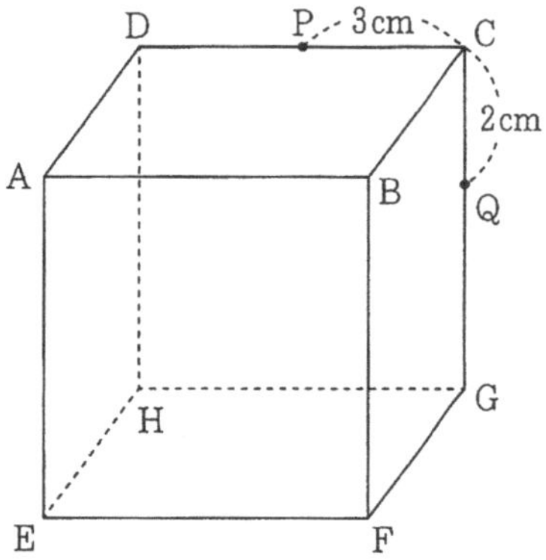

(1) A，C，F

(2) A，E，P

(3) A，P，Q

（ア）直角三角形　（イ）正三角形　（ウ）長方形　（エ）ひし形
（オ）台形　（カ）五角形　（キ）六角形

6 弟は家から 5.4 km 離《はな》れた学校に分速 80 m で向かいました．兄はしばらくして家から学校に分速 120 m で向かいました．すると，兄は弟より 10 分早く学校に着きました．
このとき，次の問いに答えなさい．

(1) 兄は家から学校まで何分かかりましたか．

(2) 兄は弟より何分何秒遅《おく》れて家を出ましたか．

(3) 兄が弟に追いついたのは，兄が家を出てから何分後ですか．

(4) 兄が弟に追いついてから，弟と同じ速さで学校に向かったとすると，兄は家から学校まで何分かかりますか．

4 A，B，C，D，Eの5チームでドッジボールの試合を行いました．どのチームも他のすべてのチームと1回ずつ試合を行うものとします．右の表は，各チームの勝った試合数，負けた試合数，引き分けた試合数を表したものです．
このとき，次の問いに答えなさい．

	勝った試合数	負けた試合数	引き分けた試合数
A	1	2	1
B	2	2	0
C	0	2	2
D	3	1	0
E	（ア）	（イ）	（ウ）

(1) ドッジボールの試合は全部で何試合行われましたか．

(2) 表の（ア），（イ），（ウ）に入る数を求めなさい．

5 2021は連続する2つの整数20と21をつなげてできる数です．このような整数を小さい順に並べていくと，次のようになります．

12，23，34，45，……，2021，……

このとき，次の問いに答えなさい．

(1) 2021は何番目の整数ですか．

(2) このような整数のうち，2けたの整数をすべて加えるといくつになりますか．

(3) このような整数のうち，2021以下の整数をすべて加えるといくつになりますか．

5 鏡に光をあてると，右の図１のように反射しました。角Ａの大きさは40度で，点線は鏡に対して垂直な線を表しています。以下の各問いに答えなさい。

図１

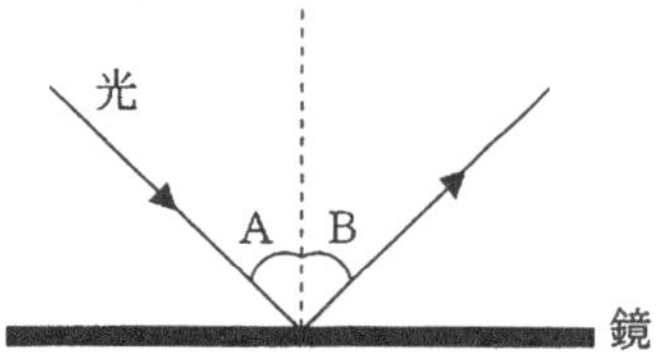

（１）角Ｂの大きさは何度ですか。

（２）図１で，角Ａと角Ｂの大きさにはどのような関係がありますか。次のア～ウから１つ選び記号で答えなさい。

ア．角Ａ＞角Ｂ　　　イ．角Ａ＝角Ｂ　　　ウ．角Ａ＜角Ｂ

（３）図１で，角Ａの角度を40度からしだいに大きくして80度に近づけたとき，Ｂの角度はどのように変化しますか。次のア～エから１つ選び記号で答えなさい。

ア．40度からしだいに小さくなり10度に近づく

イ．50度からしだいに小さくなり10度に近づく

ウ．40度からしだいに大きくなり80度に近づく

エ．50度からしだいに大きくなり80度に近づく

（４）次に，図２のように鏡を点Ｐを中心に点線の位置まで12度回転させました。このとき，はじめのときから反射した光の方向が何度変わりますか。

図２

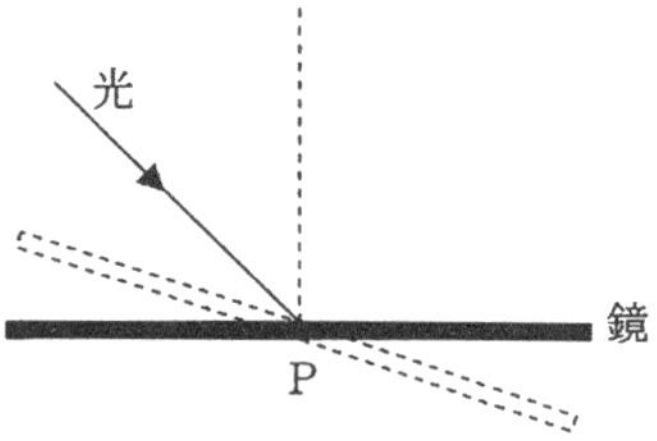

6　Aさんは，ふりこの長さ・ふれる角度・おもりの重さを変えたときに，ふりこが１往復する時間（周期）がどう変化するかを実験し，その結果を表１にまとめました。以下の各問いに答えなさい。

表１

	実験１	実験２	実験３	実験４
ふりこの長さ（a）	0.5m	2.0m	0.5m	0.5m
ふれる角度（b）	10°	10°	40°	10°
おもりの重さ	50g	50g	50g	200g
周期	1.4秒	2.8秒	1.4秒	1.4秒

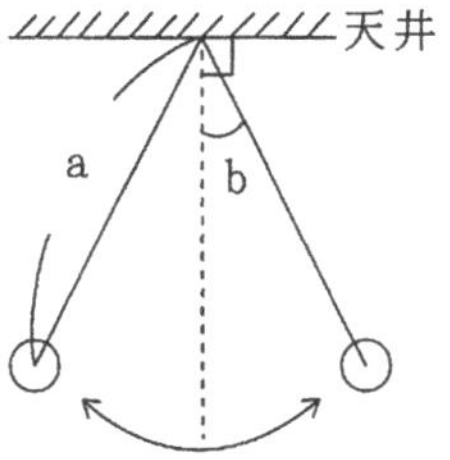

（１）表１の実験１〜４の結果から読み取れることを下にまとめました。次の文中（　①　）〜（　③　）にあてはまる数字をそれぞれ答えなさい。

・ふりこの長さが４倍になると，周期は（　①　）倍になる

・ふれる角度が４倍になると，周期は（　②　）倍になる

・おもりの重さが４倍になると，周期は（　③　）倍になる

（２）次にAさんは，右の表２の条件で実験し，周期を調べました。

①ふりこの長さを0.25mにし，他の条件を変えなかったとします。このとき，周期は何秒になりますか。

②おもりの重さを25gにし，他の条件を変えなかったとします。このとき，周期は何秒になりますか。

表２

	実験５
ふりこの長さ（a）	1.0m
ふれる角度（b）	10°
おもりの重さ	100g
周期	2.0秒

2021(R3) 大谷中　一次A
教英出版

7 次の文は，日本の季節に関して述べたものです。また，図中のA～Dは，日本付近にある性質の異なる大きな空気のかたまりを表したものです。以下の各問いに答えなさい。

春は，【 ① 】の一部からできる（ ② ）と低気圧が交互《ご》にやってくるので天気が周期的に変わる。

初夏になると（ ③ ）前線ができ，ぐずついた天気が続く。その後【 ④ 】が発達し（ ⑤ ）型の気圧配置になる。しめった［ a ］の風が吹《ふ》き込《こ》み蒸し暑い日が続く。また，この風により日本海側では，気温がひじょうに高くなることがある。

秋は，春と同じように周期的に天気が変わりやすい。（ ③ ）前線ができやすく天気がぐずつく。また，夏から秋にかけて，熱帯地方で発生した（ ⑥ ）が発達してできた（ ⑦ ）がやってきて，ひじょうに強い風と大雨をもたらす。

冬になると，【 ⑧ 】の発達で（ ⑨ ）型の気圧配置になる。冷たい［ b ］の季節風が吹き，日本海側では大雪が降る。太平洋側では，晴れて乾燥《かんそう》した日が多い。

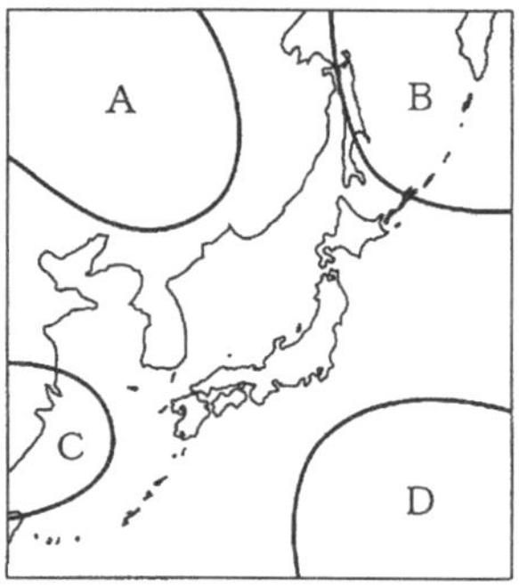

（1）文中の【 ① 】，【 ④ 】，【 ⑧ 】には図中のA～Dの気団のいずれかが入ります。適するものを，A～Dからそれぞれ選び記号で答えなさい。

（2）文中の（ ② ），（ ③ ），（ ⑤ ），（ ⑥ ），（ ⑦ ），（ ⑨ ）に適する語をそれぞれ答えなさい。

（3）［ a ］，［ b ］に最も適するものを，次のア～エからそれぞれ選び記号で答えなさい。

ア．北東　　イ．北西　　ウ．南東　　エ．南西

８ 次の文章を読み，以下の各問いに答えなさい。

２０２０年６月２１日の夕方，アフリカからアジアにかけて一部の地域では金環《かん》日食となりました。日本では部分日食が起こりました。

（１）この日食が起こった日として最も適当なものを，次のア～エから１つ選び記号で答えなさい。

ア．春分　　イ．夏至　　ウ．秋分　　エ．冬至

（２）（１）の日を説明した文として最も適当なものを，次のア～エから１つ選び記号で答えなさい。

ア．１年で昼が最も短く，夜が最も長い日

イ．１年で昼が最も長く，夜が最も短い日

ウ．南極では太陽が沈《しず》まない日

エ．昼と夜の時間がほぼ等しい日

（３）日食の説明として最も適当なものを，次のア～エから１つ選び記号で答えなさい。

ア．太陽が月の前を通過するため，月の影《かげ》が太陽をかくす現象

イ．太陽が月の前を通過するため，月によって太陽がかくされる現象

ウ．月が太陽の前を通過するため，月の影が太陽をかくす現象

エ．月が太陽の前を通過するため，月によって太陽がかくされる現象

（４）皆《かい》既《き》日食，部分日食，金環日食の説明として最も適当なものを，次のア～エからそれぞれ選び記号で答えなさい。

ア．太陽のほうが月より小さく見えるため，太陽のまわりから月がはみ出して見える

イ．太陽の一部が月によってかくされる

ウ．太陽のほうが月より大きく見えるため，月のまわりから太陽がはみ出して見える

エ．太陽の全てが月によってかくされる

（５）地球上で日食が起こる範《はん》囲について最も適当なものを，次のア～エから１つ選び記号で答えなさい。

ア．皆既日食が起こるときには，地球全体で皆既日食を見ることができる

イ．金環日食が起こるときには，地球全体で金環日食を見ることができる

ウ．皆既日食が見られる範囲は，部分日食が見られる範囲よりせまい

エ．金環日食が見られる範囲は，部分日食が見られる範囲より広い

（６）日食の安全な観察方法として適切でないものを，次のア～エから１つ選び記号で答えなさい。

ア．見た目ではあまりまぶしく感じないので太陽を肉眼で直接見る

イ．望遠鏡を使って太陽投影《えい》板に投影して見る

ウ．太陽の光を鏡で反射させ，壁《かべ》にうつして見る

エ．日食専用の遮《しゃ》光板を使って見る

（７）この日食の３日後に見えた月の形として最も適当なものを，次のア～エから１つ選び記号で答えなさい。

ア．
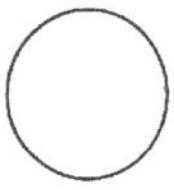

イ．
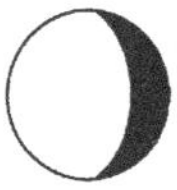

ウ．
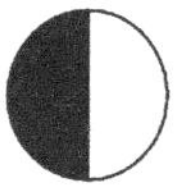

エ．

二

問一

・

問二

問三

A

B

C

D

問四

問五

I

II

問六

問七

問八

「なんですか」や「知りません」という丁寧なことばは

とは無関係で

ことを表しているだけだということ。

問九

問十

①

②

③

④

⑤

三

A

①

②

③

④

⑤

B

①

I

II

②

I

II

③

I

II

C

①

前

一番目

二番目

三番目

四番目

五番目

後ろ

②

前

一番目

二番目

三番目

四番目

五番目

後ろ

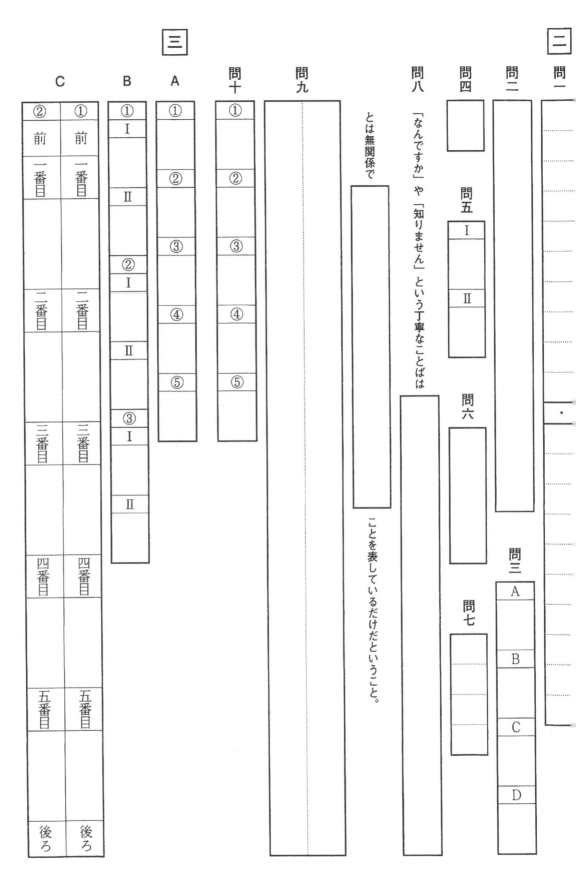

令和３年度入学試験

算数解答用紙

一次Ａ

受験番号					

※100点満点
（配点非公表）

1

(1)		(2)		(3)		(4)	
(5)		(6)					

2

(1)	本	(2)	g	(3)	点	(4)	時間
(5)	人						

3

(1)	度	(2)	cm^2

【解答用

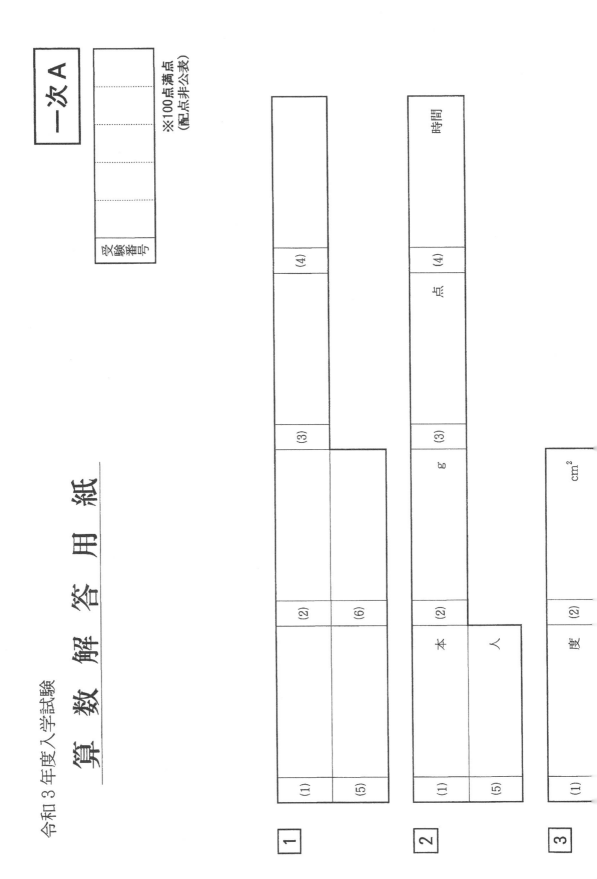

令和３年度入学試験

理科解答用紙（医進）

※80点満点
（配点非公表）

一次Ａ

受験番号				

1

（1）	（2）	（3）	（4）	（5）

2

（1）	（2）	（3）	（4）	（5）

3

（1）	（2）	（3）ア	（3）イ	（3）ウ	（4）

（5）（あ）	（5）（い）	（6）	（7）	（8）
		L	L	周

4

（1）	（2）トウモロコシ 横断面	（2）トウモロコシ 縦断面	（2）ホウセンカ 横断面	（2）ホウセンカ 縦断面

	（4）	（5）

【解答用

③

一次B

大谷中学校

令和三年度入学試験

国語

注意

・テスト時間は六〇分です。
・問題冊子、解答用紙に受験番号を書きなさい。
・問題は一～三まであります。
・設問の都合上、本文を一部改めたところがあります。
・答えはすべて解答用紙に書きなさい。
・質問があるときは、だまって手をあげなさい。
・試験が終わったら、問題冊子、解答用紙を机の上に別々に置きなさい。

問いに字数指定がある場合は、句読点・記号も一字とします。

受験番号					

一

次の文章を読んで、あとの問いに答えなさい。

「おい、お前、そろそろ本気出せよ」
足の筋を伸《の》ばしていると、大田が隣《となり》にどかっと座ってきた。
「え?」
大田がやってきたことにびっくりして、僕《ぼく》の声はうわずった。
「え? って、もうあと十日だろ? マジでやれよ」
「マジでって……?」
「マジで走れってこと。お前、もっともっと速かったじゃん」
Xそう言うと、大田は僕のスポーツ飲料を勝手に開けて飲んだ。
「もっとって言われても……」
今日はいい記録を出せたし、自分自身のベストに近い走りだった。
「お前こんなもんじゃねえだろ。俺《おれ》、陸上わかんねえからタイムのことは知らねえけど、小学校二年からお前は俺の何倍も速かったはずだ」
「さ、さあ……」
僕は首をかしげた。小学校二年で走った記憶《きおく》などない。そもそも僕が走って記録を出したのは六年の駅伝だけで、あとは1細々とした小学生活を送っていた。
「さあとかとぼけんなよ。あのころ市野小で、俺といい勝負するのお前だけだったじゃん」
大田は話の通じない僕にいらついていたが、僕もちんぷんかんぷんだった。大田となんて勝負したことがない。小学生の時から僕は大田が怖《こわ》かった。
「あーもう、本当、お前、記憶力ゼロだな。二年生の時の全校レクリエーションで鬼《おに》ごっこしたことあっただろ?」
A的を射ない僕に、大田は座りなおし胡坐《あぐら》をかいた。
「まあ、なんか、そういうのはあったような気もする」
「そうそれ。その時俺、鬼だったんだ。俺は超《ちょう》最強の鬼で全員捕《つか》まえたのに、お前だけ捕まえられなかった。お前には全然追いつけなかったもんな」
僕たちの通っていた小学校は小さかったから、よく全校や学年で遊ぶレクリエーションというのがあった。もちろん僕にとってそれは楽しいものではなかった。
ドッジボールをしようとかくれんぼうをしようと、2僕には敵がたくさんいて、いつだって必死で逃《に》げるしかなかった。
「俺が全速ダッシュで追いかけてるのに、お前どんどん引き離《はな》してさ。手が届かなかったんだよなあ。うん、お前の走りっぷりってすごかった」
大田は昔を懐《なつ》かしむように言った。
「そ、それは本気で大田君が怖かったからだよ」

僕は3見当違《ちが》いに褒《ほ》められるのが申し訳なくて、正直に告白した。その時の記憶はないけど、小学二年の僕にとって、追いかけてくる大田は本物の鬼以上に怖かったはずだ。

「怖い？」

「ああ、えっと、まあ、その、なんか怖いかな」

「怖いって、俺、お前に何もしたことねえじゃん」

大田は堂々と言いはなった。確かに僕は大田に何もされたことがない。だけど、それは相手にするのが恥《は》ずかしいほど僕が弱いからだ。

Ⅰ「そうだけど……でも、それは……」

「でも、何だよ」

Ⅱ「何って……」

「はっきり言えよな」

大田の視線が僕のほうへ動く。大田の目はいつも尖《とが》っている。その鋭《するど》さに、僕は声が出なくなってしまう。

「本当、お前って俺とまともに話そうとしねえな」

Ⅲ「そ、そんな……」

「まあ、お前にとっちゃ俺なんか相手になんねえだろうし、どうせ俺はお前と勝負するような場にすらいねえかもしれねえけど」

Ⅳ「いや……」

「でも、俺は小学二年の時からお前のことすげえライバルが現れたと思ってたんだぜ。俺、幼稚園《ようちえん》から、鬼ごっこでもドッジでも負け知らずだったのに、追いつけないやつがいるなんてさ」

Y大田はそう言うと、また僕のスポーツ飲料を飲んだ。

大田の言っていることがわかるのには、ずいぶん時間がかかった。4大田がそんなことを思っていたなんて、想像できるわけがなかった。今横にいる大田に、返したい言葉はいくつかあった。でも、5僕の中のどの思いも言葉には変換《へんかん》できなかった。

「とにかく俺ごときに簡単に追いつかれそうなとこにいるなよな」

大田はそう言うと、よいしょと立ち上がった。桝井《ますい》が集合だと言っている。

「うぜえ、早く帰らせろよ」

大田は怒鳴《どな》りながら、みんなのほうへ向かっていった。

1区は最初からハイペースで、競技場を出たあたりで、早くも何人かが集団を抜《ぬ》け出した。こんなに早く勝負をかけてくるなんて。一瞬《いっしゅん》焦《あせ》ったが、臆《おく》している暇《ひま》はない。少しでもひるんだら、そこで負けてしまう。六位以内に絶対入らなくてはいけないのだ。

競技場を出ると川沿いの道が続く。6川のすぐそばにそびえる山の木々が、音を澄《す》ましてくれる。静かに流れる川の音は、心地いい。大丈夫《だいじょうぶ》だ。僕は穏《おだ》やかに響《ひび》く川音に合わせるように足を進ませた。

優勝候補の加瀬南《かせみなみ》中学の選手が飛ばし、それに何人かがついていく。僕はトップを走る加瀬南中の背中だけを見た。あの背中に追いつこう。昔、大田が僕を追いかけたみたいにどこまでも追いかけよう。単調な道に気持ちを途切《とぎ》れさせないように、僕は先頭を追いかけた。

川沿いの道を抜け広い道に出ると、沿道《えんどう》にはたくさんの観客がいた。「ファイト」「がんばれ」という声がひっきりなしに聞こえてくる。市野中学の生徒や保護者もいて、僕に対する声援《せいえん》もあった。初めて駅伝を走った時、僕は心底驚《おどろ》いた。この僕が、みんなから励《はげ》ましやねぎらいの言葉を送られているのだ。もし僕が駅伝を走っていなかったら、陸上部に入っていなかったら、誰かに応援されることなどなかったはずだ。がんばれという言葉が、僕にはよく響く。7ありきたりの言葉がありがたいということを、僕はここにいる誰《だれ》よりも知っている。桝井が僕をここに連れてきてくれた。いじめられっ子だった僕を、こんな場に導いてくれた。絶対に遅《おく》れるな。絶対に先頭から離れるな。僕はみんなの声をかみしめるように、さらに力をこめた。

2キロ地点を通過し、全体のスピードが上がった。先頭集団は四人。それを追う集団は僕を含《ふく》め五人。やはり1区の選手は最後まで力が落ちない。僕以外は二年のころから1区や6区を走っていた選手ばかりだ。誰もが華々《はなばな》しくて際立った力がある。いや、B引け目を感じることなんてない。僕は自分の腕《うで》に足に目をやった。小さいころから僕は、みんなより頭一つ大きかった。そのせいで、棒だの電柱だのとからかわれた。でも、陸上部に入って、この身体は僕の強みだと知った。棒のように長く大きな身体は、僕を前へと進ませてくれる。

残り500メートル。みんながスパートをかけはじめ、僕もピッチを上げた。遅れるわけにはいかない。僕はずっと言われるがままに走ってきた。楽しいのかなんて感じる余裕《よゆう》もなく、義務のように走ってきた。だけど、今、僕を走らせているのは、義務感だけじゃない。「勝ちたくない？」駅伝練習が始まる前、桝井は僕に訊《き》いた。勝つ、負けるということは、よくわからない。でも、この襷《たすき》を大田に繋《つな》ぎたいと、誰よりも早く大田に渡《わた》したいと思っている。後ろに迫《せま》ってくる足音を振《ふ》り切るように、僕は更《さら》に加速した。

「設楽《したら》、ここまで！」

最後の角を曲がると、大田の野太い声が聞こえてきた。大田はずいぶん先から僕の走りを真《ま》っ直《す》ぐに見ている。まぶしいのだろうか、大田の目は細くしかめられている。すごみのある大田の視線と声に、プレッシャーは極度に達した。小学校駅伝の時とは比べ物にならない重いプレッシャーだ。8けれど、あの時みたいにつらくはない。この重さが心地いい。僕は残っていた力の全《すべ》てをこめて、足を前へと進ませた。もう何も身体に残さなくていいのだ。全てを前に進ませる力に変えればいいのだ。僕は死に物ぐるいで走った。大田が怖いからじゃない。大田のライバルでいたいからだ。大田と同じ場に立てるやつでいたいからだ。

残り5メートル。僕は倒《たお》れこむように大田に手を伸ばした。

「お疲《つか》れ、設楽！」

大田は奪《うば》うように襷を受け取った。

「頼《たの》む」

そう言おうとしたけど、もう声を発する力すら残っていなかった。それでも大田は、

「任せとけ」

と、軽く右手を上げて僕に応《こた》えて、駆《か》けていった。

（瀬尾まいこ「あと少し、もう少し」新潮文庫刊）

問一 1細々とした小学生活 とはどのようなものだと考えられますか。その説明として最も適当なものを次から選び、記号で答えなさい。

ア 平凡《へいぼん》で人前で目立つことなどはしないような生活。
イ 陸上ではそれほど大した記録も出せないような生活。
ウ 大田の存在をびくびくと怖がっているような生活。
エ お小遣《こづか》いもあまりなく好きな物も買えないような生活。

問二 A的を射ない・B引け目を感じる の本文での意味を次からそれぞれ選び、記号で答えなさい。

A的を射ない
ア 技術を身につけない。
イ まじめに取り合わない。
ウ 要点を的確に捉《とら》えない。
エ 記録を十分に伸ばせない。

B引け目を感じる
ア 自分こそはと意気込《いきご》んでいる。
イ あてがはずれて落ちこんでいる。
ウ 気を引きしめて一心に念じる。
エ 劣《おと》っていると感じて気おくれする。

問三　[2]僕には敵がたくさんいて、いつだって必死で逃げるしかなかった　とありますが、どういうことですか。その説明として最も適当なものを次から選び、記号で答えなさい。

ア　いつも周りは自分を攻撃《こうげき》してくる人ばかりのような気がして、ドッジボールやかくれんぼ自体が嫌《きら》いになってしまったということ。

イ　いじめられっ子であったため、ドッジボールやかくれんぼの最中にも行われる自分に対する攻撃を避《さ》ける必要があったということ。

ウ　ドッジボールやかくれんぼが自分にとって不利なルールで行われ、それを先生も他の誰《だれ》も止めてくれることはなかったということ。

エ　憂《ゆう》うつな学校生活の悩《なや》みにいつもおそわれていて、ドッジボールやかくれんぼもそれ自体を楽しむ心の余裕《よゆう》がなかったということ。

問四　[3]見当違い　とありますが、どういうことですか。その説明として最も適当なものを次から選び、記号で答えなさい。

ア　「僕」にとって大田はたくさんいた敵の一人だと思っていたのに、大田は自分のことを仲間だと思っていたこと。

イ　「僕」はいじめっ子たちから逃げるために走っていたのに、大田は自分を怖がって逃げたと思っていること。

ウ　「僕」にとっては小学校の思い出は嫌《いや》なものでしかないのに、大田があえてそれを思い出させようとすること。

エ　「僕」は大田が怖かったから必死で逃げていただけなのに、大田はそれを知らずに走りっぷりをほめていること。

問五　[I]「そうだけど……でも、それは……」～[IV]「いや……」　とありますが、「僕」が大田に対してこのような態度をとるのはなぜですか。その理由として最も適当なものを次から選び、記号で答えなさい。

ア　大田は小学校の頃《ころ》から自分より足が遅《おそ》く、同じ陸上部の仲間でもあまり相手にする気になれず、返答に困っているから。

イ　大田は小学校の頃から怖い存在であり、大田に見られるとその目の鋭さにひるんでしまい、声が出なくなるから。

ウ　自分の記録を更新《こうしん》できず悩んでいるのに、無神経に話しかけてくる大田に怒《いか》りを感じ、話したくないと思っているから。

エ　大会前で自分のことに集中したいはずなのに、「僕」を励《はげ》ます大田の優しさに感動し、言葉につまっているから。

問六　[X]そう言うと、大田は僕のスポーツ飲料を勝手に開けて飲んだ・[Y]大田はそう言うと、また僕のスポーツ飲料を飲んだ　とありますが、本文全体を読んだ上で大田のこの行為《こうい》から読み取れることとして最も適当なものを次から選び、記号で答えなさい。

ア　「僕」より優位に立って、支配したいと思っている。

イ　「僕」に憧《あこが》れていることに気づかれないようにしている。

ウ　「僕」と話したいが、のどの渇《かわ》きを我慢《がまん》できずにいる。

エ　「僕」を対等な友人として親しみを感じている。

問七 [4]大田がそんなことを思っていたなんて、想像できるわけがなかった とありますが、「僕」と大田はお互《たが》いのことをどのように思っていましたか。五十字以内で説明しなさい。

問八 [5]僕の中のどの思いも言葉には変換できなかった とありますが、「僕」の思いとして適当なものを次から二つ選び、記号で答えなさい。

ア 驚き　イ 不安　ウ 尊敬　エ 怒り　オ 恐怖《きょうふ》　カ 戸惑《とまど》い

問九 [6]川のすぐそばにそびえる山の木々が、音を澄ましてくれる。静かに流れる川の音は、心地いい とありますが、ここから読み取れる「僕」の様子として最も適当なものを次から選び、記号で答えなさい。

ア 焦りや不安、プレッシャーなど様々な気持ちが入り混じっている様子。
イ 六位以内に入らなくてはいけないという思いで、頭がいっぱいになっている様子。
ウ 極限まで緊張《きんちょう》が高まった中、平常心を保ちつつ、冷静に走っている様子。
エ 周囲の全てのものが見えなくなり、トップ選手との対決を楽しんでいる様子。

問十 [7]ありきたりの言葉がありがたいということを、僕はここにいる誰よりも知っている とありますが、「僕」が「誰よりも知っている」のはなぜですか。その理由として最も適当なものを次から選び、記号で答えなさい。

ア いじめられっ子としての生活を送っていたために、陸上を始めるまで平凡な応援の言葉もあまりかけてもらったことがなかったから。
イ 小学校の頃は足が遅かったので、陸上部で鍛《きた》えられて速く走れるようになるまでねぎらいの言葉をかけてもらったことがなかったから。
ウ 応援の言葉をかけてもらえるのはトップ選手の集団だけであり、そこに入るには並外れた努力が必要だと身をもって知っているから。
エ 桝井の誘《さそ》いによってしばらく離れていた陸上の世界に戻《もど》ってきたことで、前よりもいっそう走る喜びの大きさを実感しているから。

問十一 [8]けれど、あの時みたいにつらくはない。この重さが心地いい とありますが、それはなぜですか。「あの時」との違いを明らかにして説明しなさい。

問十二　本文の表現の特徴《とくちょう》として最も適当なものを次から選び、記号で答えなさい。

ア　駅伝を走る選手や沿道の観客の様子が詳《くわ》しく描写《びょうしゃ》されることで、駅伝を間近で見ている感覚が味わえる。

イ　場面の時間が何度も前後して描《えが》かれることで、中学生がお互いの関係を深める経過が分かりやすくなっている。

ウ　「僕」の心の中のつぶやきがそのまま表現されることで、「僕」の気持ちの動きがありありと伝わってくる。

エ　会話によって真実が明らかになることで、登場人物の陸上に対する認識の違いが浮《う》き彫《ぼ》りにされている。

二

次の文章を読んで、あとの問いに答えなさい。

著作権に関係する弊社の都合により
本文は省略いたします。

教英出版編集部

7 底面が1辺20 cmの正方形で，高さが40 cmの直方体の形をした水そうに水がいっぱいに入っています．この水そうに，底面の直径が10 cmで，高さが16 cmの円柱の形をしたおもりを水そうからはみ出ないように静かに5つ入れます．
このとき，次の問いに答えなさい．

水そう

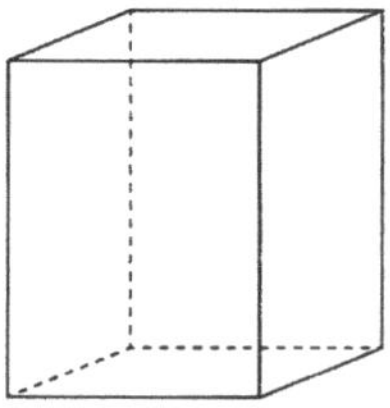

おもり

(1) 水そうからこぼれた水の量は何mLですか．

(2) (1)のあと，水そうから水がこぼれないようにおもりをすべて取り除いたとき，水の深さは何cmですか．

(3) (2)のあと，水そうの水をいくらか捨てて，おもりの側面が水そうの底面につくように，おもりを1つ入れると，水の深さが10 cmになりました．
このとき，捨てた水の量は何mLですか．

6 縦《たて》3 cm，横△cmの長方形があります．この長方形をできるだけ少ない個数の正方形に分けていきます．ただし，△に入る数は3より大きい整数とします．
例えば△が5のときは，右の図のように，分ける正方形の個数は4個です．
このとき，次の問いに答えなさい．

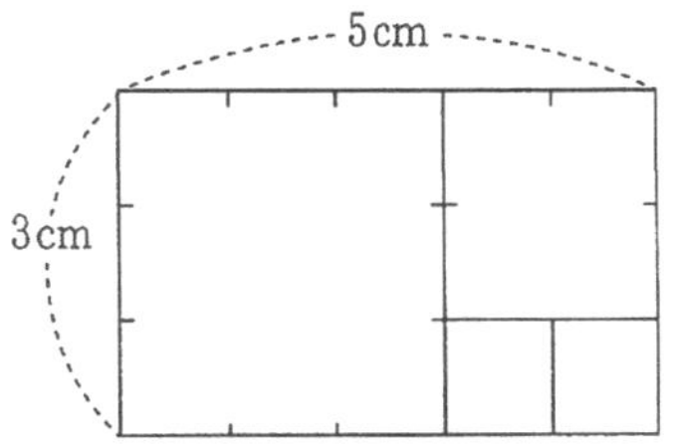

［△が5のときの図］

(1) △が12のとき，分ける正方形の個数は何個ですか．

(2) △が7のとき，分ける正方形の個数は何個ですか．

(3) △が11のとき，分ける正方形の個数は何個ですか．

(4) 分けた正方形の個数が15個のとき，△に入る数をすべて求めなさい．

4 2つの商品ＡとＢがあります．所持金で，Ａだけならちょうど50個，Ｂだけならちょうど30個を買うことができます．このとき，次の問いに答えなさい．

(1) ＡとＢの値段の比を最も簡単な整数の比で答えなさい．

(2) Ａを35個買った金額が，Ｂを18個と1500円の商品Ｃを1個買った合計金額と同じになりました．商品Ｂの値段とはじめの所持金はいくらですか．

5 線路と平行な道を時速3 km の速さで歩く人と時速15 km の速さで自転車に乗っている人が同じ方向に進んでいます．2人の後方から来る列車が歩く人に追いついてから追いこすまでに15秒かかり，自転車に乗っている人に追いついてから追いこすまでに45秒かかりました．
このとき，次の問いに答えなさい．

(1) この列車の速さは時速何 km ですか．

(2) この列車の長さは何 m ですか．

2

・

問二

問三

↓

↓

問四

A

B

問五

問六

問七

問八

問九

問十

1

Ⅰ

Ⅱ

Ⅲ

Ⅳ

2

問十一

三

A

①

②

③

④

⑤

B

a

b

c

d

e

C

1

2

3

4

5

2021(R3) 大谷中　一次B
K 教英出版

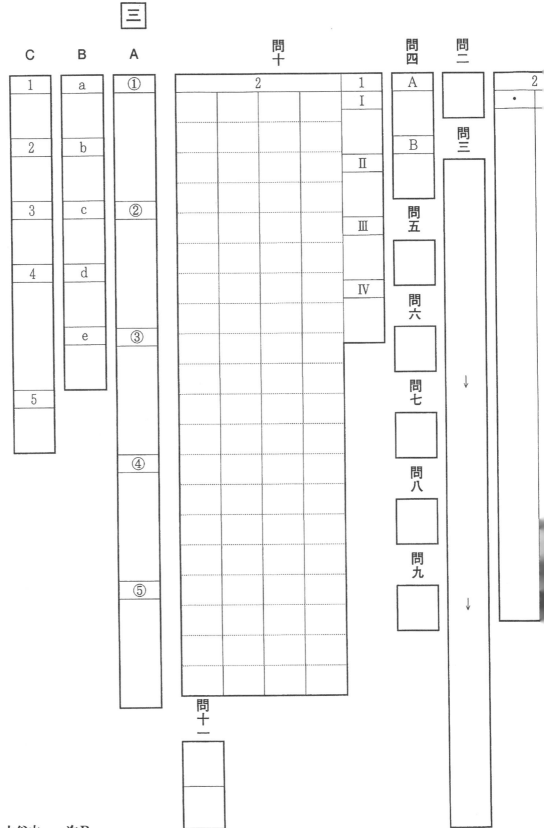

令和３年度入学試験

算　数　解　答　用　紙

一次Ｂ

受験番号					

※100点満点
（配点非公表）

1

(1)		(2)		(3)		(4)	
(5)		(6)					

2

(1)	：	(2)	枚	(3)	時間　　分	(4)	才
(5)	点						

3

(1)	回転	(2)	cm^2

4

(1)	：	(2)	円	円

5

(1)	時速　　km	(2)	m

6

(1)	個	(2)	個	(3)	個
(4)					

7

(1)	mL	(2)	cm	(3)	mL

一次B

令和三年度

国語解答用紙

※100点満点
（配点非公表）

受験番号

一

問一

問二
A
B

問三

問四

問五

問六

問七

問八

問九

問十

問十一

問十二

二

1

できる能力。

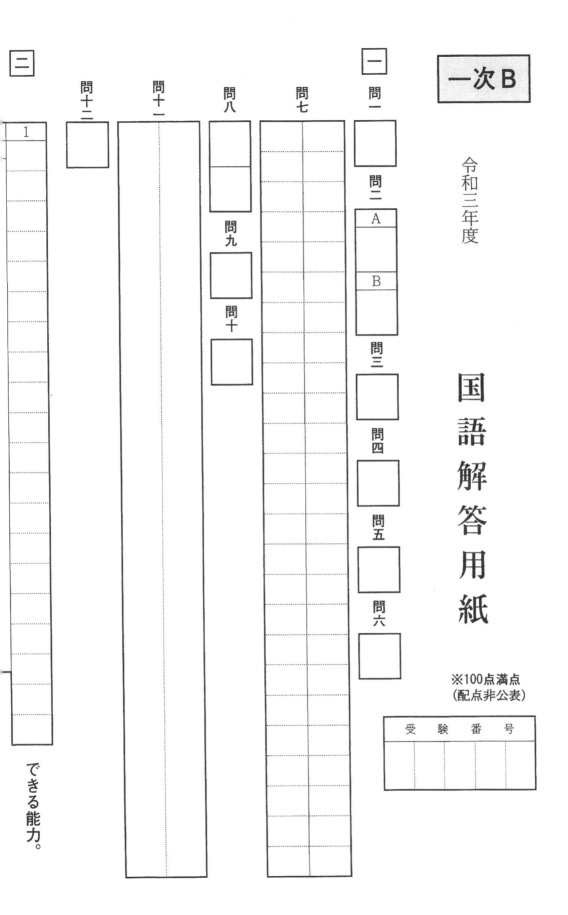

3　次の問いに答えなさい.

(1)　図のように，半径 4 cm の円 A のまわりを，半径 1 cm の円 B がすべらないように 1 周するとき，円 B は何回転しますか.

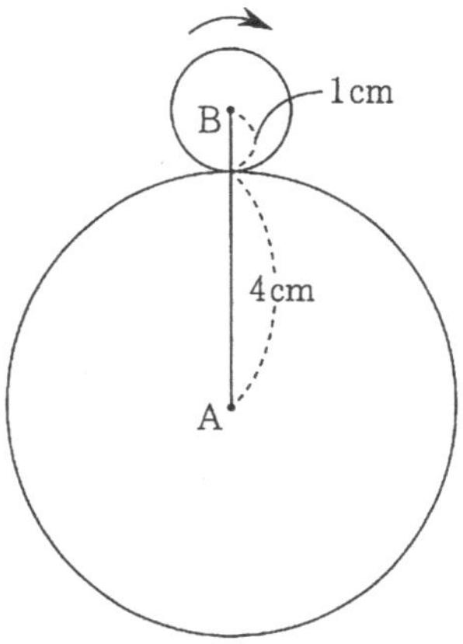

(2)　図のように，AB ＝ 5 cm，BC ＝ 4 cm，AC ＝ 3 cm の直角三角形 ABC があり，AP ＝ BQ ＝ CR ＝ 1 cm のとき，三角形 PQR の面積は何 cm^2 ですか.

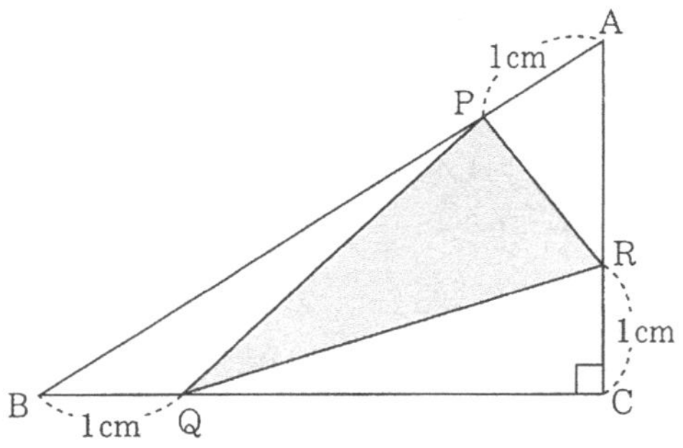

1 次の □ にあてはまる数を求めなさい．

(1) $2020 \times 2020 - 2019 \times 2021 =$ □

(2) $\dfrac{1}{2} + \dfrac{1}{2\times3} + \dfrac{1}{3\times4} =$ □

(3) $7.5 \div \dfrac{3}{8} + 0.07 \times \left(3.75 - \dfrac{3}{4}\right) =$ □

(4) $1.3 \times 17 + 1.4 \times 17 -$ □ $\times 17 = 11\dfrac{9}{10}$

(5) 2000円の７割は4000円の □ %です．

(6) ３で割ると２余り，５で割ると１余る整数のうち，1000に最も近い数は □ です．

2 次の問いに答えなさい．

(1) 箱の中に赤玉24個と白玉32個と青玉が合わせて86個入っています．赤玉と青玉の個数の比を最も簡単な整数の比で答えなさい．

(2) クラスの生徒に折り紙を配ります．１人に６枚ずつ配ると60枚余り，９枚ずつ配ると21枚足りません．折り紙は何枚ありますか．

(3) ある日の太陽が出ている時間は，太陽が出ていない時間の $\dfrac{17}{23}$ でした．この日の太陽が出ている時間は何時間何分ですか．

(4) 現在Ａさん，Ｂさん，Ｃさんの３人の年れいの和は38才で，ＢさんはＣさんより３才年上です．今から４年後，Ａさんの年れいは，ＢさんとＣさんの年れいの和に等しくなります．現在のＢさんの年れいは何才ですか．

(5) ある算数のテストで，90点が８人いました．この人数はテストを受けた人数の12.5％にあたります．また，この８人の得点の合計は全員の得点の合計の18％にあたります．このテストの全員の平均点は何点ですか．

③

一次B

令和3年度入学試験

算　数

大　谷　中　学　校

注　意　・テスト時間は60分です.

・問題冊子，解答用紙に受験番号を書きなさい.

・問題は 1 ～ 7 まであります.

・答えはすべて解答用紙に書きなさい.

・質問があるときは，だまって手をあげなさい.

・どの問題も，すぐ答えが出せるもののほかは，答えを出すための式や計算は問題冊子に残しておきなさい.

・試験が終わったら，問題冊子，解答用紙を机の上に別々に置きなさい.

・問題で円周率が必要なときは3.14とします.

・売買の問題でとくに指示がない場合，消費税は考えないものとします.

・問題にかいてある図は必ずしも正確ではありません.

受験番号					

著作権に関係する弊社の都合により
本文は省略いたします。

教英出版編集部

（小林快次「恐竜は滅んでいない」）

問一 [1]彼らがこれほど卓越した飛行能力を持っているのは、飛行に特化した身体構造へと進化したためだ　について、

（1）「これほど卓越した飛行能力」とはどのようなものですか。解答らんに合うように二十字以内で説明しなさい。

（2）「飛行に特化した身体構造」とはどのようなものですか。その特徴を本文から二つぬき出しなさい。

問二 [2]面白いのは、鳥類が持つこのふたつの特徴を、何と、巨大化へと向かった恐竜も備えていたことだ　とありますが、筆者が「面白い」と思うのはなぜですか。その理由として最も適当なものを次から選び、記号で答えなさい。

ア　巨大化することで様々な外敵には襲《おそ》われる心配が少なくなるはずなのに、天敵の多い鳥の特徴を備えていたとわかったから。

イ　巨大化するということは空を飛ぶという行為《こうい》とは正反対に進化しているのに、鳥に似た特徴を備えていたことになるから。

ウ　巨大化すれば体重を支えるために固くて強い骨が必要であると考えられるのに、鳥と同じく骨は空洞化していたから。

エ　巨大化するためには体重を重くすることが何よりも重要であるのに、骨の軽量化と飛行システムはそれに反していたから。

問三 [3]鳥類と恐竜の関係　について、「鳥類」・「デイノニクス」・「始祖鳥」を進化の順番に並べなさい。

問四 Aシンボル・Bうってつけ を正しく使った文を次からそれぞれ選び、記号で答えなさい。

Aシンボル

ア　勉強には、シンボルを見つけることが大切だよ。
イ　食事をする時には、お米がそのシンボルとなる。
ウ　平和は、白いハトのシンボルであるとされる。
エ　「あべのハルカス」は大阪のシンボルともいえる。

Bうってつけ

ア　小学生のうちは、夢をえがくのがうってつけだ。
イ　えんぴつには、消しゴムがうってつけだ。
ウ　寒い冬には、温かい鍋《なべ》料理がうってつけだ。
エ　正直に言うと、私は彼《かれ》のことがうってつけだ。

問五 本文から判断した、恐竜の分類を示す図として最も適当なものを次から選び、記号で答えなさい。

ア
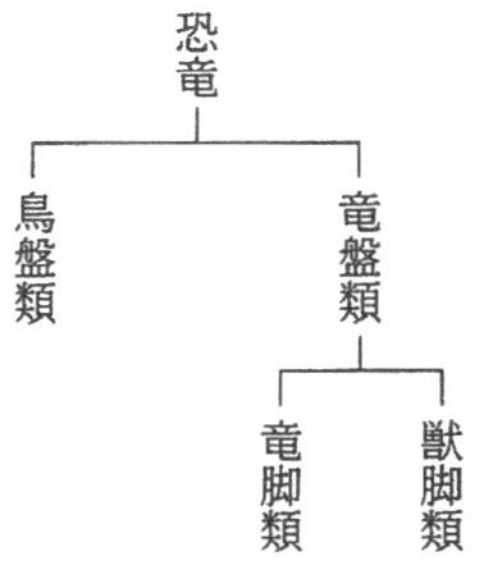

イ
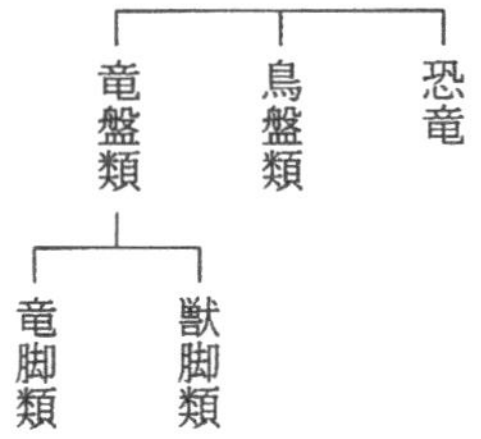

ウ
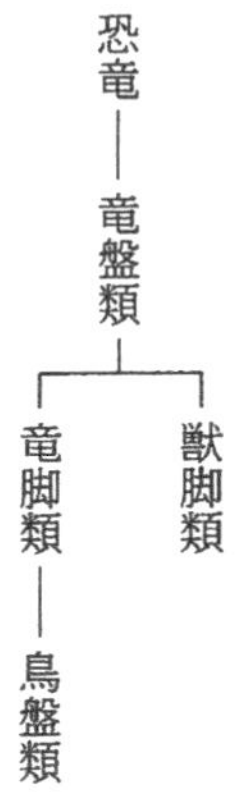

エ
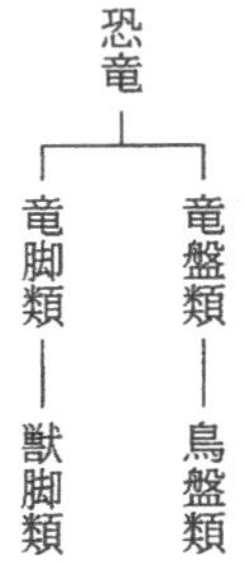

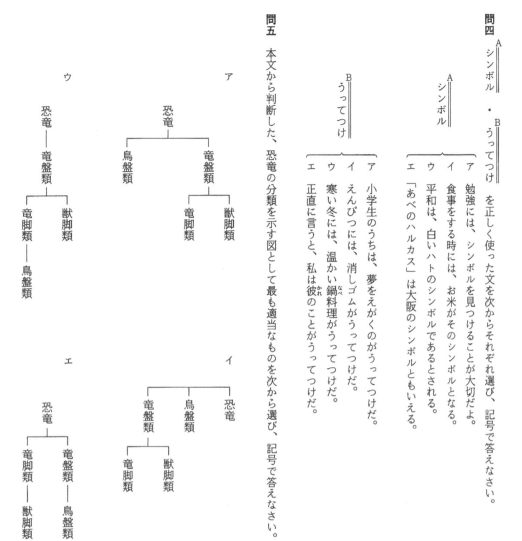

問六 4「鳥類は恐竜類である」ということに疑問の余地がなくなり、この認識が広く受け入れられるようになっていった　とありますが、このようになった過程《かてい》の説明として最も適当なものを次から選び、記号で答えなさい。

ア　鳥の恐竜起源説はデイノニクスが発見された頃《ころ》から少しずつ注目されていたが、羽毛を持つ恐竜化石が次々と発見されたことで『種の起源』が抱《いだ》いた不安も解消され、証拠を持った確かな考え方だと認識された。

イ　鳥の恐竜起源説は『種の起源』によって一度は完全に否定されたかに見えたが、デイノニクスの発見によってその考え方が見直され、羽毛を持つ恐竜化石の発見によってもう一度学説として注目されることになった。

ウ　鳥の恐竜起源説は以前から存在していたものの決定的な証拠が存在していなかったが、デイノニクスの発見によって突破口《とっぱこう》が見つかり、羽毛を持つ恐竜化石の度重なる発見によって確固たる学説になっていった。

エ　鳥の恐竜起源説はそもそも優秀《ゆうしゅう》な学説であったといえるが、デイノニクスの発見によってそれに確かな証拠が与《あた》えられ、羽毛を持つ恐竜化石がいくつも発見されたことがその正当性をますます高めるに至った。

問七 5二〇一二年に中国遼寧省で、羽毛のある獣脚類で体長七～九メートルと大型のティラノサウルス類の発見が報告されている　とありますが、筆者はこの報告を何のために引用したのですか。その説明として最も適当なものを次から選び、記号で答えなさい。

ア　獣脚類の中にも大型化した恐竜は存在していたことから、気候に合わせて恐竜も進化していくということを証明するため。

イ　体が大きい方が体温を保ちやすいとされるが、大型恐竜にも羽毛が生えていたことから、例外は常に起こり得ると知らせるため。

ウ　大型恐竜でも寒冷地に生息する恐竜には羽毛が生えていたことから、羽毛は体温調節のために生えていたことを裏づけるため。

エ　小型でも大型でも寒冷地に生きる恐竜には羽毛が生えていたことから、獣脚類と竜脚類の区別は意味がないと主張するため。

問八 6そう　と同じ使い方をしているものを次から一つ選び、記号で答えなさい。

ア　心配でしたが、そういうことなら大丈夫《だいじょうぶ》です。

イ　先週話題になっていた、そう、その本のことです。

ウ　ずっと前から、そう思っていました。

エ　彼女《かのじょ》は、自分にそう言い聞かせました。

問九　[X]・[Y]にあてはまることばの組み合わせとして最も適当なものを次から選び、記号で答えなさい。

ア　X―体の形　Y―羽毛や翼の色
イ　X―体の形　Y―相手に向けた動作
ウ　X―獲物をとる能力　Y―羽毛や翼の色
エ　X―獲物をとる能力　Y―相手に向けた動作

問十　大谷花子さんは、本文を読んで、その内容について考えてみました。これについて、次の問いに答えなさい。

（1）花子さんは、翼の意味についての四種類の仮説を、次のような表にまとめました。Ⅰ～Ⅳにあてはまる内容として最も適当なものを後からそれぞれ一つずつ選び、記号で答えなさい。

仮説の内容	仮説の検証に関わる、オルニトミムスについての重要な事実
①　空を飛ぶためではないか。	Ⅰ
②　獲物を捕獲するためではないか。	Ⅱ
③　走る時にバランスをとるためではないか。	Ⅲ
④　体温調節と繁殖のためではないか。	Ⅳ

ア　化石はミイラ化して茶色の羽毛がよくわかるものであった。
イ　子どもには羽毛が生え、大人には羽毛と立派な翼があった。
ウ　生まれて数カ月で大人と同じように翼を広げて走った。
エ　骨格を見ると大型の恐竜であることがわかり、また足も速かった。
オ　地上を走る一、二歳の子どもには翼がなかった。
カ　獣脚類としてはめずらしく、植物食であった。

（2）花子さんは、「筆者がどのようなことを検証するためにオルニトミムスを研究し、どのような結果が得られたか」について、文にまとめることにしました。花子さんと同じ内容について、八十字以内で説明しなさい。ただし、得られた結果については最も重要な点のみをまとめるものとします。

問十一　本文全体から推測できる筆者の考え方として適当なものを次から二つ選び、記号で答えなさい。

ア　恐竜研究に限らず、学問研究には様々な苦難がついて回るものなので、その分野に対する情熱や愛情が他の何よりも大切である。

イ　恐竜は多くの生物のうちほんの一分類に過ぎないが、それを突《つ》きつめることによって生物の本質とでも言うべきものが明らかになる。

ウ　発見された新しい事実は多くの人にすぐには受け入れられない場合もあり、正しい知識が定着するまでには時間がかかるものである。

エ　絶滅動物である恐竜の研究においても例外ではないように、すばらしい発見は常に日常のなにげない瞬間《しゅんかん》にひそんでいるものだ。

オ　ある事実や学説が正しいことは、有名な学者や研究者が提唱するからというわけではなく、証拠をもって示されなければならない。

三

次のA～Cの問いに答えなさい。

A　①～⑤の意味をもつことばを次から選び、漢字に改めなさい。

①　あることをしようと心の中で考えること。
②　あることができると認められる資格。
③　新しいものを作り出すこと。
④　立場に応じてしなければならないこと、また、してはならないこと。
⑤　輝《かがや》かしいほまれ。大きな名誉《めいよ》。

げんいん・けんり・えいこう・いと・けっか
そうぞう・はんせい・ゆうしょう・せいり・ぎむ

B　〈　a　〉～〈　e　〉にあてはまることばを次からそれぞれ選び、記号で答えなさい。

あなたがお寿司《すし》屋さんに入ったとします。たくさんのネタがありますよね。でもその中には、同じ種類の魚を別の名前で呼んでいるものが含まれています。〈　a　〉、マグロも、トロも、鉄火も、魚の種類としては同じ「鮪《まぐろ》＝まぐろ」です。〈　b　〉、それぞれがまるで別の食べ物であるかのように扱《あつか》われています。

〈　c　〉どうして日本人は、ひとつの魚からできるお寿司に、別々の名前をつけるのでしょうか。私はこう考えます。日本人は昔から魚をたくさん食べていて、魚にこだわりがあるからではないかと。部位や調理法によって味にも細かい違《ちが》いがあるということを知っている。〈　d　〉、別々の名前を付けるのです。

そう考えてみると、たくさんの名前、たくさんの言葉を知っている人ほど、様々な物事を詳細《しょうさい》にわたって理解していることになります。〈　e　〉言葉の豊かな人は、心が豊かな人なのです。

ア　それなのに　　イ　例えば　　ウ　つまり　　エ　だからこそ　　オ　そもそも

C　次の文章を読んで、あとの問いに答えなさい。

大谷花子さんは、家に毎日来る朝刊に俳句《はいく》が載《の》ったページがあることを発見し、何日間か連続でその部分の切り抜《ぬ》きをノートに貼《は》りました。次に挙げた俳句は、花子さんが切り抜いた新聞に載っていた俳句です。

Ⅰ　**※著作権上の都合により省略いたします**　**教英出版編集部**

Ⅱ　張りとおす女の意地や藍《あい》ゆかた

Ⅲ　やわらかな息をしている浴衣《ゆかた》かな

Ⅳ　**※著作権上の都合により省略いたします**　**教英出版編集部**

※　とべら　…　花の名前。

（1）Ⅰ～Ⅳの俳句からぬき出した次のことばの中で、**季語（季節を表すことば）ではないもの**を一つ選び、記号で答えなさい。

ア　蝸牛　　イ　女　　ウ　ゆかた　　エ　とべら

（2）花子さんは何月の新聞を見ていたと考えられますか。俳句の内容から判断して最も適当なものを次から選び、記号で答えなさい。

ア　三月　　イ　六月　　ウ　九月　　エ　十二月

（3）花子さんはⅠ～Ⅳの俳句の中に、人間でないものをまるで人間であるかのように表現しているものがあることに気づきました。それはどの俳句ですか。記号で答えなさい。

（4）花子さんがノートをお母さんに見せたところ、お母さんから次のようなことを教えてもらいました。〈　　　　〉にあてはまることばを答えなさい。

> ゆかたをピンとさせる作業のことを、「（ゆかたに）のりをはる」と言うのよ。Ⅱの俳句の「張りとおす」ということばには、この「のりをはる」という意味と、「〈　　　　〉を張る」という意味の二つがかけられているのよ。

（5）俳句はふつう、「五・七・五」の計十七文字から成る日本独自の芸術です。Ⅰ～Ⅳの俳句の中で、最後の「五」の部分の文字数が増えているもの（字余りとなっているもの）を一つ選び、記号で答えなさい。

5

(1)	(2)	(3)	(4)
度			度

6

(1)			(2)	
①	②	③	①	②
			秒	秒

7

(1)			(2)		
①	④	⑧	②	③	⑤

(2)			(3)	
⑥	⑦	⑨	a	b

8

(1)	(2)	(3)	(4)		
			皆既日食	部分日食	金環日食

(5)	(6)	(7)

4

(1)	試合	(2)	(ア)	(イ)	(ウ)

5

(1)	番目	(2)		(3)	

6

(1)	分	(2)	分　秒	(3)	分後	(4)	分

7

(1)	記号	体積 cm^3	(2)	記号	体積 cm^3
(3)	記号	体積 cm^3			

一次A

令和三年度

国語解答用紙

※100点満点
（配点非公表）

受	験	番	号

一

問一 わたし / アスパラ

問二

問三

問四 A / B / C / D

問五

問六 こと。

問七 Ⅰ / Ⅱ / Ⅲ / Ⅳ

問八

問九

問十 の という行動。

問十一

問十二

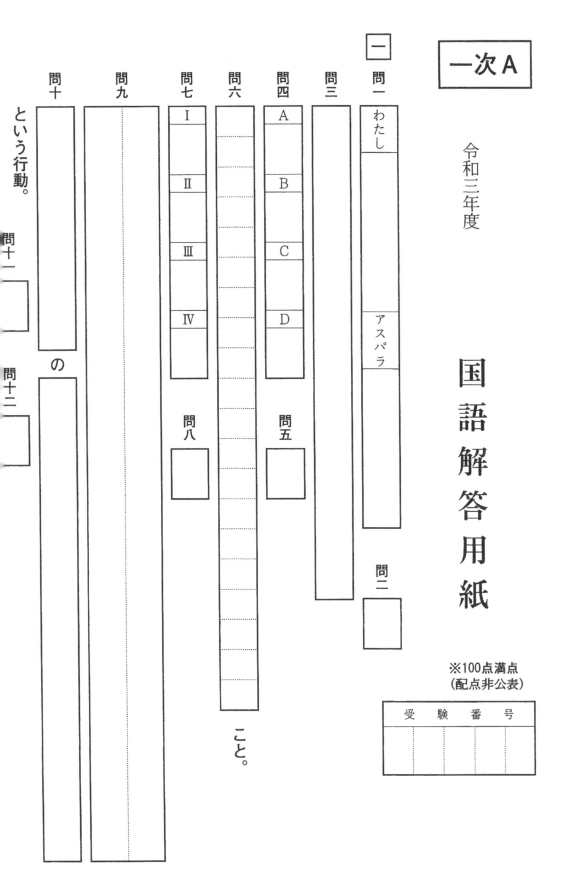

4 植物の水の通り道を調べるため，次のような実験を行いました。これについて，以下の各問いに答えなさい。

【実験】赤インクをとかした水を，トウモロコシおよびホウセンカの根から吸わせ，翌日，茎《くき》や葉の断面のようすを調べた。

（1）茎の断面をみると，赤色に染まった部分は管が集まったつくりをしていました。この管を何といいますか。

（2）トウモロコシ，ホウセンカの横断面（水平方向に輪切りにしたときの面）および縦断面（茎の上下に対し平行に，茎を半分にするように切ったときの面）のスケッチとして適当なものを，次のア～ケからそれぞれ選び記号で答えなさい。なお，図では赤色に染まったところを黒色で示しています。

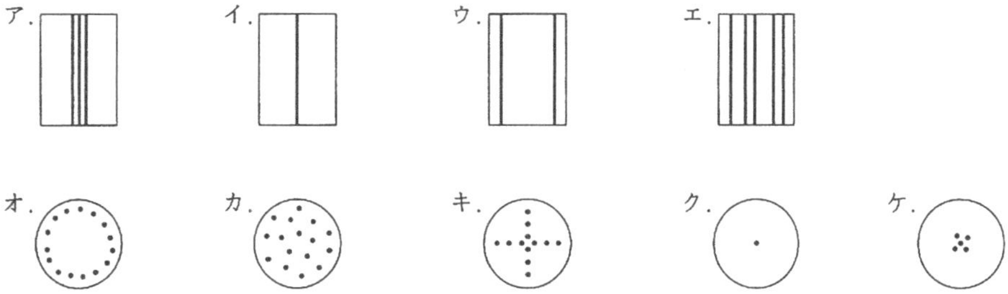

（3）トウモロコシの葉では葉脈のようすはどのようになっていますか。次のア～ウから選び記号で答えなさい。

ア．網《あみ》目状に広がる　　イ．平行にならぶ　　ウ．二又《ふたまた》に分かれる

（4）ホウセンカの葉の断面は右の図1のようになっていました。（1）で答えた管は，図1のA，Bのどちらにありますか。記号で答えなさい。

図1

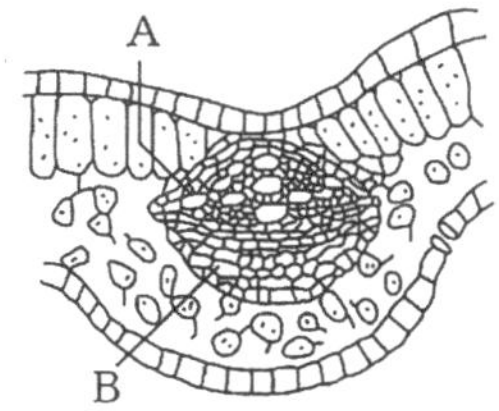

（5）ネギの葉は丸い筒《つつ》状になっています。ネギの葉を切り開いて断面を観察すると右の図2のようになりました。図2のａ（上側）が切り開く前の外側，ｂ（下側）が内側（空洞《どう》側）です。また，図2のA，Bは図1のA，Bとそれぞれ同じつくりでした。このことから考えて，ネギの葉では，どちらが普通の葉の表，裏と考えられますか。適当なものを次のア～ウから選び記号で答えなさい。

ア．切り開く前の外側が葉の表である

イ．切り開く前の外側が葉の裏である

ウ．切り開く前の外側，内側いずれも葉の表である

図2

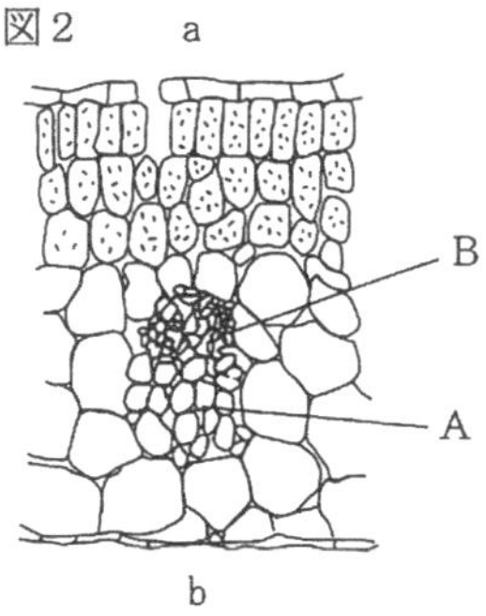

3 ヒトの心臓について，以下の各問いに答えなさい。

図1

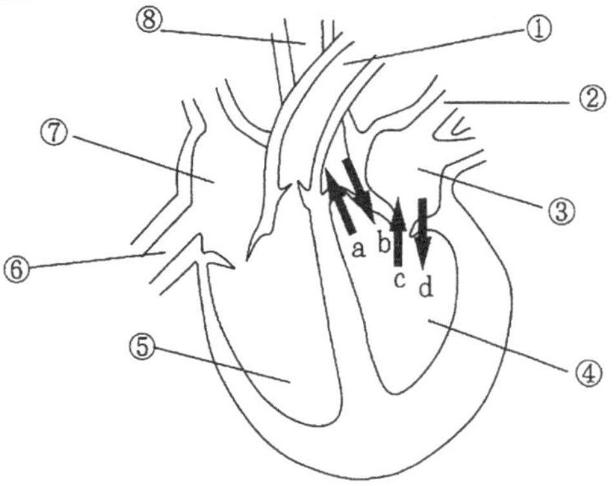

（1）血液を送り出す勢いが一番大きい血管を図1中の①～⑧から1つ選びなさい。

（2）（1）の血管を何といいますか。

（3）下の図は，血液の循環《じゅんかん》を示しています。
［ア］～［ウ］に入る記号を，図1中の①～⑧からそれぞれ1つずつ選びなさい。

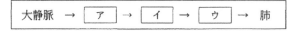

大静脈 → ［ア］ → ［イ］ → ［ウ］ → 肺

（4）図1にある2つの弁が開くとき，血液はどの方向に流れますか。正しいものを図1中のａ～ｄから2つ選びなさい。

（5）図2は，図1中の④内の圧力（内圧）と④の容積の変化を示しています。次の（あ），（い）として正しいものを，次のア～エからそれぞれ1つずつ選びなさい。

（あ）③と④の間の弁が開いているとき

（い）④と⑧の間の弁が開いているとき

ア．A→Bの間　　イ．B→Cの間

ウ．C→Dの間　　エ．D→Aの間

図2

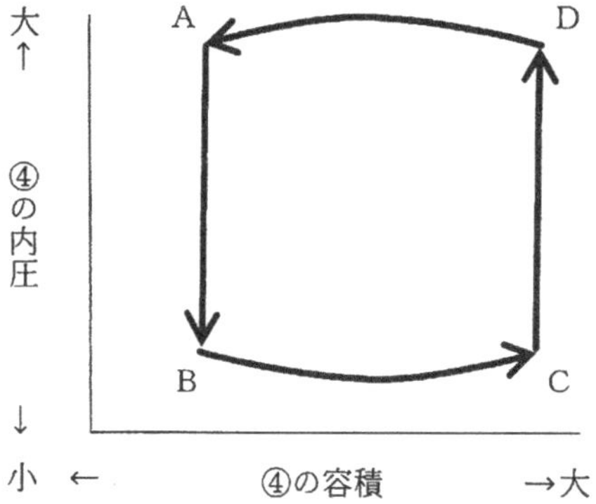

一般《ぱん》的にヒトの体重の$\frac{1}{13}$は血液です。心臓は安静時には1回の拍動《はくどう》で血液を60mL送り出します。中学一年生の大谷花子さんの体重は39kg，1分間の拍動は75回でした。

このとき，次の（6）～（8）の各問いに答えなさい。ただし，1gの血液の体積は1mLとします。

（6）花子さんの心臓から1分間に送り出された血液は何Lですか。

（7）花子さんの血液の量は何Lですか。

（8）花子さんが一日生活をすると，計算上，花子さんの血液は花子さんの体を何周することになりますか。

2 水よう液の性質について，以下の各問いに答えなさい。

（1）塩酸の性質として正しいものを，次のア〜エからすべて選び記号で答えなさい。

ア．スチールウールを入れるとはげしく反応して，水素のあわが発生する

イ．フェノールフタレイン溶液を入れると，赤色に変化する

ウ．青色のリトマス試験紙をつけると，赤色に変化する

エ．水酸化ナトリウム水よう液を加えてよくかき混ぜると，エタノールができる

（2）少量の石灰水を入れた集気びんにある気体Ｘを集め，ふたをしてよく振《ふ》ったところ，気体Ｘは石灰水にとけて白くにごりました。次に，別の集気びんに少量の水と緑色のＢＴＢよう液を入れ，これに気体Ｘを集めてよく振ったところ，気体Ｘは水にとけて水よう液は黄色になりました。この結果より，気体Ｘの正体は何であると考えられますか。

（3）酢《す》と食塩水に共通する性質を，次のア〜エからすべて選び記号で答えなさい。

ア．ふたをした容器の中に長い時間置いても，水よう液の色が変わったり，とけているものが底にたまったりしない

イ．赤色のリトマス試験紙をつけても，色は変化しない

ウ．アルカリ性の水よう液と混ぜ合わせると，おたがいの性質を打ち消し合う

エ．中性の水よう液である

（4）ある気体は，空気より軽く，水によくとけてアルカリ性の水よう液になります。この気体の名前は何ですか。

（5）金魚はフナのなかまを人工的に改良した魚で，家庭で飼育しやすく，観賞用の魚として親しまれています。金魚はえさとして，コケや水草などの水生植物や，エビや赤虫などを乾燥《かんそう》させたドライフードを食べます。長い期間，池や水そうで金魚を飼育していると水の性質はだんだん酸性になっていきます。これは金魚のふんがバクテリア（細菌《さいきん》）によって分解されて，酸性の物質に変化するのが原因です。放置しておくと水中の酸性が強くなり，金魚の健康に被害《ひがい》がでてしまいます。そのため，金魚は中性か弱いアルカリ性の水で飼育するのがよいとされています。このことをふまえて，金魚を飼育するときやってはいけないことを，次のア〜エから１つ選び記号で答えなさい。

ア．かくれ家としてオオカナダモを入れる

イ．底に砂利《じゃり》をしいて，貝がらを置く

ウ．ＬＥＤライトによる照明をつける

エ．よごれをきれいにするため，水にクエン酸を入れる

1　右図は，ろうそくのほのおを表しています。ろうそくは，どのようにして燃えるのでしょうか。以下の各問いに答えなさい。

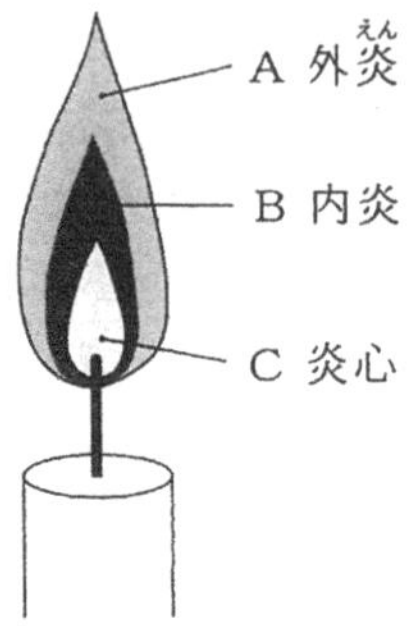

（１）図に示したＡ～Ｃは，温度が異なります。温度が高いものから順にＡ～Ｃの記号をならべなさい。

（２）ろうそくのほのおの中で，もっとも明るい部分はどれですか。図中のＡ～Ｃから１つ選び記号で答えなさい。

（３）ろうそくのほのおが光を出すのは，（２）の中で何が燃えているからですか。次のア～オから１つ選び記号で答えなさい。

ア．酸素　　イ．水素　　ウ．すす　　エ．ろうそくのしん　　オ．水

（４）固体のろうには火はつきませんが，ろうそくはほのおを出して燃えます。ろうそくの燃えるしくみを正しく説明するために，次のア～ウをならべかえなさい。

【ろうそくの燃えるしくみ】

固体のろうが熱せられて液体になる

↓

ア．気体のろうに火がつき高温になるが酸素が不足している

イ．酸素が多く取り入れられて気体のろうが高温で燃える

ウ．とけたろうがしんをのぼって気体になる

↓

以上をくり返してろうそくのほのおを形づくっている

（５）（４）のアはほのおのどの部分を示しますか。図中のＡ～Ｃから１つ選び記号で答えなさい。

③

一次A

令和3年度入学試験

理　科（医進）

大　谷　中　学　校

注　意
- テスト時間は50分です。
- 問題冊子，解答用紙に受験番号を書きなさい。
- 問題は 1 ～ 8 まであります。
- 答えはすべて解答用紙に書きなさい。
- 質問があるときは，だまって手をあげなさい。
- 試験が終わったら，問題冊子，解答用紙を机の上に別々に置きなさい。

受験番号					

3 次の問いに答えなさい.

(1) 図のように，1組の三角定規を重ねます．角 x の大きさは何度ですか.

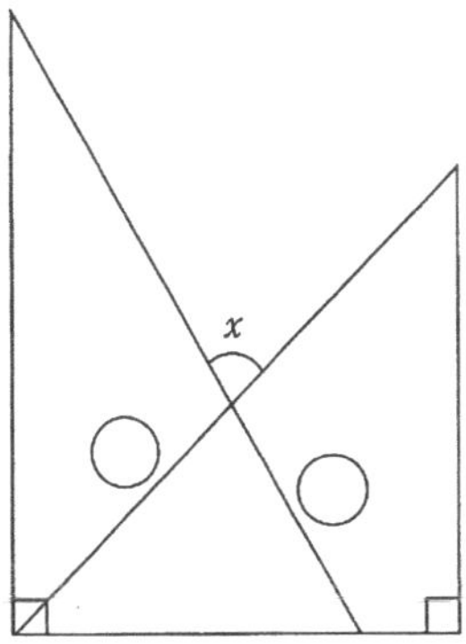

(2) 図のように，半径6 cmの半円をABを折り目として，円周が半円の中心Oを通るように折ったとき，かげをつけた部分の面積は何 cm^2 ですか.

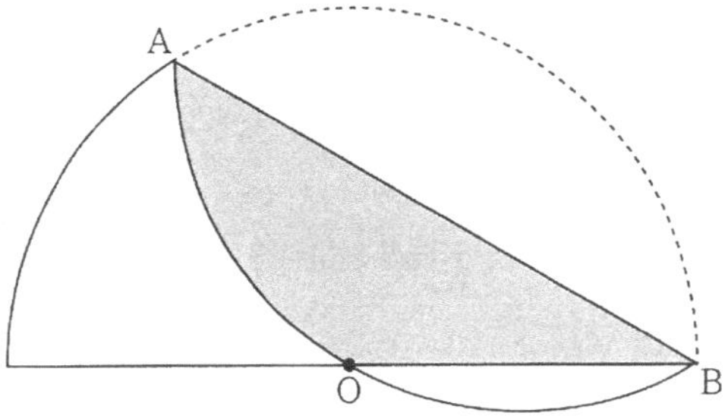

1　次の □ にあてはまる数を求めなさい．

(1)　$3 \times 25 - (9 - 3) \div 3 = \square$

(2)　$1\frac{1}{2} \times \frac{1}{2} + \frac{1}{2} \div 1\frac{1}{2} = \square$

(3)　$2.1 + 0.6 \times \left\{5 - \left(\frac{5}{8} + 0.375\right)\right\} = \square$

(4)　$10 - \square \div 0.8 = 5$

(5)　2 時間 24 分は 1 日の □ %です．

(6)　分母と分子の和が 104 で，約分すると $\frac{9}{17}$ になる分数は □ です．

2　次の問いに答えなさい．

(1)　1辺が 50 cm の立方体の水そうに満たされている水の量は，500 mL のペットボトル何本分ですか．

(2)　5 %の食塩水 200 g に水を加えて，2 %の食塩水を作りました．加えた水は何 g ですか．

(3)　4 回のテストの平均点が 74 点でした．平均点を 3 点上げるためには，5 回目のテストで何点とればよいですか．

(4)　ある仕事を A さん 1 人ですると 6 時間，B さん 1 人ですると 12 時間かかります．この仕事を A さんと B さんの 2 人ですると，何時間かかりますか．

(5)　長いすが何脚《きゃく》かあります．中学 1 年生の生徒がこの長いすに 6 人ずつ座ると 5 人が座れません．そこで，7 人ずつ座ると，最後の 1 脚には 4 人が座り，長いすは 5 脚余りました．中学 1 年生の生徒は何人ですか．

③

一次A

令和３年度入学試験

算　数

大　谷　中　学　校

注　意
・テスト時間は60分です．
・問題冊子，解答用紙に受験番号を書きなさい．
・問題は 1 ～ 7 まであります．
・答えはすべて解答用紙に書きなさい．
・質問があるときは，だまって手をあげなさい．
・どの問題も，すぐ答えが出せるもののほかは，答えを出すための式や計算は問題冊子に残しておきなさい．
・試験が終わったら，問題冊子，解答用紙を机の上に別々に置きなさい．

・問題で円周率が必要なときは3.14とします．
・売買の問題でとくに指示がない場合，消費税は考えないものとします．
・問題にかいてある図は必ずしも正確ではありません．

受験番号					

問八 5そういうもの　とは、どのようなものですか。その説明として最も適当なものを次から選び、記号で答えなさい。

ア　死んでから時間のたったもの。　イ　海の周辺で生きていたもの。

ウ　人間が見つけにくいもの。　エ　他者から見捨てられたもの。

問九 6アスパラ、いつもわらっている。なんで？　とありますが、アスパラがいつもわらっている理由を「わたし」はどう考えていますか。説明しなさい。

問十 7自分勝手　とは、だれの、どのような行動に対して言っていますか。解答らんに合うように答えなさい。

問十一 本文を通して「アスパラ」はどのような人物として描《えが》かれていますか。その説明として最も適当なものを次から選び、記号で答えなさい。

ア　いつもにこにこしているが、本当はいつも他人の様子をうかがい、相手が求めている反応をする臆病《おくびょう》な人物。

イ　相手の気持ちを勝手に決めつけずによりそおうとする一方、自分は辛《つら》くてもその気持ちを上手に表現できない人物。

ウ　猫のためにひとりで家々をたずね歩く優しさを持つ一方、辛くても人前で泣くのをがまんする強さをもった人物。

エ　自分の本心をずっと偽《いつわ》りながら生きてきたために、自分の本当の気持ちがわからなくなっている人物。

問十二 本文の特徴《とくちょう》を説明したものとして最も適当なものを次から選び、記号で答えなさい。

ア　「ざわざわ」、「ちくちく」など音を表した語が多用されることで、アスパラの悲しみが強調されている。

イ　主人公以外にも複数の人物の視点から物語が描かれ、作品の内容に深みが感じられるように工夫されている。

ウ　泣いたりおこったりする主人公の心の動きがていねいに描かれてあり、物語に感情移入しやすくなっている。

エ　本名ではなくアスパラという呼び名を用いることで、「わたし」とアスパラが親密でないことがうかがえる。

二

次の文章を読んで、あとの問いに答えなさい。

[1]人と人とのあいだには、「距離《きょり》」があります。「いい、悪い」ではなく、あたりまえのことです。

こどもの頃《ころ》だと、「自分とは違《ちが》った人」や、「自分とはぜんぜん違う人」と会うことが、そんなにも多くはありません。でも、大人になると違います。「ぜんぜん知らない人と話をする」というのは、大人にとってはあたりまえのことです。こどもだって、「ぜんぜん知らない人」と話すことはあります。そして、ちゃんと話せなくても、「こどもだからまァいいや」と許されてしまいます。

十代のはじめというのは、こどもから大人へと移って行く時期です。だから、この時期には、「知らない人とちゃんと話す」ということを、マスターできるようにしなければなりません。[2]それをしないと、大人になってから、「人間関係が嫌《きら》い」と言って、人と話せなくなってしまいます。

話相手がみんな「よく知っている友だち」だったら、タメ口でもかまいません。でも、そうじゃない人はいくらでもいます。つまり、「距離のある人」です。そういう人と話す時には、「丁寧《ていねい》の敬語」を使います。

［A］、あなたが一人で道を歩いています。知らない人に、「すみません」と声をかけられました。あなたは、「なんだ？」と思いました。あなたが「なんだ？」と思って黙《だま》っていると、その人は道を聞いてきました。聞かれてもあなたには、道がよくわかりません。「どこなんだ、それは？」と、一人で考えます。考えてもわからないので、あなたは首を振《ふ》るか、首をひねるかしました。

相手は、あなたが道を知らないらしいことをわかって、「どうも」と言って去って行きました。

あなたはべつに、悪いことをしていません。でも、[3]去って行った人は、こう思うかもしれません。

「今の子って、ほんとにぶあいそうで気味が悪い」。

あなたには、言うべきことが二つありました。ひとつは、〈 Ⅰ 〉です。もうひとつは、〈 Ⅱ 〉です。あなたは、それを悪意があって言わなかったわけじゃありません。ただ、「なんだ？」と思っていて、「なんですか？」と言うのを忘れただけです。なにも言わずに黙っていて、それで通ってしまったものだから、「知りません」と言うのも、うっかりやめてしまったのです。

［B］、道を聞いた相手の人にしてみれば、「どうしてこの子は、かんたんなことさえも言わないのだろう？」です。だから、「アブナイ子かもしれない」と思うのです。

あなたが「なんですか？」と言わなかった理由は、ほんとに、ただぼんやりしていただけかもしれません。でも、もしかしたらあなたは、「こういう時にはなんと言えばカッコがつくのだろう？」と考えていて、その答が見つからなかったのかもしれません。「なんですか？」と「知りません」は、小学生でも言えます。もしかしたらあなたは、小学生の時には、そういうふうに言っていたかもしれません。でも、もう小学生じゃないあなたは、「いつまでも小学生みたいな言い方をしたくないしな」と思って、「なんか違う言い方ないか？」と思ったのです。

違う言い方を考えて、それが見つからないから、しかたなしに黙っていたのです。

黙っていると、「普通《ふつう》の人間ならかんたんに言えることを言わない、アブナイ子」になってしまうかもしれません。

「知らない人との話し方」を知らないと、「どう言うんだっけ?」と思ううちに、「言うべきことを言わないアブナイ子」になる方向へ進んでしまいます。その責任は、半分あなたにあります。

［C］、「なんですか?」と言わないあなたは、そのかわりに、「なに?」とか、「なんだよ?」と言ったとします。

「なんですか?」と言える小学生だったあなたは、「自分はもうこどもじゃないから、そんな言い方したら恥《は》ずかしい」と思って、「なに?」とか、「なんだよ?」というタメ口をきいたのです。「自分はもうこどもじゃない。大人だ。だから、道を聞いた大人とも対等になる」と思ったのです。

そうなるとどうなりますか? 相手はきっと、「今の子はキレやすいから危険だ」なんて思うでしょうね。

知らない人からいきなりタメ口で話しかけられる立場に、自分を置いてごらんなさい。それは、「一方的にいばられる」と同じなんですよ。

タメ口には、敬語がありません。敬語がなくていいのは、「親しい人間との会話」と、4「目上の人間が目下の人間にものを言う時」だけです。つまり、「もうこどもじゃない」と思ったあなたは、知らない大人にタメ口をきいてしまったら、「大人より自分はえらい。私《わたし》を尊敬せよ」という立場に立ってしまったんですね。

「大人に対する不満」があなたの中にあって、そんなタメ口をきいてしまったら、「危険な子」という（　X　）を貼《は》られてしまう可能性があります。その責任は、半分以上あなたにあります。「それでもいい」と思っていると、社会の中で孤立《こりつ》してしまう可能性があります。

5「なんですか」と「知りません」は、ただの「丁寧」です。「相手はぜんぜん知らない人で、相手と自分とのあいだには、とても距離がある」という状況《じょうきょう》だから、その「距離」をはっきりさせるためには、「丁寧の敬語」を使えばいいのです。それは、「あんたが好きだ」ということとは関係ありません。また、「丁寧の敬語」は、「どっちのランクが上か」ということとも、関係がありません。好きとか嫌いとは関係なくて、ただ、「その人との間には距離がある」というだけなのです。

そして、注意しなければならないのは、タメ口には、「もうひとつの使い方がある」ということです。それは、「ひとりごと」です。相手のいないひとりごとには、敬語なんか必要がありません。だから、タメ口は「ひとりごとの言葉」でもあります。

仲のいいともだちなら「敬語なし」でもいいし、ひとりごとにも敬語はいりません。でも、あまり仲のよくないともだちや、ぜんぜん知らない人を相手にして、このタメ口を使ったらどうなるでしょう? 怒《おこ》りやすい相手なら、「なめるんじゃねェ!」と言って怒るでしょう。6そうじゃない人になら、「この人は、なにを言っているんだろう?」と、ふしぎに思われるかもしれません。［D］、あなたの言っていることが、「声に出して言うひとりごと」にしか聞こえないからです。

タメ口は、「ひとりごとの言葉」でもあるのですから、そんなに親しくない人相手にタメ口を使ったら、「声に出してひとりごとを言っている」とおなじことになってしまうのです。

その状態をそのままにしておいたらどうなるでしょう? あなたは、どこへ行っても「声に出してひとりごとを言っているふしぎな人」になってしまうでしょう。あなたにはそのつもりがなくて、ちゃんと人に話をしているつもりでも、あなたが敬語を知らなくて、タメ口しか使えなかったら、あなたは知らないあいだに、「他人を無視してひとりごとを言っているだけの人」になってしまうのです。

（橋本治「ちゃんと話すための敬語の本」ちくまプリマー新書）

問一 [1]人と人とのあいだには、「距離」があります　とありますが、ここでいう「距離のある」人とはどのような人のことですか。本文から十字以内で二つぬき出しなさい。

問二 [2]それ　の指し示す内容を答えなさい。

問三 [A]～[D] にあてはまることばを次からそれぞれ選び、記号で答えなさい。

ア　ところが　　イ　なぜかといえば　　ウ　あるいはまた　　エ　いつのまにか　　オ　たとえば

問四 [3]去って行った人は、こう思うかもしれません。「今の子って、ほんとにぶあいそうで気味が悪い」　とありますが、このように思うのはなぜですか。その理由として最も適当なものを次から選び、記号で答えなさい。

ア　「あなた」が急に首を振るか、首をひねるかしたから。
イ　「あなた」が不注意で「知りません」と言わなかったから。
ウ　「あなた」が悪意を持って何も言わなかったから。
エ　「あなた」がかんたんなことも言わずにだまっていたから。

問五 〈 Ⅰ 〉・〈 Ⅱ 〉にあてはまることばを次からそれぞれ選び、記号で答えなさい。

ア　なに？　　イ　なんですか？　　ウ　知りません　　エ　どうも　　オ　どこなんだ、それは？　　カ　どう言うんだっけ？

問六 4目上の人間が目下の人間にものを言う時　とありますが、この具体例として正しいものを次から**すべて**選び、記号で答えなさい。

ア　会社の社長が新入社員にものを言う時

イ　女性が男性にものを言う時

ウ　男性が女性にものを言う時

エ　五十歳《さい》の人が十五歳の人にものを言う時

オ　一年一組の人が一年三組の人にものを言う時

問七　（　X　）　にあてはまる四字のカタカナのことばを答えなさい。

問八 5「なんですか」と「知りません」は、ただの「丁寧」です　とありますが、これはどういうことですか。解答らんに合うように答えなさい。

問九 6そうじゃない人になら、「この人は、なにを言っているんだろう?」と、ふしぎに思われるかもしれません　とありますが、ふしぎに思うのはなぜですか。その理由を説明しなさい。

問十　次の①~⑤のうち、「タメ口」の説明として本文の内容と合うものは〇、合わないものは×と答えなさい。

①　タメ口には敬語がない。

②　タメ口は「危険な子」が使うものだ。

③　タメ口はよく知る仲のいい友だちには使ってもいい。

④　タメ口は他人を無視したいときに使うものだ。

⑤　タメ口は「ひとりごとの言葉」ではない。

三

次のA～Cの問いに答えなさい。

A　①～⑤の（　）にあてはまるものを次からそれぞれ選び、記号で答えなさい。

①　大山鳴動して（　）一匹《いっぴき》

②　腐《くさ》っても（　）

③　（　）の甲《こう》より年の功

④　泣き面《つら》に（　）

⑤　（　）百まで踊《おど》り忘れず

ア　猿《さる》　イ　犬　ウ　蜂《はち》　エ　亀《かめ》　オ　猫《ねこ》　カ　鯛《たい》　キ　馬　ク　雀《すずめ》　ケ　鼠《ねずみ》　コ　蟻《あり》

B　①～③の空らんを補ってそれぞれ四字熟語を完成させなさい。

①　（Ⅰ）刻（Ⅱ）金

②　（Ⅰ）前（Ⅱ）後

③　（Ⅰ）承（Ⅱ）結

C　次の情報から、五人がそれぞれどのような順番で並んでいるか答えなさい。

①
- まつ子ははな子より前にいます。
- ゆき子は前から三番目にいます。
- つき子とたけ子の間には二人います。
- はな子はつき子のすぐ後ろにいます。

②
- あかりとさやかは偶数《ぐうすう》番目にいます。
- のぞみはめぐみより後ろにいます。
- めぐみとあかりは連続では並んでいません。
- いずみの後ろにはだれもいません。

2021(R3) 大谷中　一次A
K 教英出版